기초지식부터 실무꿀팁까지

해외수입, 이렇게 쉽다고?

왕초보도 쉬운 수입무역

제2판

김진욱 지음

■ 관세사가 알려주는 수입실무 한 권으로 끝내기
■ 유튜브 채널 김관세사TV

도서출판 원

▶

들어가며...

아무것도 모르는 내가 수입을 해도 될까?

얼마 전 필자와 상담을 하던 초보 수입자분께서 "요즘엔 버스를 타면 다들 온라인 스토어 판매실적을 보고 있어요, 경쟁자들이 정말 많아졌어요."라는 말을 하였다. 코로나 이후 언택트, 온택트라는 말이 일상이 되면서 온라인 사업에 뛰어드는 사람들은 더욱 많아졌고, 그 과정에서 온라인 판매자들 간의 가격경쟁은 기존의 시장보다 훨씬 더 심해졌다. 그리고 많은 사람들이 보다 경쟁력 있는 가격으로 제품을 공급하기 위해 해외소싱에 뛰어들고 있다. 국내 도매시장에서 물건을 사입하는 것에 비해 해외소싱은 너무나도 매력적이다. 우선은 다양한 상품을 국내 도매시장보다 저렴한 가격에 구입할 수 있고, 자세히 살펴보면 국내에서는 판매되고 있지 않은 상품도 발굴할 수 있기 때문이다. 이렇게 해외에서 상품을 구입하는 해외소싱에 여러 가지 장점이 있는 것을 알고 있으면서도 뛰어들지 못하는 이유 중 하나가 바로 국제간 거래에서 발생하는 내가 예상하지 못하는 리스크가 있기 때문이다. 필자에게 수입과 관련하여 상담을 하는 대다수의 사람들이 그들이 모르는 부분에서 발생할 수 있는 위험이 어떤 것이 있는지, 그리고 그 위험의 부담이 얼마나 되는지를 알지 못해 수입을 두려워하던 사람들이었다. 뭔가 해야 할 것 같은 마음에 알리바바 어플을 설치해서 스크롤을 하고 있으면 저렴하고 괜찮아 보이는 상품이 많아 소위 말하는 '찜'은 해두었지만 쉽게 덤벼들지 못하고 하루, 하루가 흘렀다고 한다. 그런 사람들이 '나도 해 볼만 하겠네'라는 생각을 가질 수 있도록 하는 것이 이 책을 집필하는 목표이다.

처음 시도하는 일에는 누구나 두려움이 앞선다. 마치 한치 앞도 보이지 않는 어두컴컴한 복도를 걸어가는 기분이 들기도 한다. 심지어 그 일에 내가 가지고 있는 어떠한 자원을 투입해야 하는 경우라면 더욱 고민이 된다. '과연 내가 해도 될까?', '어떤 일이 벌어질지 스스로 짐작조차 하지 못하는 분야에 뛰어드는 것이 맞는 것인가?' 주위에서 답을 얻으려고 해도 그 누구도 속 시원히 나에게 답을 주지 않는다. 그렇게 고민에 고민을 거듭하면서 속절없이 시간이 흐른다. 그러다 보면 그 분야에 뛰어들어 성공을 이루었다는 타인의 이야기가 들려온다. '아, 나도 시작했어야 했는데', '나도 다 생각했었던 것인데', '그 때 왜 시도하지 않았을까?' 지금이라도 늦지 않았을 것이라는 생각에 도전을 해 보지만 누군가의 성공스토리처럼 일은 술술 흘러가지 않는다. '무엇이 잘못된 것일까?', '나는 안 되는 걸까?'…

이 이야기는 남의 이야기가 아니다. 나의 이야기이고, 내 주위의 누군가의 이야기이다. 만약 이 이야기에 공감을 하는 독자가 계시다면, 그리고 그 분야가 무역과 관련된 것이라면 별 것 아니라고, 용기를 내 보라고 격려하고 싶다.

필자의 직업은 관세사이다. 누군가 나에게 직업을 물었을 때 관세사라고 답하면 '아, 무역 전공하셨나 봐요'라고 많은 사람들이 이야기한다. 사실 나는 무역학과에 입학은 했었지만 1년도 채 다니지 않았다. 결국에는 사회복지학사 학위를 취득하였고, 이후 물류경영학 석사학위를 취득하였다. 그리고 물류경영학 석사학위는 관세사 자격을 취득한 후 받은 것이다. 결론적으로 나는 무역에 대해 제대로 아는 것이 없었던, 거의 백지

상태에서 관세사 자격 취득을 위한 공부를 했고 이후 관세사로 활동하고 있다. 나는 기억력이 그리 좋은 편도 아니고, 아이큐도 보통의 사람과 다를 바가 없는 평범한 사람이다 보니, 관세사 자격 취득을 위해 순수 공부 시간만 하루에 적게는 11시간 많게는 17시간을 투자했다. 내가 이렇게 열심히 했다고 잘난 체하고 싶어서 하는 이야기가 아니다. 특별한 능력 없는 평범한 내가 아무것도 모르는 상태에서 순수한 노력으로 관세사 자격을 취득하고, 나름 유능한 관세사라고 인정받고 있다는 것은, 지금 이 글을 읽고 있는 독자 여러분들도 '무역거래'라고 하는 것이 충분히 할 수 있을 만한 일이라는 것을 이야기하고 싶을 뿐이다. 다만, 그동안에는 무역 실무자들을 위한 실무서가 매우 부족했다. 수입 업무를 오래 하셨던 분들 중에서도 왜 이런 서류를 수출자에게 요청해야 하고, 세금은 왜 이만큼 내야 하는지, 수입하기 전에 어떤 부분을 미리 체크해야 하는지에 대해서 정확히 알지 못한 채 일을 해온 경우가 놀라울 정도로 많았다. 수입업을 하시는 많은 분들이 '카더라 통신'에 의지한 채 일을 시작하거나 이미 오랜 기간 동안 일을 해 왔던 것이다. 날이 갈수록 규제는 점점 늘어나고, 국내외 무역환경도 변화하고 있는데, 이런 상황에서 수입을 하고 있거나 준비하시는 분들이 캄캄한 복도를 손으로 벽을 더듬어 가며 걷는 일은 없도록 하면 좋겠다는 생각이 들었다.

물론 수입과 관련된 지식을 알아나가는 과정이 쉽다고만은 이야기할 수 없다. 생소한 분야의 전문적인 지식을 하나, 하나 쌓아나가는 시간이 지루할 수도 있다. 그러나 눈을 감고 벽을 더듬으며 걷는 것 보다는 작은 손전등이라도 하나 손에 쥐고 앞을 보며 걷는 것이 훨씬 안정적인 것은 당연한 일일 것이다.

단지 책 한 권으로 수입과 관련한 모든 지식을 습득하기는 어렵다. 그럼에도 불구하고 독자 여러분들이 '수입'이라는 길이 어디로 뻗어있고, 어떠한 장애물이 있으며, 어떻게 걸어가야 하겠다는 방향성을 찾는데 이 책이 도움이 되기를 간절히 바라는 마음으로 집필에 노력을 기울였다. 독자 여러분들이 이 책의 마지막 장을 덮고 난 후에는 '해도 될까?'가 아닌 '언제 무엇부터 시작할까?'를 고민하고, 비즈니스를 해 나가는데 있어서 이 책이 하나의 훌륭한 길잡이 역할을 할 수 있기를 기원한다.

차 례

프롤로그

아무것도 모르는 내가 수입을 해도 될까? • 3

01 비용만 생각해도 될까? 인증서를 제출하라고요?! 11

02 해외 판매자가 나에게 알려준 가격이 진짜 가격일까? (Incoterms 규칙 이해하기) 19

1) 모든 운송방식에 적용되는 규칙 ······25

2) 해상운송과 내수로 운송에 적용되는 규칙 ······28

03 수입과정에서 발생하는 비용들은 어떤 것이 있을까? 31

04 이 번호 하나로 관세율을 확인할 수 있어요, HS CODE 44

05 세금을 줄일 수 있는 합법적인 방법, FTA의 활용 54

06 세금 계산의 기초가 된다! 과세가격의 산출 66

1) 구매자가 부담하는 수수료와 중개료. 다만, 구매수수료는 제외 ······71

2) 용기, 포장 및 이와 관련된 노부비와 자재비로 구매자가 부담하는 비용 ······71

3) 구매자가 무료 또는 인하된 가격으로 수입을 위해 물품, 용역을 지원하는 경우(생산지원비용) ······72
4) 권리사용료 ······73
5) 사후귀속이익 ······73
6) 운임, 보험료 ······74

07 수입 아이템을 결정하기 위한 힘든 싸움 (KC인증?! 너무 어려워요!!_세관장 확인 사항) 78

가. 마약류 관리에 관한 법률 ······79
나. 약사법 ······81
다. 수입식품안전관리 특별법 ······83
라. 수산생물질병 관리법 ······94
마. 화학물질관리법 ······97
바. 식물방역법 ······99
사. 사료관리법 ······103
아. 전기용품 및 생활용품 안전 관리법 ······104
자. 전파법 ······108
차. 생활화학제품 및 살생물제의 안전관리에 관한 법률 ······112
카. 화장품법 ······116
1) 견본용 ······119
2) 소비자조사용 ······119
3) 연구시험용 ······119
타. 의료기기법 ······123
파. 어린이제품안전특별법 ······128
하. 기타 ······133

08 수입을 하려면 어떤 서류가 필요할까? 137

09 관세가 면제되기도 한다고요?!_감면세제도 알아보기 162

10 통관절차의 이해_수입화물의 흐름, 수입신고의 시기와 심사 167

11 10%의 과징금을 피하자! 원산지표시 181

12 대금 결제는 언제, 어떻게 해야 할까? 192

13 과태료, 과징금, 관세법 벌칙 199

14 매매계약서, 어떻게 작성해야 하죠?_ICC 국제물품매매계약서 206

15 나에게도 일어날 수 있는 일, 무역사기 215

16 운임이 전부가 아니라고요? 운임부대비용 및 운송견적 요청하기 220

17 FTA 협정별 원산지증명서식 225

18 아이템 선정부터 통관 완료 후 물건을 받기까지 수입무역의 전체적인 흐름 260

1단계) 인증 대상 가능성 및 관세율 검토 ······ 261

2단계) 해외 수출자와 협상하기 ······ 268

3단계) 국제운송(물류비용 견적 요청 등) ······ 280

4단계) 입항 후 통관 ······ 285

에필로그 • 290

부 록(수입통관 사무처리에 관한 고시) • 293

1

비용만 생각해도 될까? 인증서를 제출하라고요?!

'수입'이라고 하는 것을 처음 시작하기로 마음을 먹으면 어디서 얼마만큼의 비용이 발생하는지를 사람들은 가장 궁금해 한다. 당연하다. 돈을 벌기 위해, 더 싸게 물건을 사기 위한 방법으로 수입을 하기 때문이다. 그러나 단순히 수입 통관을 하는 과정에서 발생하는 비용만을 생각한다면 말 그대로 '큰 코' 다칠 수 있다. 흔히 생각하는 세금과 운송비용 등으로 발생하는 비용보다 더 크고 무서운 비용이 '수입'이라는 절차에 숨어있는 경우들이 있기 때문이다.

A씨는 최근 건강 관련 용품의 판매가 증가하는데 착안하여 중국에서 생산된 실내 공기청정기를 수입하기로 마음을 먹었다. 디자인도 해외 대기업 상품 못지않게 훌륭했고, 한 대를 수입하여 직접 사용해 보니 사용 방법이 직관적인데다 기능도 예상했던 것보다 훨씬 훌륭했다. 홍보만 제대로 이루어진다면 분명히 히트를 칠 수 있을 것만 같았다. A씨는 중국 판매자에게 상품구매 요청 메시지를 보냈고, 총 50대를 초기물량으로 주문하였다. 그러나 한국에 공기청정기가 도착한 후 청천벽력 같은 소리를 듣게 되었다. 세관에서 KC 인증확인을 받아 오라는 것이었다. 인증서가 없으면 수입한 화물은 폐기가 되거나 다시 중국으로 되돌려 보내야 한다는 이야기를 듣고, 뒤 늦게 인증서를 받기 위한 절차를 알아보았지만 그 비용이 물품가격 이상이었고, 기간도 2개월 가까이 소요된다는 사실을 알았다. 이에 어쩔 수 없이 중국 판매자에게 반품을 하려고 했지만 중국 판매자는 이를 거절하였다.

B씨는 미취학 아동이 사용할 수 있는 물놀이 용품을 수입하고자 해외 제조공장을 물색하던 중, 국내에서는 아직 판매되고 있지 않은 예쁜 디자인의 물놀이 용품을 발견하였다. 주위 도매상과 소매상에게 샘플을 보이자 적극적으로 구매의사를 보였다. 실제 국내시장에서 판매가 시작

되면 큰 매출로 이어질 것이라고 확신한 B씨는 과감하게 약 5천만 원 가량을 투자하여 공장으로부터 물건을 구매하였다. 약 1개월 이후 한국의 항구에 물건이 도착했지만 통관이 불가한 것으로 판정되었고, 물건의 구매비용과 물류비용 등이 그대로 B씨의 손해로 남게 되었다.

위 두 가지 사례 모두 해외에서 물건을 수입함에 있어 단순히 매입가격, 세금, 물품의 물리적인 운송과 관련된 비용만을 고려한 결과 발생한 손해에 대한 사례이다. 이런 일이 나에게는 일어나지 않을 것이라 생각하고 있거나, 왜 위와 같은 일이 발생했는지 이해를 하지 못한 채 해외에서 물건을 수입한다면, 사례와 같은 손해는 당신에게도 똑같이 발생할 수 있다.

물건을 수입하는데 있어 가장 먼저 고려가 되어야 할 사항은 바로 '관세법 제226조에 따른 세관장확인물품 및 확인방법 지정고시'이다. 실무에서는 '수입요건'이라고 흔히 불리며, 수입업자들 사이에서는 '인증'이라고 일컬어지기도 한다. 필자는 이하에서 이를 '수입요건'이라고 칭하고자 한다. 관세법에서는 「수입을 할 때 법령에서 정하는 바에 따라 허가, 승인, 표시 또는 그 밖의 조건을 갖출 필요가 있는 물품은 세관장에게 그 허가, 승인, 표시 또는 그 밖의 조건을 갖춘 것임을 증명하여야 한다」고 정하고 있다.

이 규정을 보다 쉽게 설명해보면 수입된 물건을 우리나라 국민이 사용할 때에 위해요소가 없다는 것이 국내 소비자 시장에서 판매되기 전에 입증되어야 하고, 이와 같은 입증자료가 우리나라에 유통판매를 하기 위한 최초 관문인 수입신고 단계에서 세관에 제출되어야 한다는 것이다. 그렇다면 어떤 물건들이 사전에 위해요소가 없다는 것을 입증해야 하는 물품에 해당하는 것일까? 간단하게 생각하면 사람이 섭취하거나 피부를 통해 흡수되는 것, 국민의 생활과 밀접하게 관련되어 있는 화학제품 등으로 화학제품의 일부를 예로 들면, 방향제, 접착제, 세탁세제, 초, 숯 습기제거제, 가습기용 항균・소독제제 등이다.

국내 판매자가 알아야 하는 내용은 생각보다 많다. 그냥 알아야 하는 것이 아니라 모르면 죄가 될 수 있는 제목조차 들어본 적이 없는 법이 있다는 것이다. '아니, 세금 낼 꺼 다 내고, 먹고 살아보려고 하는 건데 정말 너무 하네'라고 생각할 수도 있다. 그러나 어쩌겠는가. 어쨌든 그것이 내가 살아가고 있고, 물건을 판매하고 있는 이 나라의 규정이고, 나와 내 가족이 사용하고 있는 다른 수입물품들에도 위 규정은 이미 적용이 되고 있다. 결국은 '알아야만 하는 것'을 아는 것이 수입 후 국내시장 유통(준비) 단계에서 발생하는 수많은 리스크를 줄이는 가장 현명한 방법이다. 여기서는 수입통관 단계에서 확인하는 법령에는 무엇이 있는지에 대해 간략하게 확인하고, 보다 상세한 설명은 7장에서 다루고자 한다.

「약사법」 해당물품 중 의약품 및 한약재

「마약류 관리에 관한 법률」 해당물품

「수입식품안전관리 특별법」 해당물품 중 식품 및 식품첨가물, 식품용 기구 및 용기, 포장, 수산물, 건강기능식품, 축산물

「식물방역법」 해당물품 중 식물, 종자, 원목, 원석, 가공목재

「사료관리법」 해당물품

「가축전염병 예방법」 해당물품

「전기용품 및 생활용품 안전 관리법」 해당물품

「폐기물의 국가간 이동 및 그 처리에 관한 법률」 해당물품

「오존층 보호를 위한 특정물질의 제조 규제 등에 관한 법률」 해당물품 중 수입금지물질, 국제협약에 의한 수입쿼터 관리품목

「외국환거래법」 해당물품

「방위사업법」 해당물품 중 군용 총포, 도검, 화약류

「화학물질관리법」 해당물품

「석면안전관리법」 해당물품

「원자력안전법」 해당물품(핵물질, 방사성동위원소 및 방사선발생장치)

「총포 · 도검 · 화약류 등의 안전관리에 관한 법률」 해당물품

「야생생물 보호 및 관리에 관한 법률」 해당물품

「남북교류협력에 관한 법률」 해당물품

「비료관리법」 해당물품 중 위해성검사 대상 물품

「먹는물관리법」 해당물품 중 먹는 샘물, 수처리제

「종자산업법」 해당물품

「화장품법」 해당물품

「의료기기법」 해당물품

「인체조직안전 및 관리 등에 관한 법률」 해당물품

「통신비밀보호법」 해당물품 중 감청설비

「산업안전보건법」 해당물품

「화학무기 · 생물무기의 금지와 특정화학물질 · 생물작용제 등의 제조 · 수출입 규제 등에 관한 법률」 해당물품 중 생물작용제, 독소

「수산생물질병 관리법」 해당물품

「전파법」 해당물품

「감염병의 예방 및 관리에 관한 법률」 해당물품 중 고위험병원체

「고압가스 안전관리법」 해당물품 중 고압가스용기

「어린이제품 안전 특별법」 해당물품

「계량에 관한 법률」 해당물품

「위생용품 관리법」 해당물품

「농약관리법」 해당물품

「목재의 지속가능한 이용에 관한 법률」 해당물품

「생물다양성 보전 및 이용에 관한 법률」 해당물품

「생활주변방사선 안전관리법」 해당물품

「생활화학제품 및 살생물제의 안전관리에 관한 법률」 해당물품

「액화석유가스의 안전관리 및 사업법」 해당물품

「에너지이용 합리화법」 해당물품

세관장 확인대상 물품에 적용되는 법령_출처 관세법 제226조에 따른 세관장확인물품 및 확인방법 지정고시 별표 2

이떤 물품을 수입 하려고 마음을 먹었다면, 가장 먼저 내가 수입하고자 하는 아이템이 위의 어느 것 중 어느 하나에 해당하는 바는 없는지를 먼저 확인해 봐야한다. 그리고 하나 이상에 해당된다면 선행되어야 하는 행정절차는 없는지, 준비해야하는 서류, 절차나 추가적으로 발생하는 비용은 어떻게 되는지 등에 대해 관계기관 및 전문가 상담 등을 통해 꼼꼼히 확인을 해볼 필요가 있다. 위의 법령에서 정하는 물품은 각각의 개별법에서 규정하고 있으며, 이를 확인해 볼 수 있는 간편한 방법으로는 관세법령정보포털(https://unipass.customs.go.kr)의 활용을 들 수 있다. 해당 사이트는 관세청에서 운영하는 것으로 포털 사이트의 검색창을 통하거나 위 웹사이트 주소를 직접 입력하여 접속한 후 '세계 HS'에서 속견표를 선택, 수입물품의 HS CODE를 선택하면 수입 요건사항 중 '세관장 확인' 사항을 확인할 수 있다. 이 때 이 부분에 어떠한 법령이 기재되어 있으면 수입신고 전 갖추어져 있어야 하는 허가, 인증 등이 요구될 수 있는 것이다. 다만, 세관장 확인 사항에 어떠한 법령이 기재되어 있다고 해서 반드시 KC 인증 등의 절차를 거쳐야 하는 것이라고는 볼 수 없고, 물품에 따라 제외대상에 해당이 되기도 한다. 따라서 해당 법령에서 구체적으로 어떤 물품에 대해 허가, 인증 등의 절차를 요구하고 있는지에 대해 한 번 더 확인을 해 볼 필요가 있다. 또는 HS CODE를 알고 있는 경우, 관세청 콜센터 125에 문의하여 수입요건을 확인하는 방법도 있다. 반대로 세관장 확인 사항이 공란으로 되어 있지만 개별법에서 정하는 어떠한 규제대상에 속하는 경우가 있다. 이 경우가 상당히 난감한데 이런 경우 만약 수입하고자 하는 물품이 영・유아가 사용하는 것이거나 사람의 인체에 직・간접적으로 흡수될 수 있는 경우, 병해충 서식의 우려가 있는 경우 등 위 법령의 제목을 봤을 때 연관성이 조금이라도 있다고 판단될 때에는 사실상 수입 전에 전문가와의 상담이 필요하겠다.

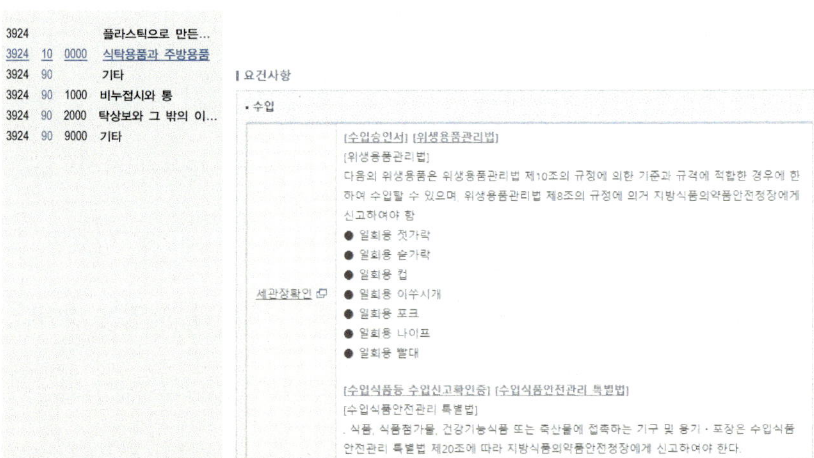

수입요건사항 확인_출처 관세법령정보포털

2

해외 판매자가 나에게 알려준 가격이 진짜 가격일까? (Incoterms 규칙 이해하기)

국내 온라인 마켓에서 인테리어 주방용품을 판매하던 A씨는 국내에서 도매로 사입하는 가격으로는 경쟁에서 밀린다는 것을 느끼고 해외에서 판매용 물품을 소싱하기로 결심하였다. 중국 전자상거래사이트에서는 다양한 물건들이 비교적 저렴한 가격으로 판매되고 있었다. 며칠을 고르고 골라 최종적으로 수입하고자 하는 물건을 결정하였고, 판매자에게 구매의사를 밝혔다. 그런데 판매자가 말하는 가격이 실제 A씨가 사이트에서 확인한 가격보다 높아 판매자에게 질문하니 '당신이 구매하는 수량으로는 그 가격에 줄 수 없다'는 것이었다. 처음부터 많은 수량을 주문하기 부담스러웠던 A씨는 중국 판매자가 제시한 가격에서 약간의 할인을 받아 결제를 완료하였다. 비록 처음에 생각했던 비용보다는 높아졌지만 국내 도매시장에서 구매하는 비용에 비교했을 때 상당히 저렴했기 때문에 만족하였다. 결제 후 중국의 판매자에게 언제쯤 물건을 받아볼 수 있는지 질문하였고, 중국의 판매자는 약 15일 정도 후에 출고 준비가 완료된다는 답변을 주었다. 15일 후, A씨는 한국에 물건이 언제 도착하는지에 대해 다시 질문하였고, 중국의 판매자는 인천항까지 물건을 운송하는 데에는 추가적인 비용이 발생한다고 답변하였다. 중국의 판매자로부터 전달받은 운송비용을 반영한 마진율은 처음에 계산된 것보다 당연히 줄어들었다. 뒤늦게 거래를 취소하기도 어려운 상황이라 A씨는 '이것도 경험이다'라고 생각하며 예상보다 높은 가격으로 수입을 할 수 밖에 없었다.

왜 중국의 판매자가 처음에 알려준 가격에는 중국-한국 운송비용이 포함되지 않았던 것일까? 중국의 판매자가 사기꾼이라서? 더 낮은 가격처럼 보이도록 하기 위한 영업 전략의 일환으로? 중국 판매자 입장에서는 공장 출고가격을 제시한 것일 뿐이다? 여러 가지 이유가 있겠지만 중요한 것은 수입자는 판매자가 제시하는 가격에 어떠한 비용들이 포함되어 있는지 사전에 확인할 필요가 있다는 것이다. 그렇다면 정확한 가격확인을 위해서 매번 거래할 때마다 '이 가격은 단순한 물품가격입니까? 배송비는 포함이 되어 있습니까?'라고 물어야 할까? 당연히 질문은 할 수 있을 것이다. 그렇다면 이렇게 매번 가격 확인을 하면 그 가격은 정확하다고 볼 수 있을까? 위 예시 질문을 다시 한 번 살펴보면 '배송비는 포함이 되어 있습니까?'라고 묻고 있다. 이 때 이 '배송비'라는 것을 꼼꼼히 따져볼 필요가 있다. 배송이라고 하는 것은 판매자 입장에서 봤을 때 자신의 공장 또는 창고에서 화물을 출고하여 수출국의 항구나 공항까지 보내는 것으로 생각할 수도 있고, 수입국 즉, 한국의 항구나 공항까지 보내는 것으로 생각할 수도 있다. 반면 수입자는 한국의 항구나 공항에 물품이 도착하는 것을 배송으로 여기거나, 또는 나의 사업장에 물품이 도착하는 것을 배송으로 여길 수도 있다. 이렇게 당사자 간에 생각하는 것이 다를 수 있으므로 판매자가 제시하는 가격에 어디까지의 비용이 포함되는 것인지를 정확히 확인할 필요가 있는데, 이를 매번 하나하나 따지기가 여간 불편하고 번거로운 것이 아니다. 이러한 불편함과 명확하지 않은 당사자 간의 합의에서 발생할 수 있는, 혹시 모를 분쟁에 대비하기 위하여 무역거래에서는 'Incoterms'라고 부르는 정형거래규칙이 사용되고 있다. Incoterms는 국제무역 환경의 변화를 고려하여 10년 마다 개정이 되며,

현재는 Incoterms 2020이 사용되고 있다. Incoterms가 워낙에 오랫동안 무역거래에서 사용되고 있다 보니 많은 무역거래자들이 당연히 무역거래에 Incoterms가 자동으로 적용되는 것으로 생각하고 있는데 사실 Incoterms는 판매자와 구매자가 자신들의 거래에 적용할 것임을 명시해야 적용이 되며, 반드시 최신 버전을 사용해야 하는 것이 아니므로 어떠한 버전이 자신들의 거래에 적용이 되는지를 함께 기재할 필요가 있다. 예를 들면 상업송장(Commercial Invoice)이나 매매계약서(Sales Contract)에 다음과 같이 기재할 수 있다.

「CIF Incheon Port Republic of Korea Incoterms2020」

Incoterms 2020은 11가지 규칙으로 구성되어 있으며, 크게 운송 형태에 따라 2가지 그룹으로 분류할 수 있다. 첫 번째 그룹은 모든 운송방식에서 사용 가능한 규칙이며, 두 번째 그룹은 해상운송 방식에서 사용 가능한 규칙이다. 가장 많이 알려져 있고, 많이 사용되는 규칙으로 FOB와 CIF가 있는데 이 규칙들은 둘 다 해상운송 방식에서 사용 가능한 규칙으로, 엄밀히 따지자면 항공운송을 사용할 경우에는 FCA 또는 CIP 등을 사용할 필요가 있다. 또한 해상운송 방식을 이용한다 하더라도 모든 운송방식에서 사용 가능한 규칙을 사용할 수도 있다. 다음의 표는 Incoterms 규칙별 주요 내용을 간략히 정리한 것이다.

<table>
<tr><th>운송방식</th><th>규칙</th><th>비용분기점</th><th>위험분기점</th><th>수출통관</th><th>수입통관</th></tr>
<tr><td rowspan="7">모든 운송방식</td><td>EXW</td><td colspan="2">수출자 공장, 창고 등 물품을 인수·도 하기로 당사자가 합의한 장소</td><td colspan="2">수입자</td></tr>
<tr><td>FCA</td><td colspan="2">수출국 내 운송인 픽업지점</td><td rowspan="5">수출자</td><td rowspan="5">수입자</td></tr>
<tr><td>CPT</td><td rowspan="2">수입국(도착) 공항, 항구 등</td><td rowspan="2">수출국 내 운송인 픽업지점</td></tr>
<tr><td>CIP</td></tr>
<tr><td>DAP</td><td colspan="2" rowspan="3">수입국 내 인수·도 합의지점
(통상 수입자 영업장)</td></tr>
<tr><td>DPU</td></tr>
<tr><td>DDP</td><td colspan="2">수출자</td></tr>
<tr><td rowspan="4">해상 운송방식</td><td>FAS</td><td colspan="2">본선 선측</td><td rowspan="4">수출자</td><td rowspan="4">수입자</td></tr>
<tr><td>FOB</td><td colspan="2">본선 적재시점</td></tr>
<tr><td>CFR</td><td rowspan="2">수입국 항구 등</td><td rowspan="2">본선 적재시점</td></tr>
<tr><td>CIF</td></tr>
</table>

만약 중국의 판매자가 물품의 개당 가격을 USD 10.00 이라고 했다면, 이것이 어떠한 가격인지를 확인할 필요가 있다. 만약 EXW 가격이라면 수입자는 중국 판매자의 공장 또는 창고에서 물건을 수령하여 중국의 공항이나 항구까지 운송 및 수출통관을 진행하고, 우리나라까지 국제운송을 한 이후에 한국 세관에서 수입통관 후 국내 운송까지 직접 진행해야 할 것이다. 위 표에서 비용분기점은 물품이 수출자로부터 수입자에게까지 이동하는 동안에 비용들이 발생이 되는데 어느 지점에서 그 비용의 부담이 수입자에게 넘어가는지 그 지점을 말하는 것이다. 예를 들어 FCA

규칙의 경우 비용분기점과 위험분기점이 "수출국 운송인 픽업지점"으로 되어 있는데 이는 수출국에서 '수입자가 지정한' 운송인이 물품을 지정장소에서 수령을 하면 그 이후부터 발생되는 모든 비용과 화물의 위험에 대한 부담자는 수입자가 되는 것이다. 다만, 수출국에서의 수출통관은 판매자가 하도록 되어 있다. 운송인을 수입자가 지정하는 이유는 수출국 지정장소에서부터 비용 부담이 수입자에게로 넘어오기 때문에 이후에 진행하는 국제운송은 수출자의 의무에 해당하지 않기 때문이다. 즉, 국제운송 계약의 의무는 수입자에게 있다. 국제운송 계약을 해야 하는 당사자를 쉽게 구분하자면 E와 F로 시작하는 규칙은 수입자, C와 D로 시작하는 규칙은 수출자로 볼 수 있다.

수입자의 입장에서는 비용을 최대한 줄이고 싶을 것이다. 수입과 관련하여 발생하는 비용에는 여러 가지가 있으며, 물품을 구매하는 비용 외에 가장 큰 비중을 차지하는 것으로 국제운송 비용을 들 수 있다. 국제운송 비용에 대한 가격 비교를 할 수 있는 방법 중 하나가 해외 판매자로부터 Incoterms 규칙별 가격을 받아보는 것이다. 예를 들면 판매자에게 물품 견적을 요청하면서 EXW 가격, FOB 가격, CFR(또는 CIF) 가격을 각각 요청한다. 이 때 판매자의 출고지 주소와 수출국의 선적항(구)도 함께 확인을 해야 한다. 또한 내가 주문할 물품은 몇 개의 박스(또는 팔렛트)에 나

뉘어져서 포장이 되고, 그것의 총 부피(CBM)와 총 중량(Gross Weight) 정보를 토대로 국내 포워더에 EXW, FOB 베이스의 국제운송 비용 견적을 받아 본다. 이 과정을 통해 가장 경쟁력 있는 가격을 추정해 볼 수 있을 것이다. 이렇게 Incoterms 규칙을 이해하면 가격 비교도 비교적 간편하게 해볼 수 있다. 각각의 Incoterms 규칙에 대해 이해할 수 있도록 그림으로 정리하였다.

1) 모든 운송방식에 적용되는 규칙

① EXW(Ex Works) + 인도장소(가급적 정확한 지점)

② FCA(Free Carrier) + 인도장소(매도인 영업구내 or 그 밖의 장소)

〈 매도인 영업구역 내 〉

〈 매도인 영업구역 외 〉

③ CPT(Carriage Paid to) + 수입자가 물품을 인수하는 지점

④ CIP(Carriage and Insurance Paid to) + 수입자가 물품을 인수하는 지점

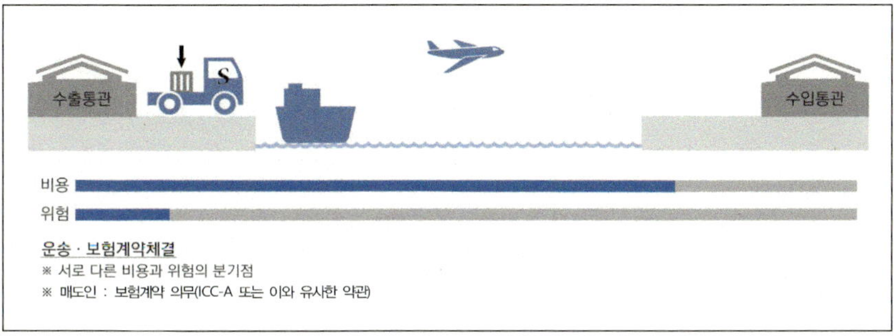

⑤ DAP(Delivered at Place) + 수입자가 물품을 인수하는 지점

⑥ DPU(Delivered at Place Unloaded) + 수입자가 물품을 인수하는 지점

⑦ DDP(Delivered Duty Paid) + 수입자가 물품을 인수하는 지점

DDP 규칙은 DAP 규칙에서 발생하는 수출자의 의무에 더해서 수출자가 수입국에서의 각종 세금납부를 포함한 수입통관 및 수입국 내에서의 운송까지 책임지는 것을 말한다.

2) 해상운송과 내수로 운송에 적용되는 규칙

① FAS(Free Alongside Ship) + 선적항(수출국)

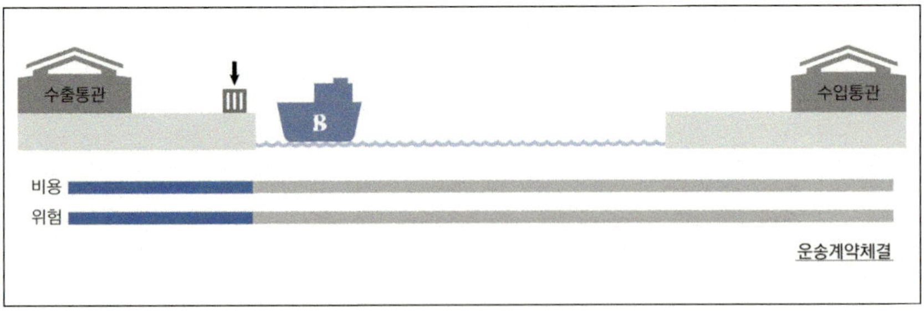

② FOB(Free On Board) + 선적항(수출국)

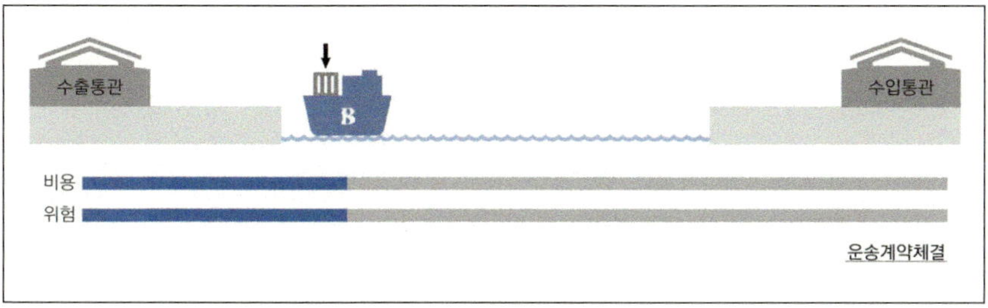

③ CFR(Cost and Freight) + 목적항(수입국)

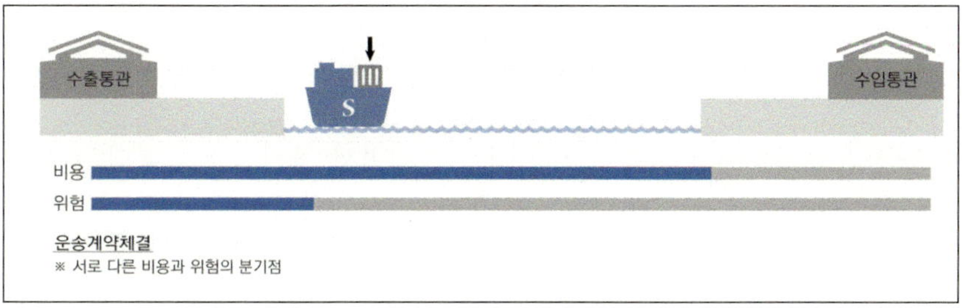

④ CIF(Cost Insurance and Freight) + 목적항(수입국)

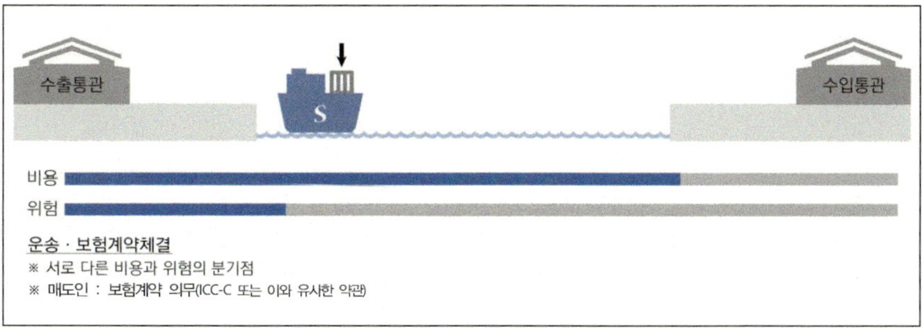

위 그림의 해석과 관련하여 제일 마지막에 있고, 가장 많이 사용되는 규칙 중 하나인 CIF규칙을 대표로 설명하고자 한다. 그림의 왼쪽이 수출국으로 네모박스 안에 '수출통관'이라고 기재되어 있다. 네모박스는 수출자의 영업장소로 수출자가 수출국의 수출통관을 이행해야 한다. 오른쪽은 수입국으로 수입국의 네모박스는 수입자의 영업소이며, 수입국의 수입통관은 수입자의 의무이다. 수출자는 수입국의 지정된 목적항구까지 발생하는 비용을 지불하고, 지정목적항에서부터 발생하는 비용은 수입자 부담이다. 그림의 아래쪽 막대그래프를 보면 파란색으로 표시된 부분까지가 수출자의 비용부담 구간인 셈이다. C규칙은 다른 규칙들과 다르게 수출국의 선적항에서 물품이 본선에 적재되면서 물건의 위험부담은 수출자로부터 수입자에게로 이전된다. 즉, 본선에 물건이 실린 이후에 발생하는 물품의 손상 등에 대해 수입자가 수출자에게 책임을 물을 수 없다는 뜻이다. 대신 수출자(매도인)는 수입자를 위해 화물보험에 가입할 의무가 있다. 다시 정리하자면 수출자에게는 운송계약과 보험계약의 의무가 있으며, 화물의 위험부담은 수출국의 선적항에서 수입자에게 넘어가고, 비용부담은 수입국의 목적항에서 수입자에게 넘어가게 되는 것이다. 마지막으로 그림에서 보는 것과 같이 CIF규칙은 해상운송에서 사용되는 규칙이다. 모든 운송방식에서 사용 가능한 EXW, FCA, CPT, CIP, DAP, DPU, DDP 규칙은 그림에서 항공기와 선박을 확인할 수 있다.

3

수입과정에서 발생하는 비용들은 어떤 것이 있을까?

수입을 처음 하겠다고 마음을 먹었을 때 가장 크게 걱정되는 것은 비용일 것이다. 그 중에서도 내가 생각하지 못한 비용이 발생하는 것인데 이로 인해 국내 판매단가가 올라가거나 나의 마진이 줄어들 수도 있다. 처음 수입을 시작하고자 하는 많은 분들이 필자에게 보내는 메일 중에도 'OOO을 수입하고 싶은데 총 얼마의 비용이 발생할까요?'이다. 단순히 물품만 보고 '얼마가 발생할 것이다'라고 이야기 하기는 어렵다. 왜냐하면 같은 물건이라도 어느 국가의 어느 지역에서 어떠한 조건으로 판매되고, 우리나라의 어디가 최종 도착지인지와 수량, 부피, 수출자의 서류 협조여부 등에 따라 그 비용이 크게 차이날 수 있기 때문이다. 따라서 본

장에서는 수입과 관련하여 발생할 수 있는 비용들을 나열하고 그 비용을 어떻게 추산해 볼 수 있는지에 대해 설명하고자 한다.

수입과정에서 발생하는 비용은 크게 물류비, 세금, KC 인증 등의 사전 준비를 포함한 행정처리 비용의 세 가지로 구분할 수 있다. 이 중 물류비는 다시 4가지로 구분할 수 있다. 첫 번째가 수출국에서 발생하는 비용으로 수출자의 영업장소에서 선박이나 항공기에 적재하기 위해 항구나 공항으로 이동하는데 발생하는 비용과 적재 전까지의 보관비용 등이다. 간단하게 이 비용을 확인하려면 EXW와 FOB(또는 FCA)가격을 비교해 보면 될 것이다. 두 번째는 국제운송비용으로 흔히 CIF, CPT 등의 Incoterms 규칙으로 수입을 하게 될 경우 수출자가 제시하는 견적가에 포함되는 국제운송비용으로 볼 수 있다. 세 번째는 운송 관련 부대비용으로 많은 초보 수입자들이 생각하지 못하는 비용이다. 우리가 비행기를 타고 제주도로 여행 갈 때를 떠올려보면 항공권을 구매할 때 비행기 삯 외에 공항이용료, 유가할증료 등이 함께 결제되었던 것이 떠오를 것이다. 운송 관련 부대비용이 바로 이러한 비용을 말하는 것으로 순수한 운송비용 외에 운송을 위한 서류관련 비용, 유류할증료, 통화할증료, 한국에 입항할 때에 발생하는 입항료, 부두이용료, 컨테이너 청소비용 등이다. 이러한 비용은 경우에 따라 해상운송 비용보다 더 많이 발생되는 경우도 있으므로 반드시 고려되어야 한다. CIF 조건으로 수입을 하면서 화물이 한국에 도착한 후 운송회사로부터 경비 청구서를 받고 놀라는 경우들이 많이 있는데 바로 이러한 운임 부대비용이 발생된 경우다. 항공으로 운송되는 경우 handling charge로 청구되는 금액이 아주 높은 편은 아니다보니 '그러려니'하고 보통 넘어가게 되지만 해상운송의 경우, 발생되는 부대비용의 항목도 많고 금액도 적지 않은 편이다. 따라서 C규칙으로 수입을 하는 경우 운임부대비용을 미리 확인하는 한편, EXW 또는 F규칙으로 수입할 경우의 운임견적을 국내 포워딩 회사에 요청하여 C규칙으로 수입했을 때의 비용과 비교해 볼 실익이 있다. 또는 C규칙으로 수입을 하면서 수출자에게 운임 부대비용도 수출자가 부담하도록 협의하거나 오히려 D규칙을 이용하는 방법도 있을 수 있겠다.

다음은 1Pallet, 약 170kg의 화물을 중국 상해에서 C규칙으로 수입했을 때 수입자에게 청구되는 실제 운임명세서이다. 운임부대비용 역시 운임과 동일하게 선적항구, 화물의 부피, 중량 및 시기에 따라 상이하다는 점을 알아두어야 하겠다.

추가적으로 운임 부대비용과 관련한 설명, 운임견적요청을 하기위해 전달해야 하는 기본적인 정보와 관련하여서는 본 서의 16장을 참고하기 바란다.

Freight	Curr	Ex-Rate	Unit	QTY	Unit Price	Amount	Amount (KRW)	VAT
BAF	USD	1,121.60	R/TON	1,000	16.00	16.00	17,946	0
C.A.F	USD	1,121.60	R/TON	1,000	2.00	2.00	2,243	0
COST RECOVERY CHARGE	USD	1,121.60	R/TON	1,000	4.00	4.00	4,486	0
LOW SULFUR FUER CHARGE	USD	1,121.60	R/TON	1,000	5.00	5.00	5,608	0
DELIVERY ORDER FEE	USD	1,121.60	OTH	1,000	80.00	80.00	89,728	0
EBS CHARGE	USD	1,121.60	R/TON	1,000	5.00	5.00	5,608	0
T.H.C	KRW		R/TON	1,000	7,500.00	0.00	7,500	0
CNTR CLEANING CHG	KRW		R/TON	1,000	2,500.00	0.00	2,500	0
DOC FEE	KRW		OTH	1,000	50,000.00	0.00	50,000	0
W.F.G	KRW		R/TON	1,000	323.00	0.00	323	0

Freight Invoice 예시 CFR 거래

네 번째는 수입화물이 한국에 입항한 후에 발생하는 물류비용이다. 화물이 외국에서 한국에 도착하면 수입통관이 완료될 때까지 보세구역에 있는 보관시설을 이용하게 되고, 수입통관이 완료된 후 창고, 사무실 등으로 수입 화물을 운송하게 되는데 이 때 발생되는 비용을 말한다. FCL 화물의 경우 CY에 반입된 상태에서 보통 수입통관을 진행하게 되는데 CY의 경우 통상 7~10일간의 free time이 주어진다. 이 기간 동안에는 별도의 보관비용이 발생하지 않지만 free time을 초과하여 CY에서 컨테이너를 보관하게 되면 초과한 일수만큼의 보관비용이 발생된다. 이 때 발생하는 비용은 CY운영인과 선사 양측으로부터 청구될 수 있는데, CY운영인이 청구하는 비용은 Over Storage Charge로 원활한 수출입 화물의 처리 등이 목적이며, 정해진 무료장치기간 이상 컨테이너를 보관하였으므로 그 비용을 납부하라는 것이다. 선사에서 청구하는 비용은 Demmurage라고 하며, 선사들이 컨테이너 장기 체화를 방지하기 위한 목적으로 부과한다. 선사에서 컨테이너의 회전율을 높이기 위해 부과하는 비용으로 Detention이라는 것이 있는데, 이는 수입통관 후 컨테이너를 사업장에 입고시키고, 정해진 기간 내에 공 컨테이너를 반납하지 않는 경우, 경과 일수에 따라 부과하는 비용을 말한다.

LCL화물의 경우 CY에서 컨테이너를 이동시켜 보세창고로 화물을 반입시키게 되는데, 창고 보관과 관련한 free time이 별도로 주어지지 않은 경우, 반입된 당일에 화물을 출고하더라도 하루분에 해당하는 보관비용이 발생한다. 보통 보세창고는 평일 09시부터 18시까지, 토요일 09시부터 12시까지 영업을 하는데, 만약 토요일 오전에 보세창고에 화물이 반입된다면 토요일부터 보관비용이 발생하게 되므로, 토요일 오전 반입이 예상되는 경우 보세창고에 반입되기 전에 수입신고를 진행하고 보세창고에 반입되자마자 화물을 보세창고에서 출고하여 보관비용을 줄일 수 있다. 이처럼 선박 입항 및 보세창고 반입 예정일시를 사전에 확인하는 것이 조금이나마 관련 비용 절감에 도움이 될 수 있는데, 포워딩회사나 관세사에서 모든 수입건의 입항일시, 반입예정일시를 하나, 하나 확인하여 통지하는 것이 현실적으로 쉽지 않으므로 수입자 자신이 직접 확인해야 할 것이다. 또한 선박의 입항일시는 기상상황, 부두환경 등의 사유로 갑작스럽게 변경될 수 있으므로 최초에 포워딩 회사로부터 받은 통지가 절대적이라고 생각하지 않아야 하겠다.

운송비용은 FCL 화물의 경우 컨테이너 사이즈에 따라 다르며, 안전운임제의 도입으로 최소 운송비용이 정해져 있다. 통상 20피트 컨테이너의 경우 40피트 컨테이너 운송비의 90% 정도로 책정되며, 컨테이너 차량이 회사 창고나 공장에 도착하면 그 시점부터 컨테이너의 상태를 면밀히 확인해 봐야 한다. 컨테이너 화물을 수령한 후 컨테이너를 선사에 반납하게 되는데 이 때 컨테이너에 이상이 있으면 선사는 수입화주에게 컨테이너 수리비를 청구하게 되기 때문이다. 문제는 컨테이너 이상(손상)이 수입화주가 컨테이너에서 화물을 적출하면서 발생한 것이 아닌 경우도 상당히 많다는 점에 있다. 실제 어떤 회사는 컨테이너 차량이 도착하여 화물을 적출한 후 컨테이너를 반납할 때 컨테이너 하단 부분이 살짝 휘어져 있는 것이 발견되었다. 이 때 선사는 컨테이너 수리비를 수입화주에게 청구를 했는데, 수입화주의 주장은 지게차를 통해 화물을 적출했을 뿐 이 과정에서 컨테이너 하단이 휘어질 가능성이 없다는 것이었다. 그러나 선사는 컨테이너를 수입화주가 수령할 당시부터 휘어져 있었다는 입증자료를 요구하면서 만약 입증할 수 없다면 컨테이너 수리비를 지불하라고 주장하였다. 또 다른 경우는 컨테이너 내부 바닥의 하자보수 비용을 청구받은 경우이다. 컨테이너 내부 바닥이 합판과 같은 나무로 되어 있었고, 컨테이너에는 자루가 가득 들어있었다. 이 자루를 하나씩 끌어내리면서 컨테이너 바닥이 긁혔으므로 이에 대한 보수비용을 지불하라는 것이 선사의 주장이었다. 사실 이 경우는 실제 사진을 보아도 하자가 있는 것을 찾기가 힘들 정도로 미세한 하자였다. 컨테이너 바닥의 목재 부분 자체가 노후 되어 있었음에도 불구하고, 일부 긁힌 자국에 대한 보수비용을 청구한 것이었다. 그렇다면 이러한 예상치 못한 비용청구를 피하기 위해서는 어떻게 해야 할까? 만약 FCL 화물을 수입하게 된다면 수입통관 완료 후 컨테이너 차량이 회사에 도착했을 때 사진이나 동영상을 촬영해 두는 것이 좋다. 차량이 도착했을 때는 컨테이너 개장 전에 컨테이너의 상태를 촬영하고, 컨테이너에서 화물을 적출하는 과정도 가능한 한 동영상으로 촬영하며, 적출이 완료된 후에 컨테이너의 내부 상태와 외관을 다시 한

번 촬영하는 것이다. '이런 일이 나한테도 일어날까?'라는 의문이 들 수도 있으나 사실 이와 같은 사례가 생각보다 많이 발생하고 있다. 그렇기 때문에 처음부터 촬영해두는 습관을 들여 두는 것을 추천한다.

컨테이너 하자보수 비용 청구 사례

수입세금은 많은 분들이 수입 아이템을 결정할 때 매우 중요하게 생각하는 것 중 하나로 수입세금이라고 하면 흔히 '관세'를 생각하는데, 수입 시점에 세관에서 징수하게 되는 세금은 '관세 등'이라 칭한다. '관세 등'이라 함은 관세 외에 각종 내국세를 포함하고 있는데 내국세에는 부가가치세, 지방소비세, 담배소비세, 지방교육세, 개별소비세, 주세, 교육세, 교통·에너지·환경세 및 농어촌특별세가 이에 해당한다. 내국세의 경우 국세청장이 징수하는 것이 옳으나 동일 물품에 대해서 세관장도 세금을 징수하고, 국세청장도 세금을 징수하게 되면 행정절차를 이행하는 데 있어 인력, 비용 등의 부분에 비효율이 발생하기 때문에 수입물품에 대해서는 세관장이 세금을 한꺼번에 징수하게 되는 것이다. 많은 경우 수입물품은 관세와 부가가치세만을 납부하게 되지만 자동차, 고가의 가방이나 시계, 술 등의 경우 개별소비세, 주세, 교육세 등이 부과되며, 담배의 경우 담배소비세가 추가적으로 부과된다. 이렇게 어떤 물건이냐에 따라 부과되는 세금의 종류가 상이할 수 있으므로 사전에 내가 수입하고자 하는 물건에는 어떤 세금들이 부과될 수 있는지를 확인해 볼 필요가 있다. 부과되는 세종(세금의 종류)을 확인했다면 각각의 세율을 확인하고, 세금 감면을 받을 수 있는 방법이 있는지 예를 들면, 관세의 경우 FTA 적용이 가능한지 등을 살펴보아야 한다. 세율의 확인은 HS CODE를 통해 관세법령정보포털에서 확인할 수 있다. 관세율이 확인되었다면 '과세가격'에 관세율을 곱하여 관세액을 계산해볼 수 있다. 과세가격을 물품가격으로 생각하기 쉬우나 실제 과세가격의 계산은 법에 규정되어 있으며, 이에 대해서는 6장에서 상세히 다루도록 하겠다. 부가가치세는 (과세가격 + 관세액)의 10%에 해당하는 금액이 된다. 예를 들어 과세가격이 10,000,000원, 관세율이 10%이고, 부가가치세 외에는 적용되는 내국세가 없을 경우 총 세액을 계산해 보면 다음과 같다.

- 관세 = 10,000,000 × 10% = 1,000,000원
- 부가가치세 = (10,000,000 + 1,000,000) × 10% = 1,100,000원

따라서 총 세액은 관세와 부가가치세를 더한 2,100,000원이 된다.

과세가격의 경우 수입신고 시점에 따라 달라질 수 있다. 내가 거래하는 품목과 가격이 동일하더라도 언제 수입신고를 하느냐에 따라 납부해야하는 세금이 달라질 수 있다는 것이다. 그 이유는 바로 '환율' 때문이다. 대부분의 무역거래에서 사용되는 결제통화는 KRW가 아닌 외화이다. 외화금액에 관세율을 곱할 수는 없으므로 외화금액을 한화(KRW)로 환산해줘야 하는데, 이 환율이 항상 동일한 것이 아니라 계속 변하기 때문에 과세가격에 차이가 생기는 것이다. 과세가격을 결정하기 위해 사용되는 환율은 흔히 인터넷이나 은행에서 확인할 수 있는 환율이 아닌 '과세환율'이라고 부르는 것이다. 과세환율에 대해서는 관세법 제18조에서 「과세가격을 결정하는 경우 외국통화로 표시된 가격을 내국통화로 환산할 때에는 제17조에 따른 날이 속하는 주의 전주(前週)의 외국환매도율을 평균하여 관세청장이 그 율을 정한다」라고 규정하고 있다. 즉, 과세환율을 관세청에서 매주 고시하며, 수입신고일이 속하는 주의 과세환율이 적용되는 것이다. 일요일부터 토요일까지를 한 주로 보며, 수입신고를 토요일에 하느냐, 하루가 지난 일요일에 하느냐에 따라 과세가격이 달라질 수 있는 것이다. 수입신고를 하고 비록 해당 신고가 처리되지 않고, 이어지는 다음 주에 처리가 완료되었다고 하더라도 과세환율은 수입신고를 한 날의 것이 적용된다. 일반적으로 과세환율은 우리가 흔히 확인할 수 있는 환율보다는 높은 편이므로 미리 현재 시점에서의 과세환율을 확인하고 일반적인 환율과 얼마나 차이가 있는지를 살펴보는 것도 수입세금을 예측하는데 도움이 될 수 있다.

수입세금의 경우 보통 세관의 수입신고서 심사가 완료된 후 납부를 하고, 이후 수입신고가 수리되는데, 예외적인 경우로써 '월별납부제도'라는 것이 있다. 월별납부란 납부기한이 동일한 달에 속하는 세액을 월별로 일괄하여 납부하는 방법으로 월별납부업체로 승인 받기 위해서는 최근 2년간 법 위반으로 형사처벌을 받았거나 관세 등이 체납된 사실이 없어야 한다. 더불어 최근 3년간 수입실적과 납세실적이 있어야 한다(중소기업의 경우 최근 2년). 월별납부의 유효기간은 승인일로부터 2년이 되는 달의 말일까지이며, 세관장은 월별납부의 대상으로 납세신고 된 세액에 대해 담보를 제공하게 할 수 있다. 실무적으로는 월별납부의 승인신청과 더불어 담보제공특례 신청도 함께 하여, 담보의 제공 없이 월별납부 업체로 지정을 받게 되는데, 담보제공특례자에 해당할 수 있는 경우는 다음과 같다.

① 종합인증우수업체

② 최근 2년 동안 계속하여 수입실적이 있는 업체로서 다음 각 목의 어느 하나에 해당하는 자. 단, 가~다까지는 제조업체 또는 외국인투자기업에 한정

가. 제조업 또는 외국인투자기업을 운영하며 최근 2 회계연도 동안 계속하여 이익이 발생한 업체

나. 한국거래소에 일반종목으로 상장된 업체. 다만, 관리종목 상장 법인은 제외한다.

다. 3년 이상 제조업을 영위한 업체

라. 최근 2년간 계속하여 수출입실적이 있는 업체 중 최근 2년간의 총 매출액 대비 총 수출액 비율이 50% 이상인 업체

마. 최근 2년간 수출한 실적이 연 10억 원 이상인 업체

바. 최근 3년간 세관장에게 납부한 세액이 연 10억 원 이상인 업체

수입을 하는데 있어서 발생할 수 있는 또 하나의 비용으로 행정처리 비용을 들 수 있다. 행정처리 비용은 특정 아이템을 수입하는데 발생되는 여러 가지 행정절차에 수반되는 것으로 크게 안전성 확인을 위한 시험검사 비용, 행정대행 수수료, 영업등록 관련 비용 등을 생각해 볼 수 있다. 이 중 가장 큰 부분을 차지할 수 있는 비용이 바로 안전성 확인을 위한 시험검사 비용인데, 1장에서 다루었던 수입요건과 관련된 것이라 할 수 있다. KC 인증을 취득하기 위해 인증 관련 비용을 지출하거나 식약처의 승인을 얻기 위해 검사비용을 지출하는 경우 등이 이에 해당될 것이다.

이러한 비용은 얼마 정도가 소요된다고 말하기 어려운데, 그 이유가 각 제품별 재질이나 성분, 스펙 등에 따라 그 차이가 매우 클 수 있기 때문이다. 따라서 관련 비용에 대해서는 사전에 전문 시험기관 등에 문의하는 절차가 반드시 필요하다고 할 수 있다. 또한 단순히 비용만을 확인하는 것 보다는 절차가 완료되기까지 소요되는 기간과 필요한 서류 등에 대해서도 확인해 보아야 할 것이다. 간혹 비용과 기간을 부담하고서라도 꼭 수입하고 싶은 아이템이 있음에도 불구하고, 국내의 관련 기관에 제출해야 하는 서류를 수출자의 협조 부재로 제출하지 못하는 경우도 있기 때문이다. 이러한 인증 관련 절차를 진행하는데 있어서 용어나 서류검토에 있어서 생소하거나 어려운 부분이 많기 때문에 많은 경우 전문 대행업자에게 이를 의뢰하게 된다. 통관 단계에서는 관세사에게 통관 관련 절차를 의뢰하게 되는데 통상 과세가격에 따라서 통관대행 수수료가 결정되며, 대행수수료 금액은 관세사마다 차이가 있을 수는 있으나 대부분 비슷한 요율로 청구가 된다. 초보 수입자가 관세사를 선택할 때에는 단순히 수수료 금액만을 비교하기 보다는 통관대행 서비스는 물론 양질의 정보를 함께 제공해주는지, 사전에 수입자가 알아야 하는 주의사항에 대해서도 알려주는지 등에 대해 고려해 보면 좋을 것이다. 이를 위해서는 사전에 관세법인(사무소) 담당자와 한번쯤 상담을 진행해보는 것도 도움이 될 수 있다.

4

이 번호 하나로 관세율을 확인할 수 있어요, HS CODE

수입을 하고 있거나 하려고 하는 입장에서는 걱정되는 것이 참 많다. 특히 비용 부분을 생각하면 빠질 수 없는 것이 바로 세금이다. 내가 수입을 할 때 어떤 세금이 얼마나 부과가 되는지, 이 세금을 줄일 수 있는 방법은 없는지 궁금해서 여러 자료들을 검색해 보지만 그 어느 것 하나 속 시원하게 설명해주지는 않는다. 왜냐하면 내가 찾은 자료의 내용이 내가 수입하려고 하는 물건에 대한 설명은 아니기 때문이다. 본 장에서는 관세율을 확인해 볼 수 있는 방법에 대해 소개하고자 한다.

3장에서 설명한 바와 같이 수입세금은 기본적으로 관세와 부가가치세가 있으며, 물품 종류에 따라 개별소비세, 주세, 교육세, 농어촌특별세 등이 부과되기도 한다. 세액은 '과세가격'에 '세율'을 곱해서 산출이 되는데, 관세율은 HS CODE라고 하는 10자리 숫자 별로 규정되어 있다. 즉, 내가 수입하고자 하는 물건에 어떤 HS CODE가 부여되느냐에 따라 내가 납부해야 하는 세액이 달라지는 것이다. 그렇다면 HS CODE는 어떤 방법으로 정해지는 것일까?

HS CODE는 관세법 별표에 규정되어 있다. 각각의 물품에 HS CODE를 부여하는 것(품목분류)은 법에 의한 행위라는 것이다. 미리 이야기하지만 세금을 줄여보고자 '전략적으로' 수입물품에 부여될 HS CODE를 변경하는 것은 위법한 행위이며, 관세포탈로 처벌이 될 수 있다.

HS CODE는 물품의 기능, 재질 및 가공 정도 등에 따라 달라질 수 있으며, 총 10자리 숫자 중 앞의 2자리 숫자를 결정하는 것부터 시작된다. 이 앞의 2자리 숫자를 '류'라고 부르는데 커다란 울타리라고 생각하면 된다. 예를 들어 '동물'이라는 커다란 울타리(류)를 먼저 쳐놓고, 그 후에 울타리 안에 들어갈 동물이 무엇인지를 선택하는 것이다. 실제 제01류에는 살아있는 동물(Live Animals)이 분류되며, 그 안에는 말, 소, 돼지, 양 및 닭과 같은 가금류 등이 포함된다.

	0	1	2	3	4	5	6	7	8	9
0		산동물	육과식용설육	어패류	낙농품·조란·천연	기타 동물성 생산품	산수목·꽃	채소	과실·견과류	커피·향신료
10	곡물	밀가루·전분	채유용종자·인삼	식물성엑스	기타식물성 생산품	동식물성유지	육·어류 조제품	당류 설탕 과자	코코아초코렛	곡물·곡분의 주제품과빵류
20	채소·과실의 조제품	기타의 조제식료품	음료·주류·식초	조제사료	담배	토석류·소금	광·슬랙·회	광물성 연료 에너지	무기화합물	유기화합물
30	의료용품	비료	염료·안료, 페인트·잉크	향료 화장품	비누, 계면활성제, 왁스	카세인 알부민 변성전분 효소	화약류·성냥	필름인화지 사진용재료	각종 화학 공업 생산품	플라스틱과 그제품
40	고무와 그 제품	원피가죽	가죽제품	모피·모피제품	목재·목탄	코르크와 그 제품	조물재료의 제품	펄프	지와 판지	서적·신문 인쇄물
50	견·견사 견직물	양모·수모	면·면사 면직물	마류의사와 직물	인조 필라멘트 섬유	인조스테이플 섬유	워딩부직포	양탄자	특수·직물	침투 도포한 직물
60	편물	의류(편물제)	의류(편물제01외)	기타 섬유제품,넝마	신발류	모자류	우산·지팡이	조제 우모 인조제품	석·시멘트 석면제품	도자 제품 직물
70	유리	귀석·반귀석,귀금속	철강	철강제품	동과그제품	니켈과 그 제품	알루미늄과 그 제품	(유보)	연과 그 제품	아연과 그 제품
80	주석과 그 제품	기타의 비금속	비금속제공구·스픈·포크	각종 비금속 제품	보일러 기계류	전기기기 TV·VTR	철도차량	일반차량	항공기	선박
90	광학/의료 측정·검사 정밀기기	시계	악기	무기	가구류 조명기구	완구·운동용품	잡품	예술품 골동품		

속견표_출처 관세법령정보포털

류(Chapter)는 위 표와 같이 총 97개로 구분이 된다. 유의해야 하는 것은 류의 표제(제목)는 품목분류를 위한 참조가 될 뿐이지 법적 효력은 없다는 점이다. 예를 들어 앞에서 살펴봤던 제01류에는 살아있는 동물(산동물)이 분류된다고 위 표에서는 이해할 수 있다. 그러나 살아있는 동물을 제01류의 표제만 보고 제01류에 분류한다면 잘못된 분류가 될 수 있다. 각각의 류 안에는 '류 주'라고 하여 품목분류를 위한 규칙이 정해져 있다.

즉, 류의 표제만 보고 품목분류를 했다가 틀리게 품목분류를 할 수 있고, 이로 인해 수입물품에 옳지 않은 관세율이 적용될 수 있으며, 의도치 않은 관세포탈로까지 이어질 수 있다는 것이다. 관세포탈이 아니더라도 세액 추징이 이루어질 경우 이에 수반되는 가산세 또한 수입화주에게는 큰 부담이 될 수 있으므로, HS CODE의 확인은 항상 신중해야 한다. 다음의 사례를 살펴보면 보다 쉽게 이해가 될 것이다.

> 1. 이 류에는 다음 각 목의 것을 제외한 모든 살아 있는 동물이 포함된다.
>   가. 제0301호 · 제0306호 · 제0307호 · 제0308호의 어류, 갑각류, 연체동물과 그 밖의 수생무척추동물
>   나. 제3002호의 미생물 배양체와 기타의 물품
>   다. 제9508호의 동물

위 내용은 제01류 주 제1호이다. 류의 표제만 봤을 때는 살아있는 동물이라면 모두 제01류에 속할 것이라고 생각하기 쉽다. 그러나 주 제1호를 보면 가~다의 것들은 살아있는 동물이라 할지라도 제01류에서 제외하도록 하고 있다. 즉, 살아있는 동물이라 하더라도 제01류에 속할 수 없는 것들이 있다는 것이다. 특히 다목을 보면 제9508호의 동물이라고 규정된 것을 볼 수 있는데, 제9508호에는 '순회서커스, 순회동물원, 순회극장 용

품'이 분류된다. 따라서 서커스나 순회동물원용으로 수입되는 코끼리, 원숭이, 뱀 등의 동물은 제01류가 아닌 제9508호로 분류되어야 하는 것이다.

각각의 류 안에는 4단위 '호'가 포함되어 있고, 4단위 호 안에는 5~6단위 '소호'가 포함되어 있는데 각 (소)호의 정의를 '호의 용어'라 한다. 그리고 여러 개의 류를 끌어안는 21개의 '부'가 있다.

부와 류의 표제는 법적 효력이 없으며, 단지 품목분류를 위한 참조가 될 뿐이다. 위에서 살펴본 '주'는 법적 효력이 있으며, 더불어 '호의 용어'도 법적 효력이 있다. 주 규정은 부, 류 및 (소)호에 있는데 품목분류를 위해서는 주와 호의 용어 검토가 선행되어야 한다. 부와 류의 표제를 참조하여 품목분류를 할 수는 있으나 정확하게는 각각의 호를 살펴보고, 동시에 해당 류에서 내가 취급하는 물품을 제외하고 있지는 않은지 등에 대해 주 규정을 살펴봐야 하는 것이다. 아래 표에서 제6911호에서는 자기제의 여러 가지 물품들을 구분하고 있다. 여기서 '자기제의 식탁용품, 주방용품, 그 밖의 가정용품, 화장용품'이 호의 용어가 되는 것으로 내가 수입하고자 하는 물품이 이 호의 용어에 해당된다면 하위 10단위 소호까지 결정하기 위해 그 다음 단위를 비교해 볼 필요가 있다. 6단위 소호로써 같은 수준에 해당하는 제6911.10호(식탁용품과 주방용품)와 제6911.90호(기타)를 비교하는데 만약 도자기제의 식탁용품과 주방용품에 해당하지 않는다면 제6911.90호 안에서 적합한 HS CODE를 찾아야 한다. 제6911.90호 안에는 가정용품, 화장용품과 그 외의 것(기타)가 포함되어 있으며, 만약 수입물품이 도자기제의 반려동물(고양이)용 식기라면 가정용품에 해당하게 되어 적합한 HS CODE는 제6911.90-1000호에 해당하게 된다.

만약 내가 찾은 호 안에 5단위 소호와 6단위 소호가 있다면 5단위 소호는 5단위 소호끼리, 6단위 소호는 6단위 소호끼리 비교한 후 그 안에서 내가 수입하는 물품에 적합한 하위 단위를 찾아야 할 것이다.

6911			자기제의 식탁용품, 주방용품, 그 밖의 가정용품, 화장용품
	10		식탁용품과 주방용품
		1000	커피세트, 티세트
		2000	공기, 대접과 접시
		9000	기타
	90		기타
		1000	가정용품
		2000	화장용품
		9000	기타

관세법 별표1. 관세율표 일부

품목분류를 함에 있어 참고할 수 있는 또 하나의 방법은 관세평가분류원에서 분류한 사례 중 내가 수입하고자 하는 물품과 동일하거나 유사한 물품은 없는지를 살펴보는 것이다. 이 역시 관세법령정보포털에서 검색해 볼 수 있는데 '세계 HS-품목분류 국내사례'에서 품명, 검색어, 물품설명, 결정세번(HS CODE) 중 한 가지(또는 그 이상) 방법으로 조회할 수 있다. 다음은 품목분류사례를 통해 애견의류를 검색한 사례이다.

여기서 확인한 HS CODE를 속견표에서 찾아보면 여러 종류의 세율이 동시에 확인된다. 이 중 하나의 세율이 적용되는 것으로 어떠한 세율이 적용되는지는 '세율적용 우선순위'를 클릭하여 확인할 수 있다. FTA 협정세율의 경우 원산지를 확인할 수 있는 것으로서 수출자(또는 제조자)가 제공한 서류가 있고 그 밖의 FTA 적용요건이 갖추어질 경우에만 적용이 가능하다. 다만, 관세율을 적용함에 있어 만약 덤핑방지관세, 상계관세, 긴급관세가 적용되는 물품의 경우 기본적으로 적용되는 관세율에 추가하여 부과하도록 관세법에서 규정하고 있다. 이러한 세율의 적용과 관련하여서는 다음 장에서 추가적으로 다루고자 한다.

수입관세의 부담을 줄이기 위해서는 HS CODE를 바꾸는 것이 아니라 적합한 HS CODE에 적용 가능한 세율 중 보다 낮은 세율이 적용될 수 있는지, 가능하다면 어떠한 요건을 갖추어야 하는지를 살펴보고, 그에 맞는 준비를 하는 것이 옳다.

품목분류사례-전체(가로)(UI-ULS-0203-042S)

Home > 세계HS > 품목분류 국내사례 > **전체**

전체 | 위원회결정사항 | 협의회결정사항 | 품목분류사례

참조번호		결정세번	6911.90-1000
시행일자	~		
품명		물품설명	
결정사유			
검색어 ?			

초기화 | 조회

품목분류사례

전체 5 건 페이지당 10

시행일자	시행기관	참조번호	결정세번	이미지건수	품명
2020-04-24	관세평가분...	품목분류1과...	6911.90-1000	1	Household articles of porcelain; MUGNLOO'S CAT BOWLS;
2019-12-10	관세평가분...	품목분류4과...	6911.90-1000	4	Pet bowl of porcelain; Oreo Table(Tall Small)
2018-08-24	관세평가분...	품목분류1과...	6911.90-1000	1	반려동물용 식기(프로시온 클리보울 세라믹)
2013-01-21	관세평가분...	품목분류2과...	6911.90-1000	0	Other household article of porcelain; BIOWASHBALL, 1THE WASHBALL; R.KO...
2012-11-12	관세평가분...	품목분류2과...	6911.90-1000	0	Other household article of porcelain; SUPER WASH BALL; R.KOREA

상세보기 인쇄

참조번호	품목분류1과-1712
시행일자	2020-04-24
시행기관	관세평가분류원
결정세번	6911.90-1000 관세율표 해설서
품명	Household articles of porcelain; MUGNLOO'S CAT BOWLS;
물품설명	ㅇ물품개요 - 유약 처리한 자기제의 반려동물(고양이)용 원 모양의 파란색계 식기 3개가 세트로 구성된 것 - 크기 : ① 직경 약 160mm, 높이 약 30mm, ② 직경 약 160mm, 높이 약 46.5mm, ③ 직경 약 160mm, 높이 약 74mm - 용도 : 반려동물(고양이)용 식기
결정사유	ㅇ 관세율표 제6911호에 "자기제의 식탁용품·주방용품·그 밖의 가정용품·화장용품"이 분류되며, 소호 제6911.90호에 "기타"가 분류됨 - 같은 호 해설서에 "식탁용품 · 주방용품 · 그 밖의 가정용품과 화장용품으로서 자기제(porcelain or china)의 것은 제6911호에 분류하고 그 밖의 도자(ceramic)제품[즉, 석기 · 토기 · 모조자기인 경우 (제2절 해설 참조)] 은 제6912호에 분류한다."라고 설명하고 있음 ㅇ 본 품은 유약 처리한 자기제의 반려동물용 식기로 그 밖의 가정용품에 해당하는 물품이므로 관세율표의 해석에 관한 통칙 제1호 및 제6호에 따라 제6911.90-1000호에 분류함. 끝.
이미지건수	1
관련 이미지	 

품목분류사례 검색 예시_출처 관세법령정보포털

하나의 상품에는 단 하나의 HS CODE만이 정해진 규정에 따라 부여되어야 한다. 많은 사람들이 관세사 또는 세관 공무원이라면 간단하게 HS CODE를 판단할 수 있을 것이라는 생각을 하는데, 사실 그렇지 않다. 이들이 무능해서가 아니다. 바로 HS CODE를 짚어낼 수 없는 복잡한 물건들이 너무나도 많기 때문이다. 예를 들어 똑같이 '바닥매트'라고 불리는 물건이 3가지 있다고 가정해 보자. 하나는 욕실 앞이나 주방 싱크대 앞에 깔도록 만들어진 것인데, 미끄러지지 않도록 바닥 부분에는 고무나 플라스틱으로 처리가 되어 있다. 나머지 2개는 플라스틱 재질인데, 하나는 PVC, 또 하나는 EVA 재질이다. 이 세 가지 모두 주요 재질에 따라 HS CODE가 다르며, PVC 바닥매트의 경우 인증이 필요한 제품에 해당하게 된다. 또 다른 예시를 들어 보겠다. 햄버거는 어떤 HS CODE를 부여해야 할까? 햄버거라는 HS CODE는 없다. 햄버거는 빵, 패티, 치즈, 야채, 소스 등을 포함하고 있다. 그렇다면 빵의 HS CODE를 줘야 할까? 나는 빵을 먹기 위해서 햄버거를 먹는 것은 아니고, 패티가 중요하다고 말하는 사람도 있을 것이다. 그럼 패티의 HS CODE를 줘야 할까? 결국은 품목분류 규정에 따라 HS CODE를 찾아 나가야 하며, 이 때 필요한 것은 각 구성부분의 구성 또는 가격 비율, 주 용도/기능 등이라는 점도 함께 알아두자. 참고로 햄버거의 경우 패티가 전체 중량의 20%를 초과한다면 패티의 HS CODE가 부여되며, 그렇지 않은 경우 빵의 HS CODE가 부여될 확률이 매우 높다.

이처럼 HS CODE를 판단하기 위해서는 단순한 제품의 명칭이나 사진 외에 필요한 정보들이 있다. 구체적인 성분/재질, 제품의 주 기능/용도, 제품의 보조 기능/용도가 파악이 되어야 보다 정확한 HS CODE를 확인할 수 있다.

수출자에게 HS CODE를 물어보는 것도 도움이 된다. 다만, 수출자가 알려준 HS CODE가 반드시 맞으리라는 보장도 없다. 왜냐하면 같은 물건이라도 나라마다 그 물건을 보는 시각의 차이가 있을 수 있기 때문이다. 실제로 우리나라에서 휴대전화 기능을 가진 스마트워치를 개발하여 유럽으로 수출했을 때, 유럽에서 휴대전화에 적용되는 관세율 0%가 아닌, 시계에 적용되는 보다 높은 관세율을 적용한 사례가 있었다. 그리고 조미김을 우리나라에서는 기타의 조제 식료품으로 보는 반면에 일본 등에서는 식물의 조제품으로 보는 시각도 있었다. 결국 스마트 워치는 휴대전화로 조미김은 식품 조제품으로 WTO에서 결정하였으나, 아직도 같은 물건을 각 국가가 서로 다른 시각으로 바라보는 사례는 상당히 많다. 따라서 해외 수출자가 제공하는 HS CODE는 참고용이라는 점도 알아두자.

5

세금을 줄일 수 있는 합법적인 방법, FTA의 활용

수입세금은 수입 시 발생하는 중요한 비용항목 중 하나로 우리나라의 경우 8%의 관세율이 가장 많다. 고세율에 속할 수 있는 품목으로는 섬유류에 해당하는 제품, 농·축·수산품 및 일부 가공식품류 등이 있으며, 중요한 점은 하나의 품목에 적용될 수 있는 세율의 종류가 많아 합리적인 선택이 필요하다는 점이다. 이 합리적인 선택이라는 것은 수입하고자 하는 물품에 적용될 수 있는 세율 중 법의 규정에서 벗어나지 않는 선에서 가장 낮은 세율을 선택하는 것을 말한다. 우리나라 관세법에서는 여러 가지 세율들의 적용 순서를 정하고 있으며, 적용되는 세율에 따라 원산지 증명서의 구비, 운송원칙 등과 같은 요건을 갖추도록 하는 경우도 있다.

순서	관세율
1	덤핑방지관세(추가부과)
	상계관세(추가부과)
	보복관세
	긴급관세(추가부과)
	특정국물품긴급관세(추가부과)
	농림축산물특별긴급관세
	조정관세 제2호
2	FTA 협정세율
3	국제협력관세 - 따로 정한 농림축산물은 6, 7순위보다 우선 적용
	편익관세
4	조정관세(제1,3,4호), 계절관세
	할당관세 - 6, 7순위보다 우선적용
5	일반특혜관세(최빈국특혜)
6	잠정관세 - 7순위보다 우선적용
7	기본관세

세율적용우선순위

기본적으로 2~6순위의 세율은 하위세율보다 낮은 경우 우선적용 되며, 예외적인 경우는 표에 따로 기재해 두었다. 기본세율은 1~6순위 세율이 적용되지 않을 경우 가장 마지막에 적용된다. 각각의 세율이 적용되기 위해서는 우선 HS CODE가 정확해야 하는 것은 물론이고, 2순위와 5순위의 세율은 원산지증명서류를 구비한 후 수입신고수리 전까지 해당 관세율의 적용을 신청해야 한다.

우리나라는 2025년 현재 아시아태평양무역협정을 포함하여 총 22개의 무역협정이 체결되어 있다. 중요한 것은 여러 협정들이 한-미 FTA, 한-중 FTA, 한-아세안 FTA 등 똑같이 FTA라는 명칭을 사용하고 있다 할지라도 이것들이 서로 다른 무역협정이라는 점이다. 다시 말하면 한국이 중국, 미국, 베트남 등의 국가들과 무역협정을 체결할 때 모두 같은 내용으로 협정을 체결하는 것이 아니라는 뜻이다. 그렇기 때문에 내가 어느 국가에서 수입하는지에 따라 같은 물건이라 할지라도 FTA를 적용할 수도 있고, 못할 수도 있으며, FTA 적용을 위한 원산지증명서의 서식 또한 달라지게 된다.

관세의 측면에서 봤을 때 FTA(Free Trade Agreement)란 협정을 체결하는 양 당사자가 서로의 국가를 원산지로 하는 물품이 수입될 때 관세혜택을 주기로 약속한 것을 말한다. 예를 들어 한국과 중국이 FTA를 체결하였다. 한국에 중국산 물품이 수입될 때 한국은 중국 물품에는 다른 나라 물품에 비해 더 낮은 관세율을 적용한다. 이렇게 되면 동일하거나 유사한 물품이 일본과 중국에서 수입될 경우 중국산 물품의 한국 내 소비자 가격이 절감된 관세만큼 낮아지게 되고, 한국에서의 중국산 물품의 (가격)경쟁력은 그만큼 높아지게 된다. 반대로 중국 역시도 한국산 물품에 대해서는 수입통관 과정에서 낮은 관세율을 적용하게 되는 것이다.

그렇다면 수입 시, FTA를 적용하려면 어떤 것들을 준비해야 할까?

우선은 내가 수입하고자 하는 물건이 FTA의 혜택을 볼 수 있는지를 확인해 봐야 한다. FTA를 체결했다고 해서 모든 물건의 관세율이 낮아지는 것은 아니다. 국가 간에 무역협정을 체결함에 있어서 각국에서 보호가 필요한 산업이 있는데, 갑작스럽게 모든 품목에 대한 관세율을 0%로 낮출 경우 국내 산업에 발생하는 피해가 클 것으로 예상되는 경우 해당 산업에 해당하는 물품들은 FTA의 적용을 배제하거나 매 년 단계별로 인하하기도 한다. 따라서 내가 수입하고자 하는 물건이 FTA를 적용했을 때 관세율 인하 혜택을 받을 수 있는지를 확인해 볼 필요가 있는데, 이를 위해서는 앞 장에서 다루었던 HS CODE를 통해 확인할 수 있다. 관세법령정보포털에서 HS CODE를 조회했을 때 여러 세율들이 나오는 것을 볼 수 있는데 이 중에서 내가 거래하는 국가와의 FTA 협정세율이 있는지를 살펴보는 것이다.

예를 들어 HS CODE 제3924.10-0000호를 조회하면 다음의 화면을 확인할 수 있다. 플라스틱으로 만든 식탁용품과 주방용품에 해당하는 물품을 수입할 때 적용될 수 있는 관세율은 기본세율, WTO 협정세율, 아시아・태평양협정세율(방글라데시 또는 라오스산 물품을 수입할 경우), 최빈국특혜관세율, 한-아세안 FTA 협정세율, 한-호주 FTA 협정세율 등이다. 만약 수입물품이 캐나다산일 경우 적용 가능한 세율은 기본세율, WTO 협정세율, 한-캐나다 FTA 협정세율이다. 이 중 세율적용 우선순위에 따르면 FTA 협정세율이 가장 먼저 적용되도록 하고 있고, 또한 0%로 가장 낮으므로 한-캐나다 FTA 협정세율을 적용하는 것이 합리적일 것이다. 다만, FTA 협정세율을 적용하기 위해서는 수입하는 물건이 캐나다산임을 입증하는 수출자 제공의 원산지증명서류가 필요하며, 원칙적으로 캐나다에서 한국으로 직접 운송이 되어야 한다.

	국가	한국	해당년도	2021년
	품목번호	3924.10-0000	단위(중량/수량)	KG / 단위표기
품명	국문	식탁용품과 주방용품		
	영문	Tableware and kitchenware		
	간이정액환급	10 원 (2021-01-01 ~) (10,000원당 환급액)		
	원산지	원산지표시대상 (Y) [적정표시방법]		

세율 세율적용 우선순위

구분기호	2021년	관세구분
A	8%	기본세율
C	6.5%	WTO협정세율
E2	0%	아시아・태평양 협정세율(방글라데시)
E3	0%	아시아・태평양 협정세율(라오스)
R	0%	최빈국특혜관세
U	0%	북한산
FAS1	0%	한・아세안 FTA협정세율(선택1)
FAU1	0%	한・호주 FTA협정세율(선택1)
FCA1	0%	한・캐나다 FTA협정세율(선택1)

제3924.10-0000호 조회 화면 | 관세법령정보포털

원산지증명서류는 각각의 협정마다 그 서식이 다르게 규정되어 있으며, 캐나다의 경우 수출자가 작성하고 서명하도록 하고 있다. 이처럼 원산지증명서류를 수출자 등이 직접 작성하도록 하는 방식을 자율발급이라고 하며, 수출국의 세관이나 상공회의소와 같은 기관에 신청하여 발급받도록 하는 방식을 기관발급이라고 한다. 따라서 수입 시 FTA를 적용하기 위해서는 내가 수입하고자 하는 국가와 우리나라가 FTA 체결이 되어 있는지, 해당 FTA 협정에서 내가 수입하는 물품에 대해 관세혜택을 주고 있는지, 그리고 수출자 등이 원산지증명서류를 제공할 수 있는지와 협정에서 정하는 직접운송원칙이 충족되는지를 확인해야 한다.

FTA 원산지증명서식은 관세청 FTA 포털에서 확인할 수 있다. 내가 준비하는 것이 아닌 수출자 등에게 요청해서 수령해야 하는 서류지만 사전에 서식을 확인할 필요가 있다. 그 이유는 우리나라의 경우만 보더라도 총 24개의 원산지증명서류가 발행되고 있는데, 여기에는 상대국에서 수입관세 혜택을 받을 수 있는 특혜용 원산지증명서도 있고, 단지 원산지가 한국산이라는 것을 확인하기 위한 비특혜용 원산지증명서도 있으며 이것은 다른 나라의 상황도 마찬가지이다. 또한 하나의 국가와 2개 이상의 무역협정이 체결되어 있기도 하다. 예를 들면 중국의 경우 한-중 FTA와 APTA(아시아 · 태평양무역협정)이 체결되어 있고, 베트남과 싱가포르의 경우, 한-베트남 FTA와 한-싱가포르 FTA가 체결되어 있는 동시에 한-아세안 FTA에서 아세안 국가에 속하기도 한다. 만약 내가 원하는 원산지증명서식이 아닌 다른 원산지증명서식을 수령할 경우 수입통관 시점에 내가 계획한 대로 관세 혜택의 적용이 불가할 수도 있다. FTA 협정별 원산지증명서식은 관세청 FTA 포털에 접속한 후, 'FTA 자료실 - FTA 서식모음 - 원산지증명서 발급 경로'를 통해 확인할 수 있으며, 추가적으로 각 무역협정별 원산지증명서 서식은 본 서의 17장에 첨부하도록 하겠다.

원산지증명서식을 확인한 후 해당 서식을 수출자 등에게 송부하여 원산지증명서류를 작성하여 줄 것을 요구하면 잘못된 원산지증명서식의 수령으로 인해 발생하는 난감한 상황을 미연에 방지할 수 있다. 또한 기관발급 원산지증명서의 경우 한 번 발급이 되면 잘못 기재된 사항이 있다 하더라도 수정 발급에 상당한 시일이 소요될 수 있기 때문에 최종 발급 전 원산지증명서 상의 기재사항을 꼼꼼히 확인해 볼 필요가 있다. 이를 위해 수출자에게는 원산지증명서식 작성 후 기관 제출 전 사본을 송부하여 한국에서 수입통관을 할 때에 문제가 없을지 확인해 보는 절차가 반드시 필요하다는 사실을 인지시켜야 하겠다.

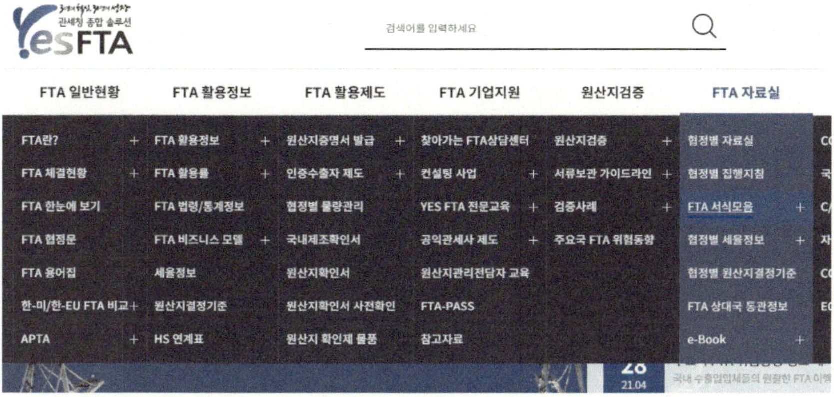

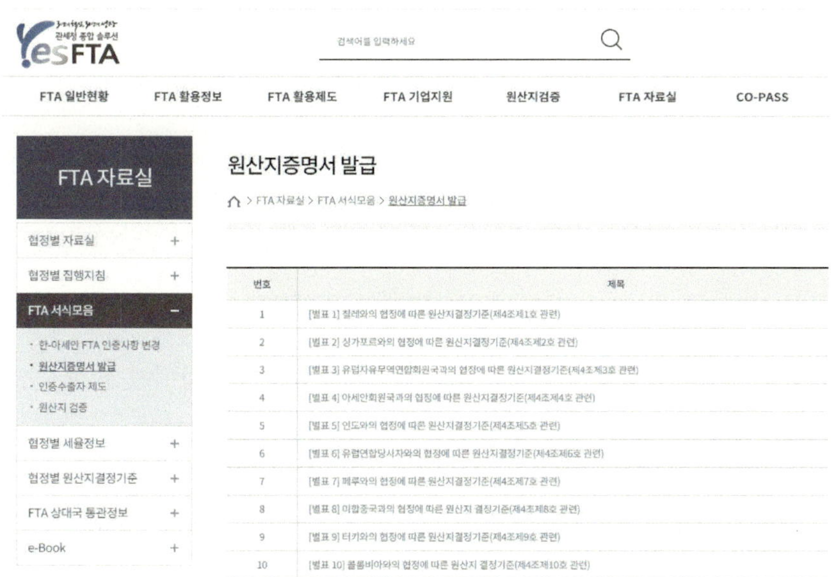

관세청 FTA 포털 원산지증명서식 확인 경로

원산지증명서류를 수출자로부터 제공 받은 경우 이를 근거로 수입신고가 수리되기 전까지 협정관세의 적용을 신청해야 관세 혜택을 받을 수 있다. 만약 화물은 도착했는데 원산지증명서류를 제공받지 못한 경우에는 어떻게 해야 할까? 원칙적으로 수입신고가 수리되기 전까지 수출자 등으로부터 제공받은 원산지증명서류를 토대로 협정관세의 적용을 신청해야 하므로 동 서류를 제공받지 못했다면 협정관세 적용을 신청할 수 없다. 이 경우 고스란히 세금을 납부하고 수입통관을 진행하거나 원산지증명서류를 수령할 때까지 기다렸다가 수입통관을 진행해야 한다. 원산지증명서류를 수령할 때까지 기다리는 경우 해당 기간 동안 계속해서 보세창고에 보관을 해야 하므로 늘어난 보관기간만큼의 보세창고 비용이 추가로 발생될 수 있다. 따라서 수입물품의 납품기일과 늘어나는 기간만큼의 보세창고 비용 등을 확인하여 FTA 적용여부를 선택해야 한다. FTA의 적용 없이 세금을 내고 통관을 진행한 경우로 뒤늦게 수출자가 원산지증명서류를 보내왔다면 해당 서류와 기타 수입관련 서류 및 사유서 등을 세관에 제출하고 FTA 협정관세의 사후적용을 신청할 수 있다. 단, 수입신고가 수리된 후 1년 이내에만 가능하다는 점에 주의하자. 사후적용 신청 시에는 기존에 납부한 세액에 대한 환급 신청이 가능하며, 환급 처리까지는 최대 2개월가량 소요된다.

위와 같은 상황을 피하고 싶다면 수입을 위해 판매자와 협상하는 단계에서 FTA 원산지증명서류의 제공이 가능한지를 확인하고, 수입물품이 선적되는 시점에 원산지증명서류의 제공이 가능하도록 사전에 체크할 필요가 있다. 더불어 FTA 협정관세의 적용 신청은 해당 서류 원본이 아닌 스캔본으로도 가능하다. 간혹 원산지증명서 원본을 아직 수령하지 못한 상황에서 FTA 적용이 가능한지를 묻는 경우가 있는데 스캔본으로도 가능하므로 원산지증명서류가 수출국에서 발행되면 우선 메일로 해당 서류를 수령하고, 원본은 차후 DHL, Fedex 등의 특송을 통해 수령한 후 관세법에서 정하는 바에 따라 5년간 보관하여야 한다. 다음은 우리나라의 무역협정 발효 리스트로 앞에서 설명한 것과 같이 만약 하나의 국가에 2개 이상의 협정이 발효되어 있다면 수입관세율의 차이를 확인한 후 보다 나에게 유리한 무역협정을 선택하여 수출자에게 원산지증명서 발행을 신청할 수 있을 것이다.

한-칠레 FTA	한-페루 FTA	한-뉴질랜드 FTA
한-싱가포르 FTA	한-미국 FTA	한-베트남 FTA
한-EFTA	한-튀르키예 FTA	한-콜롬비아 FTA
한-아세안 FTA	한-호주 FTA	한-중미 FTA
한-인도 CEPA	한-캐나다 FTA	한-영국 FTA
한-EU FTA	한-중국 FTA	RCEP
한-이스라엘 FTA	한-캄보디아 FTA	한-인도네시아 FTA
아시아태평양무역협정(APTA)		한-필리핀 FTA

다자협정별 대상국가

EFTA(유럽자유무역연합) : 스위스, 노르웨이, 아이슬란드, 리히텐슈타인

아세안 : 브루나이, 캄보디아, 인도네시아, 라오스, 말레이시아, 미얀마, 필리핀, 싱가포르, 베트남, 태국

EU : 오스트리아, 벨기에, 체코, 키프로스, 덴마크, 에스토니아, 핀란드, 프랑스, 독일, 그리스, 헝가리, 아일랜드, 이탈리아, 라트비아, 리투아니아, 룩셈부르크, 몰타, 네덜란드, 폴란드, 포르투갈, 슬로바키아, 슬로베니아, 스페인, 스웨덴, 불가리아, 루마니아, 크로아티아

중미 : 파나마, 코스타리카, 온두라스, 엘살바도르, 니카과라

RCEP : 한국, 아세안 10개국, 중국, 일본, 호주, 뉴질랜드

APTA : 중국, 인도, 스리랑카, 방글라데시, 라오스

또한 최빈개발도상국에 대해서는 특혜관세를 줄 수 있도록 규정되어 있는데, 적용국가 및 적용기한이 유동적이므로 수입 전 다시 한 번 확인할 필요가 있다. 2025년 현재 적용국가는 다음과 같다.

◎ 아시아 : 네팔(~29.11.23), 동티모르, 라오스(~29.11.23), 미얀마, 방글라데시(~29.11.23), 부탄(25.04.01~26.12.12), 아프가니스탄, 예멘, 캄보디아(~32.12.18)

◎ 아프리카 : 감비아, 기니, 기니비사우, 남수단, 니제르, 라이베리아, 레소토, 르완다, 마다가스카르, 말라위, 말리, 모리타니, 모잠비크, 베냉, 부룬디, 부르키나파소, 상투메프린시페(25.04.01~27.12.12), 세네갈(~32.12.18), 소말리아, 수단, 시에라리온, 앙골라, 에리트레아, 에티오피아, 우간다, 잠비아, 중앙아프리카공화국, 지부티, 차드, 코모로, 콩고민주공화국, 탄자니아, 토고

◎ 오세아니아 : 솔로몬제도(~30.12.13), 키리바시, 투발루

◎ 아메리카 : 아이티

6

세금 계산의 기초가 된다! 과세가격의 산출

수입과 관련된 세금을 계산하기 위해서는 관세율 외에 과세가격을 확인하는 것이 매우 중요하다. 과세가격이란 세액 산출의 기초가 되는 가격으로 과세가격에 세율을 곱한 가격이 관세액이 된다. 많은 분들이 과세가격을 인보이스에 기재된 가격으로 생각하는 경우가 많은데, 과세가격은 단순히 인보이스에 기재된 가격을 뜻하는 것이 아니며, WTO 관세평가협정의 내용을 반영하여 국내 법령(관세법, 관세평가 운영에 관한 고시)에서 그 결정방법을 규정하고 있다.

A씨는 여름에 대량 판촉물로 사용하기 위하여 중국에서 핸디형 미니 선풍기를 수입하게 되었다. 관세율을 확인해본 결과 8%이고, 한-중 FTA를 적용한다고 하더라도 관세율 인하는 없다는 것을 알고 A씨는 생각보다 높은 수입세금이 고민되었다. 이 세금을 그대로 다 납부하면 괜히 나만 바보가 되는 것 같아서 주위 여러 사람들에게 고민을 털어놨는데 그 중 한 사람이 비법이라며 세금을 줄일 수 있는 한 가지 방법을 알려주었다. 그 방법은 바로 인보이스에 기재된 물품가격을 낮추는 것이었다. 수입세금은 인보이스에 기재된 가격을 기준으로 정해지기 때문에 인보이스의 가격을 낮게 적어서 관세사에게 전달하면 된다는 이야기를 듣고 이렇게 해도 문제가 없는지 걱정이 되었다. 만약 당신이 A씨의 입장이라면 어떻게 하겠는가?

위 사례는 "관세액 = 과세가격 × 관세율"의 공식에서 과세가격을 조작할 것인가 말 것인가를 A씨가 고민하고 있는 상황으로 볼 수 있다. 만약 A씨가 인보이스의 가격을 스스로 낮은 가격으로 수정하고, 수정된 서류로 수입신고서가 작성되어 세관에 제출, 이것이 적발되었다면 A씨는 '관세포탈죄'로 처벌될 수 있다. 관세포탈죄라고 하면 뉴스에서 볼 수 있는 중범죄 중 하나로 순간의 잘못된 선택이 큰 사건으로 이어질 수 있는 것이다. A씨가 가격을 수정하면서 중범죄를 저지르고자 하는 마음은 없었을 것이다. 어쩌면 A씨는 매우 준법정신이 투철한 사람일지도 모른다. 그러나 A씨는 인보이스를 수정하는 그 순간부터 범죄에 발을 담그게 된 것이다. 간혹 필자에게도 '수입세금을 낮추기 위한 전략으로 인보이스를 수정하려고 하는데 어느 정도 금액까지가 허용이 될까요?'라고 묻는 분들이 있다. 이런 경우 참 난감하다. 관세포탈을 해야 하는데 어느 정도 선에서 포탈할지 그 금액을 정해달라는 이야기나 마찬가지이기 때문이다. 당연히 필자에게 질문을 하시는 분들은 관세포탈을 저지를 마음이 없이 단지 회사가 힘드니까, 가격경쟁이 너무 심하니까 등등 나름의 이유가 있다는 것을 알고 있다. 그러나 잘 몰랐다는 이유로 있던 사실이 없어지지는 않는다. 세금을 아끼기 위해서는 5장에서 살펴봤던 바와 같이 FTA 등의 무역협정 적용이 가능한지를 검토해 보는 것이 훨씬 현명하다.

과세가격에 대해 알고 계신 분들 중 많은 분들이 과세가격은 CIF금액이라고 알고 계신 경우가 많은데, 이는 과세가격 결정과 관련한 내용 중 일부분이라고 할 수 있다. 관세법 제30조제1항에서는 과세가격 결정의 원칙을 다음과 같이 규정하고 있다.

제30조(과세가격 결정의 원칙) ① 수입물품의 과세가격은 우리나라에 수출하기 위하여 판매되는 물품에 대하여 구매자가 실제로 지급하였거나 지급하여야 할 가격에 다음 각 호의 금액을 더하여 조정한 거래가격으로 한다. 다만, 다음 각 호의 금액을 더할 때에는 객관적이고 수량화할 수 있는 자료에 근거하여야 하며, 이러한 자료가 없는 경우에는 이 조에 규정된 방법으로 과세가격을 결정하지 아니하고 제31조부터 제35조까지에 규정된 방법으로 과세가격을 결정한다.

1. 구매자가 부담하는 수수료와 중개료. 다만, 구매수수료는 제외한다.
2. 해당 수입물품과 동일체로 취급되는 용기의 비용과 해당 수입물품의 포장에 드는 노무비와 자재비로서 구매자가 부담하는 비용
3. 구매자가 해당 수입물품의 생산 및 수출거래를 위하여 대통령령으로 정하는 물품 및 용역을 무료 또는 인하된 가격으로 직접 또는 간접으로 공급한 경우에는 그 물품 및 용역의 가격 또는 인하차액을 해당 수입물품의 총생산량 등 대통령령으로 정하는 요소를 고려하여 적절히 배분한 금액
4. 특허권, 실용신안권, 디자인권, 상표권 및 이와 유사한 권리를 사용하는 대가로 지급하는 것으로서 대통령령으로 정하는 바에 따라 산출된 금액
5. 해당 수입물품을 수입한 후 전매 · 처분 또는 사용하여 생긴 수익금액 중 판매자에게 직접 또는 간접으로 귀속되는 금액
6. 수입항까지의 운임 · 보험료와 그 밖에 운송과 관련되는 비용으로서 대통령령으로 정하는 바에 따라 결정된 금액. 다만, 기획재정부령으로 정하는 수입물품의 경우에는 이의 전부 또는 일부를 제외할 수 있다.

수출자와 수입자가 협의하여 결정한 금액은 과세가격 결정에 있어서 최우선적으로 고려되어야 하며, 특별한 사유가 없는 한 과세가격 산출을 위한 기초자료가 된다. 수출자와 수입자가 협의하여 결정한 금액을 관세법에서는 "구매자가 실제로 지급하였거나 지급하여야 할 가격"이라고 한다. 이것은 수입물품의 대가로서 구매자가 지급하였거나 지급하여야 할 총 금액을 말하며, 구매자가 해당 수입물품의 대가와 판매자의 채무를 상계하는 금액, 구매자가 판매자의 채무를 변제하는 금액, 그 밖의 간접적인 지급액을 포함하도록 규정하고 있다. 이 금액에 위 제1항의 1호~6호까지의 금액을 가산한 것이 과세가격으로 결정되어지며, 6호에 수입항까지의 운임·보험료와 그 밖에 운송과 관련되는 비용이 포함되어 있어서 많은 분들이 과세가격을 CIF 금액으로 알고 있는 것이다. 많은 수입자들이 미처 알지 못해 놓치는 과세가격 포함 사항(이하, 가산요소)으로 인해 불이익을 받는 경우가 있는데, 만약 어떠한 물품을 수입하면서 위 1~6호에 해당 하는 금액이 물품대금에 추가하여 수출자에게 지불되었다면 이 또한 세금부과의 대상이 된다는 것을 명심하여야 할 것이다.

1) 구매자가 부담하는 수수료와 중개료. 다만, 구매수수료는 제외

한국의 수입자가 물건을 수입하기 위해 실제지급금액 이외에 중개료, 수수료 등을 지불하는 경우, 이 금액도 과세가격에 포함되어야 한다. 이러한 가격은 인보이스 등의 서류에서 나타나지 않는 경우가 많아 수입신고 시점에 누락되는 경우가 많다. 따라서 만약 내가 어떠한 물품을 수입하는데 있어 별도로 지급하는 금액이 있다면, 해당 금액의 지불 근거가 되는 인보이스와 같은 서류를 수령하고 이를 신고인(관세사)에게 전달하여야 한다. 구매수수료란 수입자를 대신하여 수입자의 계산(지시)에 따라 공급자 물색, 나의 요구사항을 수출자에게 전달, 샘플수집, 물품검사 등의 업무를 하는 구매대리인에게 지급하는 일종의 보수 개념으로 이러한 수수료는 과세가격에 포함되지 않는다.

2) 용기, 포장 및 이와 관련된 노부비와 자재비로 구매자가 부담하는 비용

한국의 수입자가 반찬통을 수입하기로 하고, 이에 대한 별도의 박스 제작을 요청하거나 한글라벨의 부착을 요구하는 경우가 해당될 수 있다. 이 때 수출자가 무료로 박스를 제작하거나 한글라벨을 부착할 수도 있겠으나 만약 정해놓은 물품가격과 별도로 추가적인 비용을 지불하도록 한다면, 이 금액 또한 과세가격에 포함되어야 하겠다. 이와 같은 항목은 인보이스의 가장 아래쪽에 CARTON, PACKING, LABELING 등의 명목으로 그 비용이 포함되어 있는 경우가 많다.

3) 구매자가 무료 또는 인하된 가격으로 수입을 위해 물품, 용역을 지원하는 경우(생산지원비용)

도시락을 수입하고자 하는 한국의 수입자가 독특한 모양으로 도시락을 만들고자 금형을 한국에서 제작하여 해외 제조자에게 무료로 보내주는 경우가 이에 해당한다. 만약 한국의 수입자가 금형을 보내지 않았다면, 해외 제조자가 이 금형을 제작했어야 했을 것이고 당연히 그 금형의 가격이 판매가격에 영향을 미쳤을 것이기 때문이다. 생산지원비용 또한 누락되기 쉬운 항목 중 하나로, 만약 수입자가 어떠한 물품을 수입하기 위해 수출(생산)자에게 물품이나 용역서비스를 제공한 경우 신고인(관세사)에게 이를 알릴 필요가 있다.

4) 권리사용료

과세가격에 포함이 되어야 하는 권리사용료는 특허권, 실용신안권, 디자인권, 상표권 외에 저작권 등의 법적 권리와 법적권리에는 속하지 않지만 경제적 가치를 지니는 영업비밀 등을 말한다. 권리사용료라고해서 무조건 과세가격에 포함되는 것은 아니며, 수입물품과 관련되고, 그 수입물품의 거래조건으로 지급하게 되는 비용이 과세가격에 포함된다. 예를 들면, 머그컵을 수입하고자 하는데, 머그컵에 디즈니 그림이 인쇄되어 있고, 그 머그컵을 수입하기 위해서는 디즈니에 대한 권리사용료를 반드시 지불해야 하는 경우이다. 만약 머그컵을 수입할 때 디즈니에 대한 권리사용료는 따로 지불할 필요가 없고, 별도로 디즈니의 권리권자에게 수입자가 연락하여 이에 대한 사용료를 지불하는 경우, 해당 사용료는 과세가격에 속하지 않는다.

5) 사후귀속이익

물품 수입 시에는 지불되지 않았으나, 판매 후 생긴 이익 중 일부를 추가로 해외 수출(생산)자에게 지불하는 경우 이 금액도 과세가격에 포함되어야 하겠다.

6) 운임, 보험료

이 항목으로 인해 대다수의 사람들이 '관세는 CIF 금액에 부과 된다'고 알고 있는 것이다. 정확히는 선박(또는 항공기)이 우리나라에 접안하는 시점까지 발생하는 운송 및 운송관련 비용으로 만약 운송명세서에 운송과 무관한 DOCUMENT FEE 등이 있다면 이 금액은 과세가격에서 제외된다.

일반적으로 무역거래에서 결제통화로는 한화(KRW) 보다 외화(USD, EUR, CNY 등)가 많이 사용된다. 이에 과세가격의 산출을 위해서는 3장에서 다루었던 과세환율이 사용되는데, 과세환율을 적용할 때에는 한 주를 일요일부터 토요일까지로 보며 다음 주의 환율은 보통 금요일 오후에 확인이 가능하다. 예를 들어 금요일에 입항하는 수입화물이 있다고 가정해 보자. 이번 주 과세환율은 1,129.32(USD)이고 이틀 뒤인 일요일부터 적용되는 다음 주 과세환율은 1,125.20(USD)이다. 만약 과세가격이 USD 50,000이라면 토요일에 수입신고를 하는 경우 과세가격은 한화(KRW)로 56,466,000원이 되고, 일요일에 수입신고를 하는 경우 과세가격은 KRW 56,260,000원이 된다. 약 200,000원 가량 과세가격의 차이가 생기는 것이다. 관세율이 10%라고 가정하고 부가가치세 외에 다른 내국세(개별소비세 등)는 부과되지 않는 경우라면 수입세금은 다음과 같이 계산할 수 있다.

- 토요일 수입신고 : 관세 5,646,600원 + 부가가치세 6,211,260원
- 일요일 수입신고 : 관세 5,626,000원 + 부가가치세 6,188,600원

총 세액은 토요일이 11,857,860원, 일요일이 11,814,600원으로, 일요일에 수입신고 하는 경우가 43,260원의 세금을 아낄 수 있다. 물론 일요일이 아닌 월요일에 수입신고를 해도 같은 결과가 나온다. 만약 반대의 경우로 이번 주 과세환율이 다음 주 과세환율보다 더 낮은 경우라면 토요일에 수입신고를 하는 것이 이득일 것이다. 수입신고일을 하루 당기거나 미뤘을 뿐인데 내가 납부해야 하는 세액을 아낄 수 있는 것이다. 이렇게 수입신고일을 과세환율에 따라 조정하고자 하는 경우 고려해야 하는 사항이 있다. 바로 보세창고에서 발생하는 비용이다. FCL 화물이라면 거의 해당이 되는 경우가 없을 것이다. 그러나 LCL화물을 수입하는 상황이고, 화물의 입항이 목요일이라고 가정해 보자. 이 경우 입항 시간에 따라 다르겠지만 많은 경우 보세창고 반입은 금요일에 이루어질 텐데 금요일에 차주 과세환율을 확인해 보니 과세환율이 낮아지는 상황이다. 이 때 만약 당신이 수입화주라면 어떻게 하겠는가? 다음 주 과세환율이 더 낮기 때문에 수입신고를 다음 주로 미룰 것인가? 만약 보세창고 비용이 발생하지 않고, 수입화물을 긴급하게 수령해야 하는 상황이 아니라면 일요

일 이후에 수입신고를 하는 것이 조금이나마 수입세액을 아낄 수는 있을 것이다. 그러나 보세창고 비용이 발생하는 상황이라거나 화물의 수령이 긴급한 상황이라면 화물이 입항한 주에 즉시 수입신고를 하는 것이 이득일 수 있다. 그 이유는 추가로 발생하게 되는 보세창고 비용이 절감되는 수입세액을 뛰어넘을 수 있고, 긴급한 화물의 경우 화물의 수령시기가 늦어지는데서 발생하는 기회비용이 절감되는 세액 이상일 수 있기 때문이다. 그리고 과세가격 자체가 크지 않은 경우, 이번 주와 다음 주에 수입신고를 했을 때의 세액 차가 상당히 미미할 수 있으므로 과세환율을 고려한 수입신고 시기의 조정은 그 실익을 따져본 후에 이루어져야 할 것이다.

부가가치세의 경우 미가공식료품 등 면세 대상이 아닌 이상 거의 모든 수입물품에 대해 부과되는데 부가가치세의 계산식은 다음과 같으며, 관세액에 대해서도 부가가치세가 부과된다.

부가가치세액 = (관세의 과세가격 + 관세) × 10%

많은 수입자들이 무상으로 수입되는 물품은 세금부과가 되지 않는 것으로 생각하는데, 무상품의 경우에도 수입세금은 부과된다. 그렇다면 무상으로 수령하는 화물의 경우 과세가격은 어떻게 결정될까? 당사자가 합의한 가격이 '0원'이므로 세금도 0원이 되는 것일까? 기본적으로 과세가

격은 우리나라에 수출판매하기 위하여 송부되는 화물에 대해 당사자 간 합의한 가격을 기초로 하는 것으로 무상품은 수출판매 되는 물품으로 보지 않는다. 따라서 '0원'이라는 가격은 과세가격이 될 수 없으며, 이 경우 해당 물품이 정상적으로 매매될 때 적용되는 가격이 과세가격이 된다. 만약 불량에 대비한 것이거나, 서비스 개념 등의 무상품을 수령하는 경우라면 정확한 과세가격의 산출을 위해 인보이스와 같은 수입서류에 무상물품이라는 표시와 함께 정상가격을 기재할 필요가 있겠다.

7

수입 아이템을 결정하기 위한 힘든 싸움

(KC 인증?! 너무 어려워요!!_세관장 확인 사항)

1장에서 기술한 바와 같이 해외에서 상품을 수입할 때에는 비용뿐만 아니라 해당 물품이 어떠한 사전 허가나 승인을 필요로 하는 것은 아닌지에 대한 확인이 필요하다. 모든 수입물품에 대해 안전성 확인이 필요한 것은 아니지만 생각지도 못한 물품들이 안전성확인 대상에 속해 있기도 하다. 실제 이러한 부분을 검토하지 않고 비용만 고려한 채 수입하였다가 결국 반송이 되거나 폐기를 시키게 되는 경우가 많다. 손해는 여기서 그치지 않는다. 수입 후 납품하기로 약속이 되어 있는 경우 납기를 지키지 못하면서 스트레스에 시달리다가 결국 납품을 하지 못하고 추가적인 경제적 손실이 발생하기도 한다. 이 장에서는 수입물품에 적용되는 주요 세관장확인사항에 대해 소개할 것이며, 처음 수입을 시작하거나 새로운 아이템을 수입하고자 하는 경우라면 반드시 이 장에서 소개하는 내용을 차분히 읽어보기를 권한다. 만약 내가 수입하고자 하는 물건이 다음의 내용 중 해당되는 사항이 있는 것으로 판단된다면 반드시 관련 사항을 꼼꼼하게 체크해 볼 필요가 있으며, 두 개 이상에 해당이 된다면 해당 복수 요건을 모두 갖추어야 할 수 있으므로, 요건 충족에 수반되는 비용과 시간을 체크하여 수입·판매 실익을 꼭 사전에 따져봐야 하겠다.

가. 마약류 관리에 관한 법률

마약이라고 해서 무조건 나쁜 것은 아니다. 의약품으로 사용되거나 섬유 채취의 목적 또는 학술연구 등을 위해서 사용이 되기도 한다. 관련 법에서는 마약류를 수출입하거나 제조, 재배, 판매 등을 하는 사람들을 대상으로 마약류취급자로 지정을 받도록 하고 있다. 따라서 목적에 관계없이 마약류를 취급할 예정이라면 관계기관에 관련 사항을 꼭 문의해 볼 필요가 있다.

① **목적** : 이 법은 마약・향정신성의약품・대마 및 원료물질의 취급・관리를 적정하게 함으로써 그 오용 또는 남용으로 인한 보건상의 위해(危害)를 방지하여 국민보건 향상에 이바지함을 목적으로 한다.

② **대상물품** : 양귀비, 아편(의약품으로 가공한 것 제외), 코카 잎(엑고닌・코카인 및 엑고닌 알칼로이드 성분이 모두 제거된 잎은 제외), 양귀비・아편 또는 코카 잎에서 추출되는 모든 알카로이드 및 그와 동일한 화학적 합성품으로 마약으로 정해진 것, 그 외에 남용되거나 해독 작용을 일으킬 우려가 있는 화학적 합성품으로 마약으로 정해진 것, 위 물품들의 혼합물질 또는 혼합제제, 인간의 중추신경계에 작용하는 것으로서 이를 오용하거나 남용할 경우 인체에 심각한 위해가 있다고 인정되는 향정신성의약품, 대마 등

③ **구비요건** : 식품의약품안전처장의 수입승인(요건확인)서

④ **관계기관** : 보건복지부 의약품정책과, 식품의약품안전처 마약정책과

간혹 마약류에 해당하는 물품임에도 불구하고, 식물이나 다른 물품인 것처럼 서류를 작성하여 수입신고가 되는 경우가 있는데, 이는 허위신고에 해당하는 것으로 처벌을 받을 수 있다. 만약 '마약류 관리에 관한 법률'에 해당하는 물품을 수입하는 경우라면 해당 법에서 규정하는 마약류 취급자 지정부터 요건확인 절차까지 꼼꼼히 확인하여 불이익을 받지 않도록 하여야 하겠다.

나. 약사법

약사법이 적용되는 수입물품에는 의약품, 원료의약품, 한약재, 의약외품 및 동물용 의약품 등이 있다(이하 '의약품 등'). 의약품 등의 수입을 하려는 경우 식품의약품안전처장에게 수입업 신고를 하여야 하며, 긴급한 군사목적 또는 의약품 등의 제조를 위한 원료의약품, 임상시험용 의약품 등에 해당하는 경우를 제외하고는 매 수입시마다 품목별로 식약처의 허가를 받거나 신고를 하여야 수입이 가능하다. 연구시험용, 소비자조사용, 해외수탁용, 견본용 등에 해당할 경우 관할 시·도지사나 지방식약처에서 수입요건확인의 면제를 받을 수 있으며, 이 때 필요한 서류는 상황 및 물품에 따라 상이할 수 있으므로 면제확인 신청 전 미리 확인할 필요가 있다. 그리고 수입하고자 하는 의약품 등이 제조업자가 자신이 제조하는 의약품 등의 원료로 직접 수입하는 것(일부품목 제외)이거나 자기치료용(미화 2,000달러 이하 범위) 및 구호용 의약품 등 규정된 것인 경우 및 의약품 등의 안전에 관한 규칙 제62조제5호에 따라 규격품 대상 한약으로 지정한 한약 외의 한약인 경우 등은 의약품 등의 수입업신고 및 수입품목 허가·신고의 절차가 생략될 수 있다. 수입요건 면제 대상에 해당하는 경우 관할 시·도지사나 지방식품의약품안전청장 등의 면제 추천을 받아 수입신고 시 제출되어야 하겠다.

수입업 신고를 위해서는 약사, 한약사 또는 수의사 등 정해진 자격을 갖춘 1인 이상을 수입관리자로 채용하여야 하며, 시설기준에 따른 시설이 갖추어져 있어야 한다. 또한 한약재, 원료의약품, 체외진단용 의약품 등 일부 품목을 제외하고는 안전관리책임자를 1인 이상 두어야 한다. 이러한 기본적인 요건이 충족된 이후에 비로소 '의약품 등'의 수입이 가능해 지는 것이다. 수입업 신고 시에는 해당 업종에 속하는 1개 이상 품목에 대해 식약처의 허가나 신고가 필요하며, 정해진 품목의 경우 해외제조사의 명칭과 주소 등을 식약처에 등록한 후, 수입품목의 표준통관예정보고 절차를 진행한다. 이후 세관에 수입신고가 진행되는데 통관이 완료된 후에는 해당 의약품 등의 검정을 받고 그 안전성이 확인된 후에 유통이 가능하다.

약사법에 해당되지 않는다고 오인할 수 있는 것은 의약외품에 해당하는 것들인데 마스크, 생리대 등은 의약외품으로 지정되어 약사법의 적용을 받게 되므로 수입품목 확정 전 반드시 확인이 필요하겠다.

① **목적** : 이 법은 약사(藥事)에 관한 일들이 원활하게 이루어질 수 있도록 필요한 사항을 규정하여 국민보건 향상에 기여하는 것을 목적으로 한다.

② **의약품 및 의약외품 구비서류** : 한국의약품수출입협회장의 표준통관예정보고서 또는 수입요건확인 면제 추천서

- 의약외품 : 생리대, 탐폰, 마스크(비말차단용 마스크 포함), 안대, (탄력)붕대, 거즈, 탈지면, 반창고, 구취 등의 방지제, 콘택트렌즈 관리용품, 치아 미백을 위해 치아에 부착 또는 도포하는 등의 구강위생용 제제, 멸균 면봉, 멸균장갑 등

③ **한약재** : 식품의약품안전평가원장 또는 식품의약품안전처장이 지정한 한약재품질검사기관장의 검사필증이나 검체수거증 또는 수입승인(요건확인)서

④ **동물용 의약품** : 한국동물약품협회장의 수입승인(요건확인)서

⑤ **관련기관** : 보건복지부 의약품정책과, 식품의약품안전처, 농림축산검역본부(동물약품관리과, 동물용의약품관리시스템), 한국동물약품협회, 한국의약품수출입협회 등

다. 수입식품안전관리 특별법

이 법과 관련하여 혼동하기 쉬운 것이 '식품'에 대해서만 적용된다고 생각하는 것이다. 수입식품안전관리 특별법에서는 식품뿐만 아니라 우리나라 국민이 섭취하는 식품이 직접적으로 접촉하는 물품도 식품용 기구·용기로써 안전성 확인이 필요한 물품으로 정하고 있다. 예를 들면 우리가 음식물을 섭취할 때 사용하는 숟가락, 젓가락, 그릇은 물론이고, 밥솥, 토스터기, 에어프라이기 및 냄비류 등도 모두 해당이 된다. 머그컵에

뚜껑이 세트로 구성되어 있는 경우, 머그컵이 아닌 뚜껑에 차를 담는 경우는 없겠지만 뜨거운 차를 담았을 때, 차에서 발생한 수증기가 컵 뚜껑에 닿아 물방울로 차에 다시 떨어질 수 있으므로 뚜껑 또한 이 법에서 정하는 안전성 확인 대상 물품이다. 반면 대상이 되지 않는 것은 식품이 아닌, 식품용 기구·용기가 접촉하는 물품, 예를 들면 숟가락 받침대, 접시 거치대 등과 식품이 닿는 음료컵과 똑같이 생겼으나 양치용으로 사용하는 컵, 칫솔, 반려동물용 사료접시 등이 있다. 또한 다음의 경우도 수입식품 등에 해당한다고 하더라도 식약처의 신고를 필요로 하지 않는다.

ㄱ. 무상으로 반입하는 상품의 견본 또는 광고물품으로서 그 표시가 명확한 수입식품 등

ㄴ. 식품 등의 제조·가공·조리·저장·운반 등에 사용하는 기계류와 그 부속품

ㄷ. 식품첨가물을 제조하는데 사용하는 비식용 원료

ㄹ. 기구 또는 용기·포장을 제조하는데 사용하는 원료 등

수입식품 등의 수입절차를 큰 흐름으로 정리하면 다음과 같다.

1	수입식품 등 수입·판매업 영업등록
2	해외제조업소 등록(우리나라 식약처에 등록되지 않은 제조업소인 경우)
3	원(재)료 리스트 및 제조공정도 확보 → 수입불가물질 포함 여부 확인
4	한글표시사항 작업 및 부착방법 확인
5	화물 국내 입항 후 식약처 신고 및 검사(정밀검사의 경우 약 3~7 영업일 소요)
6	세관에 대한 수입신고
7	수입신고 수리 후 화물 반출

① **목적** : 이 법은 수입식품 등의 안전성을 확보하고 품질의 향상을 도모하며 올바른 정보를 제공함으로써 건전한 거래질서 및 국민의 건강증진에 이바지하는 것을 목적으로 한다.

② **대상물품** : 식품, 식품첨가물, 사람이 섭취하는 식품이 직접 닿는 기구나 용기, 건강기능식품 등

해외직구를 통해 구매하는 수입식품 등은 안전성 확인의 대상이 될까? 만약 최종 소비자가 개인적으로 사용하고자 직접 수입하는 것이고, 그 수량이 개인이 사용하기 위한 것으로 인정되는 수량일 경우, 통상 목록통관을 거쳐서 제재 없이 수입이 이루어질 수 있다. 여기서 '통상'이라고 하는 이유는 개인의 자가사용 목적의 직접구매라 하더라도 국내 반입이 불가한 경우들이 있기 때문이다. 예를 들어 건강기능식품으로 식약처에서 금지하고 있는 원료를 포함하고 있는 경우 해당 물품은 국내에 반입될 수 없다.

그리고 자가사용을 목적으로 수입이 일어났다 하더라도 최종 소비자가 직접 구매한 것이 아닌 구매대행을 통해 수입이 이루어지는 경우 구매대행업자의 식약처 신고 절차가 필요하다는 점에 주의해야 한다.

내가 수입하고자 하는 물품이 수입식품 등에 해당이 된다면 먼저 수입을 위한 자격을 갖추어야 한다. 이를 위해 한국식품산업협회 등에서 온라인 식품위생교육을 이수한 후 수료증을 받아 사업장 소재지를 관할하는 지방식약청에 접수를 한다. 약 2~3영업일 이내에 영업등록이 완료되고 영업등록증이 발부되는데, 여기서 한 가지 알아두어야 하는 점은 사업장 주소지가 자택으로 되어 있는 경우, 수입식품 등 수입・판매업 등록이 불가하거나, 비대면으로만 판매하는 조건부로만 등록이 가능하다는 점이다. 수입식품을 취급하기 위해서는 식품을 적절히 보관, 유통할 수 있는 시설이 갖추어져 있도록 규정하고 있기 때문이다.

수입식품 등 수입・판매업 영업의 등록이 완료된 이후 해외제조업소의 등록이 필요하며, 해외제조업소로부터 공장등록증 또는 영업확인증(해당 국가에서 발행한 공장 허가・등록・신고서류 등으로 발급일로부터 1년 이내의 것)을 수령 후 이를 첨부하여 해외제조업소를 등록한다. 다만, 농산물이나 수출국에서 발행하는 공장확인서류가 없는 경우 제조업소의 동의서로도 등록이 가능하다. 해외제조업소의 등록은 영업등록이 완료된 수입업자가 '수입식품정보마루'에 접속 및 회원가입 - 전자민원 - 민원안내 및 신청 - 해외제조업소 등록신청의 절차로 진행이 가능한데, 만약 수출국에서 발행하는 증빙서류가 영문 또는 국문이 아닌 경우와 수출국 현지의 공장등록 관련 서류를 수취할 수 없는 경우 해외제조업소 공문 또는 수출국 증빙서류 공증 번역본이 추가로 필요할 수 있다. 해외제조업소 등록 후 유효기간은 2년으로 갱신 시점에도 위와 같은 절차가 필요하다. 해외제조업소 정보와 관련하여 수입식품 등을 식약처 검사를 정상적으로 완료한 후 유통한다 하더라도 제조업소를 숨길 의도 등으로 제조회사의 명칭이나 주소를 허위로 등록하는 경우 10일~1개월의 영업정지 처분을 받거나 해당 수입물품의 회수, 폐기 등과 같은 행정제재가 부과될 수 있으므로 모든 정보는 사실에 맞게 기재되어야 할 필요가 있는 점에 주의하여야 한다. 만약 기존에 등록한 해외제조업소 정보(공장소재지, 대표자 등)가 변경된 경우 이에 대한 변경신고가 필요하며, 다른 수입자가 해외제조업소 등록을 하여 이미 등록이 되어 있는 경우로, 해외제조업소의 모든 정보가 동일하다면 이미 등록되어 있는 해외제조업소 코드를 이용할 수 있다. 따라서 등록 전에는 '해외제조업소 조회'를 통해 등록 여부를 사전에 확인하는 절차가 필요하다. 해외제조업소가 기존에 등록된 것으로 확인된다면 기 등록된 해외제조업소코드의 유효기간이 아직 남아있는지, 주소지 등의 변경사항은 없는지도 확인해 보아야 하겠다. 참고적으로 해외 제조자가 공장등록 관련 서류를 갖추고 있지 않은 경우, 해외제조사의 동의서와 해당 서류의 공증번역본 등으로도 경우에 따라 해외제조업소 등록이 가능하기도 하다.

수입식품 등에 대해서는 해외 제조업소로부터 그 원료(원재료) 및 제조공정에 대한 확인이 필요하다. 식품이라면 전체 성분과 그 배합비가 기재된 제조자의 서류가 필요하며, 이 때 사용된 원료 중 우리나라에서 식품첨가물로 인정하지 않는 물질이 포함되어 있지는 않은지 등에 대한 면밀한 사전검토가 필요하다. 기구·용기라면 식품이 직접 닿는 부분의 재질 및 색상이 기재된 서류가 필요하다. 기구·용기 중에서도 믹서기 등과 같이 식품이 닿는 부분이 다양한 재질로 이루어진 경우 내부 전개도가 필요할 수 있다. 그 이유는 제조자가 미처 생각하지 못한 부분(예 : 칼날 하단의 이음새 부분 등)에 대한 기재가 누락될 수 있고, 식품이 닿는 부분의 크기도 파악해야 하기 때문이다. 만약 식품이 닿는 부분이 손톱 정도의 크기로 작을 경우 1~2개의 샘플 채취로는 시험이 불가하기 때문에 미리 해당 부분만 추가로 요청, 수입 시 본 물품과 함께 받아서 시험검사가 이루어지기도 한다. 이러한 사전절차를 누락한 채 무작정 수입할 경우 소량이라 하더라도 단 하나의 원재료로 인해 반송 또는 폐기가 요구될 수 있으므로 유의하여야 한다.

위 사항이 확인되었다면 소비자가 수입식품 등에 대한 정보를 확인할 수 있도록 한글라벨이 부착되어야 한다. 여기에는 명칭, 제조자, 원산지, 원재료명, 영양성분, 식품의 유형, 수입자 등 법에서 정한 내용이 기재되며, 이 라벨이 규정에 맞지 않게 표시되어 있는 경우, 전체 라벨을 다시 작업하도록 하는 시정명령이 내려질 수 있다. 이 시정명령이 내려지는 경우 한글라벨에 대한 재작업이 정상적으로 이루어지기 전에는 수입을 위한 행정절차가 이루어질 수 없다. 한글라벨 부착작업은 두 가지 방법으로 이루어질 수 있다. 사전에 제조자에게 한글라벨 시안을 주어 제조국에서 부착하도록 요청하는 방법과 국내에 수입화물이 반입된 이후 보수작업을 통해 라벨 부착작업을 하는 방법이다. 첫 번째 방법으로 진행할 경우 제조자가 추가비용을 요구할 수 있고, 두 번째 방법으로 진행할 경우 작업기간 동안의 보세창고 비용, 보수작업 비용, 라벨 제작비용 등이 발생할 수 있다. 따라서 각자의 상황에 따라 실익을 판단하여 결정할 필요가 있다. 표시기준에 따라 라벨에 기재되어야 하는 내용은 다음과 같으며, 식품의 유형에 따라 기재사항에 다소 차이가 있을 수 있으므로 반드시 사전 확인이 필요하다. 또한 기구・용기에는 '식품용 기구 도안'의 표시가 반드시 필요하다.

기재사항	제품명, 식품유형, 원산지, 수입업소명 및 소재지, 제조회사, 제조일자, 유통기한, 내용량, 원재료명, 영양성분, 보관방법, 반품 및 교환장소, 포장재질, 주의사항 등
도 안	 〈'가'형〉 〈'다'형〉 〈'마'형〉 〈'나'형〉 〈'라'형〉 〈'바'형〉

표시사항과 관련해서 추가적으로 주의가 필요한 것은 원래 식품 등에 표시되어 있는 사항(원표시 라벨)이 가려지지 않아야 한다는 점과 상품 포장에 기재된 문구 중 'for healthy' 등과 같이 소비자가 일반식품을 건강기능식품 등으로 오인할 수 있는 과대광고 표시가 없는지를 확인해야 하는 점이다. 또한 지나치게 작은 활자체의 사용 등 규정에 맞지 않게 라벨링이 되어 있는 경우 부적정 표시로 보수작업이 요구될 수 있으므로 반드시 관련 규정을 면밀히 검토해야 할 것이다. 이 외에도 앞에서 설명한 바와 같이 해외 제조업소를 노출시키고 싶지 않아 해외제조업소의 명칭 등을 허위로 표시하는 경우도 규정 위반에 해당하므로 주의해야 한다. 또한

OEM생산 제품으로 간주되는 경우, 2년에 1회 해외제조업소 현지 실사가 진행되며, 자체적으로 6개월에 1회 한국식품과학연구원 등의 국내 인정 시험기관에서 정밀검사를 받아야 한다. OEM생산 제품으로 간주되는 경우란 실제 OEM생산을 하는 경우는 물론이고, 포장이나 표시에 자체 브랜드명이나 로고가 포함되어 있는 경우도 해당될 수 있다.

위 과정을 모두 거쳐 화물이 국내에 입항이 되었다면 보세구역에 반입이 완료된 후 식약처에 수입식품 등의 수입신고가 진행된다. 식약처 신고는 매 수입시마다 진행되는 것으로 식약처에 수입식품의 재질, 원료, 해외제조업소 등에 관한 내용을 신고하고 검사 과정을 거치게 된다. 수입식품 등에 대한 검사는 업무의 형평성, 공정성, 신속성, 투명성 및 효율성을 도모하기 위해 「수입식품 등 검사에 관한 규정」이 고시되어 있으며, 판매를 목적으로 하거나 영업상 사용하기 위해 수입하는 식품, 식품첨가물, 기구 또는 용기, 포장 등을 그 대상으로 정하고 있다. 검사의 종류에는 서류검사, 현장검사, 정밀검사, 무작위표본검사가 있다. 최초 수입되는 물품의 경우 정밀검사가 진행되며, 정밀검사 결과 합격 통보를 받은 동일 제조사, 동일 물품의 경우 이후 수입 시부터 서류검사로 진행된다. 다만, 그 동일성이 서류로써 인정되어야 하며, 동일 제품이라 하더라도 경우에 따라 현장검사나 무작위표본검사의 대상이 될 수 있다.

최초 수입 시점에 정밀검사를 진행하는 물품의 순중량이 100kg 이하인 경우로써, 이후 동일제품 수입 시에 100kg을 초과하여 수입된다면 이 경우 다시 한 번 정밀검사를 진행하게 된다(계속하여 100kg 이하를 수입하는 경우는 우선적으로 서류검사 대상에 해당한다). 이와 같은 수입물량(중량) 증가를 사유로 정밀검사를 하는 경우 시험비용은 발생하지 않으나 검사가 진행되는 기간 동안의 보세창고 비용은 수입자의 몫이 된다. 만약 최초 수입 시 100kg을 초과하여 수입하고, 정밀검사를 진행했다면, 이후에는 수입물량(중량)을 사유로 정밀검사 대상으로 선별하지 않는다. 다만, 이 경우에도 식약처에 수입신고를 진행했을 때 여러 가지 상황에 따라 서류검사가 아닌 현장검사나 무작위표본검사의 대상이 될 수는 있다. 다음은 수입식품안전관리 특별법 시행규칙에서 규정하고 있는 검사의 정의이다.

① **서류검사** : 신고서류 등을 검토하여 그 적합 여부를 판단하는 검사

② **현장검사** : 제품의 성질·상태·맛·냄새·색깔·표시·포장상태 및 정밀검사 이력 등을 종합하여 그 적합 여부를 판단하는 검사로 관능검사를 포함

③ **무작위표본검사** : 식품의약품안전처장의 표본추출계획에 따라 물리적·화학적 또는 미생물학적 방법으로 실시하는 검사로 서류검사 및 현장검사를 포함

④ **정밀검사** : 물리적·화학적 또는 미생물학적 방법에 따라 실시하는 검사로 서류검사 및 현장검사 포함

검사의 종류 중 시험 · 분석이 필요한 경우 3~7영업일 가량이 소요되며, 현장검사와 관능검사의 경우 2영업일 이내에는 통상 검사의 결과가 통지된다. 또한 최초 정밀검사의 경우 시험 · 분석을 위한 검사비용이 청구되며, 해당 비용은 검사 항목에 따라 결정되므로 검사 비용에 대해서는 개별 물품별로 확인할 필요가 있다. 검사 결과 합격통보를 받은 경우에만 국내로 수입이 가능하므로 이 결과통보 이후에 세관에 대한 수입신고가 진행될 수 있다.

식약처 검사 결과 합격의 통보를 받았다면 해당 수입 건에 대해 승인번호가 부여된다. 이 승인번호는 세관에 대한 수입신고 시 기재되어야 하며, 수입신고인이 기재한 번호는 세관에서 식약처로부터 전송받은 승인번호와 비교하여 적정여부를 판단하게 된다. 이 외에 세관에서 수입신고서를 심사할 때에는 신고서의 기재사항을 바탕으로 심사를 하며, 수입신고가 수리되면(세관 심사 완료) 이후에 보세창고에서 화물을 반출하여 영업장소에서 수령할 수 있다.

'수입식품 등'과 구분되어야 하는 것으로서 야채, 과일, 조리기구, 식품용 용기 등의 세척제, 자동식기세척기 등의 헹굼보조제, 식당 등에서 사용하는 포장 물수건, 일회용의 컵·숟가락·젓가락·포크·나이프·빨대, 일회용 행주·종이냅킨, 일회용 이쑤시개·면봉 등이 있다. 이들은 수입식품 등과 동일하게 식약처의 검사절차를 세관 수입신고 전에 거쳐야 하지만, 적용되는 법령이 다르다. 이와 같은 물품에는 '위생용품관리법'이 적용되며, 영업등록과 해외제조업소의 등록에 있어 수입식품등과 서식 등에 있어 차이가 있으므로 사전에 내가 수입하는 물품이 위생용품에 해당하는 것은 아닌지 확인해 보아야 하겠다.

라. 수산생물질병 관리법

수산동물 또는 수산식물이 그 대상이 되며, 사실상 초보 수입자 중 수산생물질병관리법에 해당되는 것들을 수입하는 경우는 전체 초보 수입자 중 극소수에 해당될 것이다. 그 이유는 운송, 보관 등에 있어서의 절차를 구비하는 것이 쉽지 않고, 신속하게 모든 절차가 이루어지지 못할 경우 그 손해가 매우 크기 때문이다. 따라서 수산 동·식물을 수입하고자 하는 경우 반드시 경험이 많은 물류회사나 검역대행사, 관세사 등과 충분한 사전검토를 할 필요가 있다.

① **목적** : 이 법은 수산생물질병이 발생하거나 퍼지는 것을 막기 위한 종합적인 관리체계를 마련함으로써 수산생물의 안정적인 생산·공급과 수생태계 보호 및 국민건강의 향상에 이바지하는 것을 목적으로 한다.

② 수입검역대상(지정검역물)은 수산동물로서 이식용(移殖用), 식용, 관상용, 시험·연구조사용인 것과 수산식물로서 「수산자원관리법」에 따라 이식용으로 승인받은 것, 수산생물전염병의 병원체를 확산시킬 우려가 있는 수산생물제품 및 위의 수산생물 또는 수산생물제품을 운반하거나 보관하는 과정에서 수산생물전염병의 병원체를 확산시킬 우려가 있는 물건으로서 사료·기구·물, 그 밖에 이에 준하는 것이 된다.

③ 해양수산부장관이 해양수산부령으로 정하는 바에 따라 지정하여 고시하는 수입금지 지역에서 생산 또는 발송되었거나 그 지역을 거친 지정검역물(항공기 또는 선박의 단순 기항에 따라 수입금지 지역을 거친 경우는 제외한다), 수산생물전염병의 병원체에 감염된 수산생물, 「수산자원관리법」에 따라 이식이 제한·금지된 수산생물과 이식승인의 대상임에도 이식승인을 받지 아니한 수산생물 및 검역증명서를 준비하지 못한 경우에는 수입이 금지된다.

④ 지정검역물을 수입하려는 자는 수출국의 정부기관이 발행하는 수산생물전염병을 확산시킬 우려가 없음을 증명하는 검역증명서를 첨부하여야 한다.

⑤ 지정검역물을 수입하려는 자는 수산생물검역기관의 장에게 검역을 신청하고 수입검역을 받아야 한다. 다만, 여행자 휴대품으로 지정검역물을 수입하는 자는 입국하는 즉시 해당 공항·항만 등을 관할하는 수산생물검역기관의 장에게 신고하고 수입검역을 받아야 한다.

⑥ 지정검역물은 해양수산부령으로 정하는 항구 및 공항 등의 장소를 통하여 수입하여야 한다. 다만, 수산생물검역기관의 장이 지정검역물을 수입하는 자의 요청에 따라 수입장소를 따로 지정하는 경우에는 그러하지 아니하다.

⑦ 수입검역 결과 위생조건을 준수하지 아니한 것, 수산생물전염병의 병원체에 의하여 오염되었거나 오염되었을 것으로 인정되는 것, 유독·유해물질이 들어있거나 들어있을 것으로 인정되는 것 등의 사유로 불합격 통보를 받은 경우 반송 또는 소각·매몰 등이 이루어진다.

⑧ 검역의 실시결과에 대하여 불복하는 자는 그 결과를 통지받은 날부터 14일 이내에 해양수산부장관에게 재검역을 신청할 수 있다.

⑨ **구비서류** : 국립수산물품질관리원장의 수입검역증명서

수입검역을 신청할 때에는 신청수수료가 2만원 청구되며 정밀검사수수료는 최대 8만원까지 발생할 수 있다. 또한 수입검역 신청 시에는 수입검역신청서와 적하목록 사본, 수출국 정부기관이 발행한 검역증명서 사본(일부 경우 제외), 외국박람회 참가 후 재반입 되는 경우 해당 사실을 확인할 수 있는 서류 등이 필요하다. 검역의 신청은 화물 특성상 검역신청이 먼저 이루어질 수 있도록 검역일로부터 5일 전에 신청이 가능하게 하고 있다.

마. 화학물질관리법

우리나라의 제조업자들이 사용하는 원료에는 수많은 화학물질이 포함되어 있다. 그러한 화학물질을 수입할 때에는 화학물질 관리법에 따라 해당 물질이 기존화학물질, 신규화학물질, 유독물질, 허가물질, 제한물질, 금지물질, 사고대비물질 중 어느 하나에 해당하는지를 확인하고, 그 내용을 환경부장관에게 제출하여야 한다. 화학물질에 대한 확인이 필요한 경우 한국화학물질관리협회에 성분명세서 등을 첨부하여 화학물질확인 증명을 신청할 수 있다. 이 중 허가물질 또는 제한물질을 수입하려는 자의 경우 미리 환경부장관의 허가를 받아야 하며, 유해화학물질 영업을 하기 위해서는 사전에 영업허가를 받아야 한다. 주의할 점은 화학물질의 경우 수입 이후에도 실적보고, 운반, 보관, 유통 등과 관련한 정보의 작성, 제출 등 여러 가지 의무가 수입자에게 부여될 수 있으므로 사전에 이에 대한 꼼꼼한 절차 확인이 필요하다는 점이다. 이와 관련하여서는 환경부 및 관련 기관을 적극적으로 활용할 필요가 있다. 수입물품의 HS CODE가 20, 25, 27, 28, 29, 32, 38류에 해당할 경우 화학물질관리법의 규제대상이 될 수 있으며, 화학물질관리법의 대상이라 하더라도 수입하려는 화학물질이 방사성물질, 의약품 및 의약외품, 화장품원료, 식품 등에 해당하는 경우 해당

용도에 따른 별도의 법령이 적용되므로 화학물질관리법의 제외대상이 된다. 또한 기계에 내장되어 수입되는 것, 시험운전용으로 기계 또는 장치류와 함께 수입되는 것, 특정한 고체 형태로 일정한 기능을 발휘하는 제품에 들어있어 그 사용과정에 유출되지 아니하는 것 등도 제외대상에 속한다.

① **목적** : 이 법은 화학물질로 인한 국민건강 및 환경상의 위해를 예방하고 화학물질을 적절하게 관리하는 한편, 화학물질로 인하여 발생하는 사고에 신속히 대응함으로써 화학물질로부터 모든 국민의 생명과 재산 또는 환경을 보호하는 것을 목적으로 한다.

② **관련기관** : 환경부, 국립환경과학원, 한강유역환경청, 낙동강유역환경청, 한국화학물질관리협회 등

③ **금지 · 제한 · 유독물질 구비서류** : 유역(지방)환경청장의 금지・제한・유독물질 수입(변경)허가증

화학물질의 경우 화학물질관리법과 외에 화학물질의 등록 및 평가 등에 관한 법률이 적용될 수 있다. 이 법에서는 연간 1톤 이상의 기존화학물질 또는 0.1톤 이상의 신규화학물질을 수입하는 자는 등록을 하도록 하고 있으며, 해당 중량 미만이라 하더라도 신고사항이 따로 규정되어 있으므로 이에 대한 확인이 필요하겠다. 주의할 점은 등록과정에서 요구되는 정보가 적지 않아 해외 수출자의 협조가 없는 경우 수입에 상당한 애

로가 발생할 수 있다는 점이다. 따라서 화학물질의 수입을 계획하고 있는 경우 사전에 절차 등에 대한 확인이 필수이며, 이 때 산업계도움센터(포털 사이트에서 검색 가능)의 상담이나 지원을 받을 수 있다.

바. 식물방역법

2018년 6월 평택항에서 '살인개미'로 불리는 붉은 불개미가 발견되어 온 나라가 떠들썩한 적이 있다. 식물방역법은 이와 같은 병해충이 국내에 전파되는 것을 막기 위한 것으로 병해충이 분포되어 있는 지역에서 생산 또는 발송되거나 그 지역을 경유하는 식물 등은 수입을 금지하며, 병해충이 서식하여 함께 국내로 유입될 수 있는 식물과 그 식물을 넣거나 싸는 용기 및 포장, 병해충 및 흙은 농림축산식품검역본부의 검역절차를 완료한 후 수입하도록 하고 있다. 수입을 처음 시작하는 단계에서 이 식물방역법에 해당하는 물품을 수입하는 경우가 많은데, 그 중 대다수가 자신이 검역대상 물품을 수입하고 있다는 사실을 인지하지 못하고 있다. 나무(목재)를 원재료로 하여 가공된 물품의 경우 기본적으로 식물방역법에 따른 검역대상 물품에 속하게 된다. 식물검역 대상물품의 경우 수출국 정부기관이 발행한 식물검역증 원본이 필요하며, 검역증은 반드시 선적일 또는 그 전에 발행된 것이어야 한다. 또한 물품 종류에 따라 검역증에 처리 온도나 방법 등 특정 기재가 요구되는 경우가 있으므로, 이에 대한 사전확인이 필요하다. 최근 과일(신선, 냉장, 냉동, 건조 등)을 수입하고자 하는 경우가 종종 있는데, 이 경우 수입금지 지역이나 식물에 해당되지는 않는지 매 수입시마다 농림축산검역본부에 확인해 보는 절차도 반드시 필요하다고 할 수 있다. 참고적으로 신선・냉동과일 등과 같이 식물이면서 식품에 동시에 해당하는 경우에는 농림축산검역본부의 검역과 함께 식약처의 식품검역도 진행되어야 한다.

나무를 원재료로 하여 가공된 물품이지만 병해충이 서식할 수 없을 정도로 가공된 물품의 경우 식물검역 제외 대상임을 세관에 수입신고 전

농림축산검역본부 담당자의 입회하에 확인을 받을 필요가 있다. 식물방역법에 따른 검역이나 확인 등을 피하고자 HS CODE를 바꾸어 수입하는 경우가 있는데 이 경우 '부정수입죄'로 불이익을 당할 수 있으므로 주의가 필요하다. 식물검역 제외 가공품은 화학약품, 소금, 설탕, 기름, 그 밖에 방부효과가 있는 물질로 방부처리된 것이나 병해충을 죽여 없앤 것으로서 병해충이 다시 침입할 수 없도록 포장한 것 등이 해당된다. 다음은 농림축산검역본부고시 「가공품 품목의 예」 별표의 내용 중 일부이다. 여기에 해당한다고 하여 검역절차가 생략되는 것이 아니라 검역본부 담당자의 확인이 필요하다는 점을 명심하길 바란다.

A. 대나무로 가공하여 만든 제품으로서 김발, 매트, 바구니, 베개, 부채, 붓대, 쟁반, 젓가락, 효자손, 주걱, 죽부인, 모자류, 우산, 찜통, 상자 또는 이와 유사한 주방용 또는 생활용품으로 사용할 수 있는 제품
B. 나무로 가공하여 만든 제품으로서 악기, 가구, 책상, 의자, 침구, 조명기구, 완구, 유희용구, 운동용구, 주방용품 또는 이들 완성품을 조립하기 위한 사포 또는 니스 칠된 부분품이나 미조립 또는 분해된 상태의 물품
C. 나무로 가공하여 만든 제품으로서 대접(공기), 도마, 젓가락, 이쑤시개, 발판, 옷걸이, 사진틀, 거울틀 또는 이들과 유사한 주방용 또는 생활용품으로 사용되는 제품
D. 병해충을 죽여 없앤 것으로서 병해충이 다시 침입할 수 없도록 포장한 복거나 굽거나 찌거나 삶은 것 또는 기름에 튀긴 것

E. 식물체를 절단하여 온도가 90도에 도달한 시점에서 5분 이상 찌거나 데친 후 영하 17.8도 이하로 냉동처리 하여 병해충이 서식할 수 없도록 가공된 과실류 또는 채소류

F. 병해충이 서식할 수 없을 정도로 열풍 또는 동결 건조하고 밀봉 포장한 건감자, 건파, 건양배추, 건호박, 건혼합야채, 건고추후레이크, 건당근플레이크, 건대추야자, 건대파, 건아몬드, 건오레가노, 건코코넛, 건토마토플레이크, 건파슬리플레이크, 건커리잎, 건쥬니퍼베리, 건사과, 건키위, 건감, 건블루베리 또는 이들과 유사한 제품

G. 식물체의 줄기, 잎 등을 고열건조 후 연화 처리하여 가공한 장신구, 완구, 장식용품으로 왕골, 골풀, 바나나잎, 대나무잎, 부레옥잠, 옥수수껍질, 옥수수잎, 아바카, 종려 또는 야자잎 등으로 만든 모자, 매트, 바구니, 방석, 돗자리, 베개피, 가방, 신발, 부채, 베개피, 인형피, 조화꽃이, 모자테두리, 인형, 신발, 방석, 가방 또는 이들과 같이 유사한 제품

① **목적** : 이 법은 수출입 식물 등과 국내 식물을 검역하고 식물에 해를 끼치는 병해충을 방제하기 위하여 필요한 사항을 규정함으로써 농림업 생산의 안전과 증진에 이바지하고 자연환경을 보호하는 것을 목적으로 한다.

② **관련기관** : 농림축산검역본부 식물검역과

③ **구비서류** : 농림축산검역본부장의 수입식물검역증명서, 가공품 확인서 또는 금지품제외확인서

사. 사료관리법

가축이나 그 밖의 동물, 어류 등에 영양이 되거나 건강유지, 성장에 필요한 단미사료, 배합사료, 보조사료를 수입하고자 하는 경우 관련 단체장의 확인을 받은 후 수입이 가능하다. 수입업자는 관할 지자체에 수입예정 사료의 종류, 성분 및 배합비 등의 사항을 사전에 등록할 필요가 있으며, 수입 사료의 통관 전에는 사료의 명칭, 성분등록번호, 수량, 제품명, 등록 성분명 함량 등을 기재하여 관련 협회 등에 사료의 수입신고를 하여야 한다. 사료 수입신고 시에는 사료성분등록증 사본, 사료검정증명서, 한글 설명서, 인보이스 등을 첨부하며, 처리기간은 3영업일 이내이다. 신고단체는 농협경제지주, 한국사료협회, 한국단미사료협회이다.

수입하는 사료 중 무상으로 반입하는 상품의 견본 또는 광고물품으로 그 표시가 명확한 경우 위에서 설명한 사료의 수입신고를 요하지 않는다. 동물의약품은 사료관리법 대상에서 제외가 되며, 대신에 약사법 대상에 해당되어 한국동물약품협회장의 확인을 받은 후 수입이 가능하다.

수입하고자 하는 사료 중 인체 또는 동물 등에 해로운 유해물질이 허용기준 이상으로 함유되거나 잔류된 것, 인체 또는 동물 등의 질병의 원인이 되는 병원체에 오염되었거나 현저히 부패 또는 변질되어 사료로 사용될 수 없는 것, 성분등록을 하지 않은 것이나 사료 수입신고를 하지 않은 사료는 수입이 금지된다.

수입사료에는 수입식품과 같은 한글표시사항을 용기나 포장에 부착하여야 하는데 표시가 필요한 사항으로는 '사료의 성분등록번호, 사료의 명칭 및 형태, 등록성분량, 사용한 원료의 명칭, 주의사항, 실제 중량(kg 또는 톤), 제조(수입) 연월일과 유통기간 또는 유통기한, 제조(수입)업자의 상호(공장 명칭) · 주소 및 전화번호, 재포장 내용' 등이며 사료의 종류(배합사료, 단미사료, 보조사료)에 따라 그 표시사항과 방법에 다소 차이가 있다.

① **목적** : 이 법은 사료의 수급안정, 품질관리 및 안전성 확보에 관한 사항을 규정함으로써 사료의 안정적인 생산과 품질향상을 통하여 축산업의 발전에 이바지하는 것을 목적으로 한다.

② **관련기관** : 농림축산식품부, 농업협동조합중앙회, 한국단미사료협회, 한국사료협회

③ **구비서류** : 농림축산식품부 장관이 지정한 신고단체의 장(농협중앙회장, 한국사료협회장, 한국단미사료협회장)의 사료수입신고필증

아. 전기용품 및 생활용품 안전 관리법

많은 수입(예정)자들이 전기를 사용하는 물품은 KC 인증이 필요하다는 사실을 알고 있을 것이다. 동일한 전기용품이라 하더라도 국가별로 전기안전기준이나 규격을 상이하게 정하고 있는 바, 해외에서 생산, 사용되고

있는 전기제품이 수입되어 우리나라 국민이 사용할 경우 발생할 수 있는 사고 등을 예방하기 위해 이와 같은 인증이 필요한 것이다. 전기용품 및 생활용품 안전관리법에서는 전기용품을 '공업적으로 생산된 물품으로서 교류 전원 또는 직류 전원에 연결하여 사용되는 제품이나 그 부분품 또는 부속품'이라고 정의하고 있다. 따라서 이와 같은 물품을 수입하고자 하는 경우 반드시 안전성 확인과 관련된 사항을 확인해 볼 필요가 있는 것이다.

보통은 전기용품 수입요건을 KC 인증 정도로만 알고 있는 경우가 많은데, 사용 전압이나 기능 등에 따라 안전인증 대상, 안전확인 대상, 공급자적합성 확인 대상으로 구분할 수 있다. 각각의 구분은 「전기용품 및 생활용품 안전관리 운용요령」 별표 1~3에서 확인이 가능하며, 전기용품을 수입하고자 한다면 다음의 해당 별표를 꼭 참고하기를 바란다. 안전인증의 경우 신청서가 시험기관에 접수되면 해외 공장심사를 거친 후 제품에 대한 시험검사가 진행되며, 우리나라에서 정한 규격에 적합할 경우 인증서가 발급이 된다. 안전확인의 경우 안전인증의 절차에서 '해외 공장심사' 기준이 생략되는 것이 가장 큰 차이이며, 그만큼 시간과 비용을 절약할 수 있다. 공급자적합성 확인은 수입업자가 사전에 모델별로 직접 제품의 시험검사를 하거나 제3자에게 시험검사를 의뢰하여 해당 제품이 안전기준에 적합한 것임을 확인하는 것으로 안전인증이나 안전확인에 비해 비교적 간소화되어 있다고 볼 수 있다.

① **목적** : 이 법은 전기용품 및 생활용품의 안전관리에 관한 사항을 규정함으로써 국민의 생명, 신체 및 재산을 보호하고, 소비자의 이익과 안전을 도모함을 목적으로 한다.

② **관련기관** : 국가기술표준원

③ **구비서류** : 안전인증기관장의 안전인증확인서(안전인증 대상물품) 또는 안전확인신고서(안전확인 대상물품), 공급자적합성 확인신고 확인 증명서(공급자적합성 대상물품)

법의 목적에서 보는 바와 같이 본 법에서는 전기용품뿐만 아니라 생활용품에 대해서도 안전성 확인을 받도록 하고 있다. 안전인증대상 생활용품에는 자동차용 재생타이어, 가스라이터, 공기주입 물놀이 기구와 보트, 수영 보조용품, 비비탄 총, 가정용 압력냄비와 압력솥이 포함된다. 안전확인대상 생활용품에는 고령자용 보행 보조차, 롤러스포츠 보호장구, 스노보드, 스케이트보드, 전동보드, 이륜자전거, 디지털 도어록, 헬스기구, 휴대용레이저용품, 온열팩, 등산용 로프, 스포츠용 구명복, 미끄럼 방지 타일, 야외 운동기구 등이 포함된다. 마지막으로 공급자적합성 확인 대상에는 롤러스케이트, 바퀴 달린 운동화, 쇼핑카트, 휴대용 사다리, 인조 속눈썹, 인라인 롤러스케이트, 킥보드 등이 포함된다.

생활용품의 경우 전기용품과 다르게 안전성 확인에 대한 절차가 누락되는 경우가 많고, 이로 인해 통관이 지연되거나 불허되어 경제적인 피해가 발생하기도 하므로 각별한 주의가 필요하다고 할 수 있다. 안전인증, 안전확인, 공급자적합성 확인의 절차는 전기용품과 동일하다. 생활용품의 경우 수입통관 시점에 인증여부를 확인하지는 않지만 동 법에서 안전기준을 준수하도록 하는 제품이 있다. 이러한 제품들은 정해진 안전기준을 갖추고 KC표시를 해야 하는데, 이를 준수하지 않은 경우 과태료 처분이 내려질 수 있으므로 유의해야 한다. 대표적인 예로는 가정용 섬유제품으로써 의류나 실내 패브릭 제품이 해당된다. 안전기준준수대상 생활용품에는 다음의 것들이 해당되며, 각 제품별로 표시가 되어야 하는 사항이 다르므로 사전에 이에 대한 확인 및 각 제품에 이에 대한 표시 가능여부를 수출자에게 확인해 봐야할 것이다.

> 가정용 섬유제품, 양탄자, 가죽제품, 화장비누, 가구(단, 높이 76.2cm 이상의 가정용 서랍장 및 사무용 파일링 캐비넷 제외), 간이빨래걸이, 선글라스, 안경테, 텐트, 고령자용 신발, 고령자용 지팡이, 고령자용 휠체어테이블, 고령자용 목욕의자, 고령자 위치추적기, 물안경, 반사안전조끼, 스테인레스 수세미, 시각장애인용 지팡이, 침대 매트리스, 우산 및 양산, 휴대용 경보기, 접촉성 금속 장신구, 벽지 및 종이장판지, 합성수지제품, 감열지

이 법에 해당하는 물품이지만 다음의 경우에 해당한다면 인증을 면제받아 수입할 수 있는데, 이 중 개인의 자가 사용을 목적으로 수

입하는 경우를 제외하고는 한국제품안전관리원의 면제확인을 받아야 하겠다. 이 면제확인을 받기 위해서는 면제확인신청서, 사업자등록증, 면제대상임을 확인할 수 있는 서류, 제품설명서 등이 제출되어야 하며, 처리까지는 5영업일 이내의 기간 소요된다. 또한 면제확인 수수료가 부과되는데, 수수료는 제품의 단가에 따라 달라지며, 최대 55,000원/품목 이다.

- 수입하는 개인이 직접 사용하고자 수입하는 것(모델별 1개 인정)
  단, 다중시설에서 이용하는 것은 제외
- 판매나 대여 목적이 아닌 국내 시장조사 목적으로 수입하는 것 등

자. 전파법

방송통신기자재와 전자파장해를 주거나 전자파로부터 영향을 받은 기자재를 제조 또는 판매하거나 수입하려는 자는 적합인증, 적합등록 또는 잠정인증을 받도록 전파법에서 규정하고 있다. 이러한 요건의 대상이 되는 수입물품은 그 종류가 매우 다양하여 모터를 장착하고 있거나 전기를 사용하는 대부분의 물품이 해당된다고 생각해도 과언이 아니다. 물품의 종류를 모두 열거할 수는 없으나 다음에 해당하는 물품들은 시험검사를 거친 후 국내법에서 규정하는 여러 기술, 인체보호, 전자파적합성에 따른 기준이나 표준에 적합하다는 판정을 받은 경우에만 수입이 가능하다고 할 수 있다.

전기청소기, 전기다리미, 전기식기세척기, 주방용 전열기구, 전기세탁기, 모발관리기, 주방용 전동기기, 전기 찜질기, 전자레인지, 전기 맛사지기, 제습기, 공기청정기, 가습기, 음식물처리기, 이·미용기, 전동침대, 전기의자, 전기온수패드, 구강청결기, 전기 에어커튼, 전동형 롤스크린, 보플제거기, 초음파세척기, 전동공구, 전기가열기기, 전기소독기, 일반조명기구, 안정기 및 램프제어장치, 안정기내장형램프 등

소비자 시장에 판매하기 위하여 수입하는 위와 같은 물품은 대부분 적합등록 대상으로, 적합등록 확인을 받기 위해서는 시험기관에 외관도, 회로도, 부품배치도 및 시험검사를 위한 샘플 등을 제출하여 시험검사를 거친 후 적합등록 서류를 교부받게 된다. 물품의 종류나 시험기관의 상황 등에 따라 처리기간은 달라질 수 있으나 통상 30일~45일 이상 소요된다고 볼 수 있다. 따라서 수입 전 샘플을 먼저 송부 받아 시험검사를 실시한 후 적합 판정이 나온 뒤에 본 물량을 수입할 필요가 있다. 그 이유는 시험검사 결과가 항상 긍정적일 것이라는 보장이 없고, 시험용 시료 외의 물품은 보세창고에 남아있게 되는데, 시험검사 기간 동안의 해당 물품에 대한 보관비용도 만만치 않기 때문이다.

① **목적** : 이 법은 전파의 효율적이고 안전한 이용 및 관리에 관한 사항을 정하여 전파 이용과 전파에 관한 기술의 개발을 촉진함으로써 전파 관련 분야의 진흥과 공공복리의 증진에 이바지함을 목적으로 한다.

② **관련기관** : 국립전파연구원

③ **구비서류** : 국립전파연구원장의 적합성평가확인 또는 사전통관 확인서

K씨는 애견용품 유통업자로 중국에서 애견이발기를 수입하고자 계획하고 있다. 여러 상품을 둘러보던 중 적당한 물품을 발견하였고, 디자인, 성능, 내구성 등을 확인해 보기 위해 5대를 먼저 주문하였다. 드디어 주문한 샘플이 인천항에 도착하는 날짜가 되었고, 빨리 샘플을 받아 확인해 보고 싶은 마음에 K씨는 물류업체에 연락을 하였다. 물류업체에서는 세관 통관이 필요하여 현재 수입신고 준비 중에 있으며, 세관 통관이 완료되면 연락하겠다는 답변을 하였다. 몇 시간 후 K씨 물류회사로 부터 수입물품이 전파인증 대상 물품으로 인증서가 없으면 통관이 어려울 수 있다는 답변을 받았다. K씨 입장에서는 이 상황이 매우 당혹스러웠다. 판매하고자 수입한 것도 아니고, 물건을 제대로 살펴보지도 않고 최소 백만 원 이상의 큰 돈을 써야 한다는 것이 이해되지 않았던 것이다. 이에 K씨

는 물류회사에서 안내해준 관세사무소에 연락을 하여 해결할 수 있는 방법이 없는지를 물었다. 관세사무소에서는 샘플의 경우 전파인증면제확인서를 받아오면 정상적으로 세관통관을 완료하고 샘플을 받아볼 수 있다는 답변을 주었다. K씨는 또다시 혼란스러워졌다. 겨우 5대 샘플을 받는데 이런 어려운 절차가 꼭 필요한 것인지, 그리고 그 면제확인서라고 하는 것은 어디서 어떻게 받아야하는 것인지 너무 어렵게만 느껴졌다.

다른 세관장확인대상 물품들의 대다수가 그렇듯이 전파법 대상 물품의 경우도 자신이 직접 사용할 것을 목적으로 개인이 해외직구 등을 하는 것이 아닌 이상 수입 시점에는 관계 법령에서 요구하는 절차를 갖추었음을 입증하는 서류가 요구된다. 전파법 대상 물품을 수입하기 전에 대부분의 수입자는 전파 인증시험을 받을 만큼의 가치가 있는지를 확인하고, 그만한 가치가 있다고 판단이 되면 전파 시험을 위한 시료로 제출하기 위해 샘플을 먼저 수입한다. 이 과정에서 위의 K씨와 같은 상황에 처하게 되는 것이다. 상거래를 하면서 기본적으로 샘플을 확인해봐야 한다는 것은 누구나 알고 있지만 샘플이라는 이유만으로 아무런 제재 없이 통관을 완료해 준다면 이를 악용하는 사람들이 많아질 것이다. 그렇기 때문에 실제 수입된 물품의 사용목적 등을 확인하여, 정식 인증절차 없이 국내에 반입이 되어도 될 만한 것인지를 사전에 확인받게끔 하고 있는데 이것이 면제확인의 신청이다. 면제확인의 신청은 국립전파연구원을 통해서 진행하며, 판매를 목적으로 하지 않고 국내 시장조사를 목적으로 수입하는 경우 3대 이하의 범위에서 가능하다. 신청은 관세청 전자통관시스템 유니패스를 통해 가능하며, 사유서(국립전파연구원에서 정하는 양식으로 국립전파연구원 홈페이지에서 확인 가능) 및 수입물품의 품명 및 수량 확인이 가능한 서류(계약서, 인보이스 등)의 첨부가 요구된다. 간혹 인보이스 등의 서류에 사유서에 기재된 모델번호가 누락되는 경우가 있는데, 이러한 경우 서류의 보완 통보를 받을 수 있다는 점에 유의해야 할 것이다.

차. 생활화학제품 및 살생물제의 안전관리에 관한 법률

얼마 전 관세사 K씨는 다급한 전화 한 통을 받았다. 유럽에서 디퓨저를 수입하였고 현재 부산항에 화물이 도착해 있는데, 통관이 불가하다는 연락을 받았다는 것이었다. 관세사 K씨는 디퓨저가 안전확인대상 생활화학제품이기 때문에 통관이 어려운 상황이라 추측하고 KC 안전확인을 위한 시험검사가 진행되었는지 수입자에게 질문하였다. 이에 수입자는 디퓨저가 한국에 도착한 후 해당 내용을 알게 되었다며 어떻게 진행해야 통관이 되는지 절차를 알려달라고 하였다. 수입된 양도 상당했고, 최대한 빠르게 국내에서 판매되기를 수입자가 원하여 시험연구 기관을 통해 KC 안전확인 절차를 진행하고, 그 기간 동안에 시험검사를 위한 샘플 외의 물품들은 비교적 보관비용이 저렴한 보세창고로 보세운송을 하였다. 약 40여일 후 KC 안전확인이 완료되었으며, 수입통관 후 현재 온라인 마켓에서 활발히 판매되고 있다.

① **목적** : 이 법은 생활화학제품의 위해성 평가, 살생물물질 및 살생물제품의 승인, 살생물처리제품의 기준 등에 관한 사항을 규정함으로써 국민의 건강 및 환경을 보호하고 공공의 안전에 이바지하는 것을 목적으로 한다.

② **관련기관** : 국립환경과학원, 한국환경산업기술원 등

③ **구비서류** : 제품의 사진 및 설명서 등 제품정보에 관한 서류, 제품에 함유된 화학물질 중 환경부장관이 정하여 고시하는 화학물질의 성분, 배합비율 및 용도에 관한 서류, 사업자등록증 등을 구비하여 관련 기관에 제출 후 시험검사 진행, 안전기준에 적합할 경우 확인서 등 발급

가습기살균제 사고는 많은 국민의 건강을 위협한 사례로 많은 국민들이 기억하고 있을 것이다. 이 사건 및 각종 화학제품 관련 피해사례들을 계기로 화학제품에 대한 국민의 불안이 높아졌으며, 화학제품 관리에 대

한 필요성이 높아졌다. 이러한 필요성에 따라 제정된 것이 바로 생활화학제품 및 살생물제의 안전관리에 관한 법률이다. 이 법에서는 생활화학제품과 살생물 물질을 관리, 감독하고 안전확인대상 생활화학 제품을 지정하여 안전기준에 적합한지를 시험・검사를 통해 확인받도록 하고 있다. 이 법이 시행된 이후 위 사례와 같이 안전확인대상임을 인지하지 못하고 수입했다가 낭패를 보는 수입자가 적지 않다. 안전확인대상 생활화학제품은 다음과 같으며, 만약 수입하고자 하는 물품이 다음 중 어느 하나에 해당된다면 반드시 사전에 시험, 검사 절차를 이행할 필요가 있다.

분류	품목	분류	품목
세정제품	세정제, 제거제	**인쇄 및 문서 관련 제품**	인쇄용 잉크・토너
세탁제품	세탁세제, 표백제, 섬유유연제	**미용제품**	미용 접착제, 문신용 염료
코팅제품	광택 코팅제, 특수목적코팅제, 녹 방지제, 다림질보조제	**염색・도색제품**	물체 염색제, 물체 도색제
접착・접합제품	접착제, 접합제	**자동차 전용 제품**	자동차용 워셔액, 자동차용 부동액
방향・탈취제품	방향제, 탈취제	**보존・보존처리제품**	목재용 보존제, 필터형 보존처리제품
살균 및 구제제품	- 살균제, 살조제, 가습기용 항균・소독제제, 감염병 예방용 살균・소독제제, 기타 방역용 소독제제 - 기피제, 보건용 구제・방지・유인살충제, 보건용 기피제, 감염병 예방용 살충제, 감염병 예방용 살서제		
기타	- 초, 습기제거제, 인공 눈 스프레이		

앞의 물품 중 안전확인을 목적으로 수입하는 소량의 샘플이나 자가사용을 목적으로 휴대수입 또는 해외직구 등을 하는 것이라면 화학제품관리시스템을 통하여 수입요건면제 확인을 받을 수 있다. 면제확인은 수입목적과 제품의 용도, 수입된 물품의 수량, 사용계획 및 물품표시 등을 기준으로 승인여부가 결정된다.

안전성 확인을 받기 위해서는 시험소에 시험분석 시료와 시험신청서, 사업자등록증 등을 제출하여 시험검사를 먼저 의뢰한다. 시험이 완료된 후 시험분석확인결과서가 나오면 이를 '화학제품관리시스템(CHEMP)'에 제출 및 제품신고를 하는데, 이 때 라벨표시사항도 함께 기재가 되어야 한다. 화학제품관리시스템에서는 신고 된 사항을 검토하여 KC인증 관련 서류를 발급하는데, 신고내용에 보완이 없을 경우 약 2~3주 정도 소요된다. 이렇게 안전성 확인 서류까지 발급이 완료되면 이후 세관에 수입신고를 진행할 수 있다. 향초, 방향제 등의 제품은 향 별로 제품이 매우 다양할 수 있다. 이 경우 대표품목을 지정하고, 나머지 품목을 파생모델로 등록하여 절차나 비용을 줄일 수 있는데, 파생모델로 등록을 하는 것은 수입자의 신청에 따라 용도, 제형, 성분, 품명 등을 토대로 관계기관에서 확인 후 결정하게 된다.

카. 화장품법

외국에서 수입되는 화장품은 우리 국민의 피부에 흡수되는 것으로 건강과 직결되는 것이라고 볼 수 있다. 수입화장품의 경우 식약처에서 금지하는 원료가 사용되지는 않았는지, 배합 한도가 정해져 있는 원료를 정해진 한도 이상으로 사용하지는 않았는지 등을 검토하고 수입신고 전 한국의약품수출입협회에 표준통관예정보고를 필한 후, 통관이 진행된다. 또한 통관이 완료된 후 제조일자별로 계약된 시험검사소를 통해 안전성에 대한 시험이 진행되어야 한다.

① **목적** : 이 법은 화장품의 제조, 수입, 판매 및 수출 등에 관한 사항을 규정함으로써 국민보건 향상과 화장품 산업의 발전에 기여함을 목적으로 한다.

② **관련기관** : 식품의약품안전처, 한국의약품수출입협회 등

③ **구비서류** : 제조증명서(성분 및 배합비 포함), 판매증명서, BSE 관련 서류 등 원본을 지참하여 표준통관예정보고 후 통관, 통관 이후 품질검사를 실시하여 적합한 제품에 한하여 판매 가능

화장품도 식품과 같이 사전에 책임판매업 등록이 필요하다. 책임판매업 등록과 관련해서는 서울지방식품의약품안전청 홈페이지에서 확인이

가능하며, 구매대행 사업자의 경우와 일반수입자의 경우 사내 책임판매자 인정 기준 등이 다르므로 이를 확인해 볼 필요가 있다. 사내 화장품 책임판매관리자는 화장품의 품질관리 및 책임판매 후 안전관리에 관한 기준을 관리할 수 있는 자를 말하는 것으로 종사한 날부터 6개월 이내에 최초 교육을 이수해야 하며, 최초 교육을 받은 날을 기준으로 매년 1회 보수교육을 이수하여야 한다.

책임판매관리자가 지정되고 책임판매업 등록이 완료되었다면 화장품의 수입이 가능해 지는데, 통관단계에서는 한국의약품수출입협회에서 승인한 표준통관예정보고서가 요구되므로 수입신고 전 표준통관예정보고를 완료하여야 한다. 이를 위해서는 수출국 현지에서 공증된 위 ③의 구비서류가 필요하며, 한국의약품수출입협회에 회원가입 후 원료목록보고가 사전에 이루어져야 한다. 이후 관세청 전자통관시스템 유니패스 등을 통해 표준통관예정보고서를 작성하여 전송한 후 구비서류를 한국의약품수출입협회로 발송하면 담당자가 이를 검토하여 승인여부를 결정하게 된다. 표준통관예정보고는 화물이 입항하기 전이라도 진행이 가능하므로 신속한 통관을 위해서는 미리 준비하는 것이 도움이 될 수 있다.

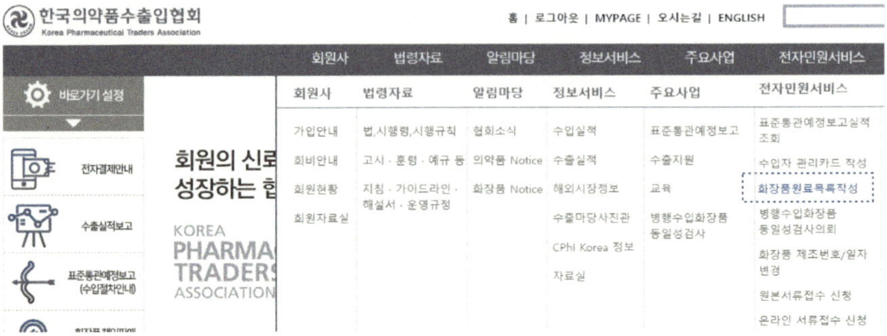

한국의약품수출입협회 홈페이지

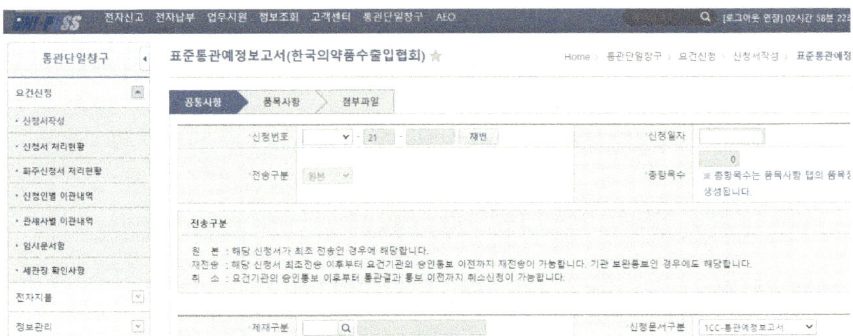

관세청 전자통관시스템 유니패스 표준통관예정보고 신청 화면

견본용, 소비자조사용, 연구시험용 등의 경우 화장품법에 따른 이와 같은 수입요건이 면제가 될 수 있는데, 이 경우 관한 시·도지사의 면제 추천서가 요구된다. 면제추천을 받아 수입된 화장품의 경우 추천서가 발급되고 3개월 이내에 사후결과 보고서가 제출되어야 한다. 면제신청 서류와 면제되는 수량의 범위는 다음과 같다.

1) 견본용

① **서류** : 배부계획서(품명, 배부처명 및 주소, 연락처, 배부일정, 배부수량 등이 기재된 것)

② **수량** : '선전용' 또는 '비치용'으로 표시된 것으로 자사비치용의 경우 2개/품목, 배부용의 경우 배부처당 5개/품목 이하

2) 소비자조사용

① **서류** : 소비자 조사계획서(품명, 수량, 조사목적, 조사장소 및 대상과 기간, 조사 후 잔량처리방법, 부작용 시 대응방안 등이 기재된 것), 전성분표(성분 종류에 따라 배합함량 및 PH한도 확인서류 추가로 필요할 수 있음), BSE 미감염 확인서류

② **수량** : '소비자조사용' 등과 같은 표시가 있는 것으로 조사에 소요되는 최소 필요수량

3) 연구시험용

① **서류** : 연구 또는 시험계획서(연구목적, 시험항목 및 방법, 시험항목별 검체소요량, 시험기관 명칭 및 연락처, 연구책임자, 시험기간, 잔량처리방법 등이 기재된 것), 사유서

② **수량** : 시험에 필요한 최소 수량으로 계획서 상의 소요량과 일치되는 수량

표준통관예정보고가 완료 되었다면 수입신고가 진행되며, 세관의 심사 및 세금납부 등 절차를 거쳐 화물을 수령할 수 있다. 이렇게 수령한 수입화장품은 그대로 판매할 수 없으며, 반드시 계약된 시험기관에 제출하여 품질검사를 실시하여야 한다. 품질검사는 동일한 화장품이라 하더라도 제조일자가 다를 경우 각각 검사가 이루어지므로 유통 가능한 범위 내에서 가능한 한 동일한 제조일자의 것을 보내도록 수출자에게 미리 요청하여야 비용을 줄일 수 있다. 품질검사 결과 해당 제품이 적합하다고 판정되면 유통이 가능한데, 이 때 용기, 포장 등에 법에서 정하는 사항을 기재한 라벨이 견고하게 부착되어 있어야 하겠다. 기재가 되어야 하는 사항에는 다음의 내용이 포함되며, 이는 화장품법 제10조 및 시행규칙 제19조에서도 상세히 확인이 가능하다.

명칭, 영업자의 상호 및 주소, 성분, 용량, 제조번호, 사용기한, 가격, 기능성화장품 표시(기능성화장품에 한함), 가격, 사용 시 주의사항 등

기능성 화장품의 경우 사전에 효과에 대한 유효성을 심사받거나 보고서를 제출하여야 하며, 영유아 및 어린이 화장품의 경우 제품별로 안전과 품질을 입증할 수 있는 서류를 작성 및 보관하여야 한다.

화장품류의 경우 판매가 끝이 아니다. 판매 후에도 이에 대한 관리가 이루어져야 하며, 이와 관련된 서류 또한 작성 및 보관이 되도록 규정하고 있다. 다음은 화장품법 시행규칙 제12조에서 규정하는 화장품책임판매업자 준수사항의 일부이다. 구매대행업자의 경우 이 중 1, 2, 4의 가, 다, 사, 차 및 10번의 사항만 해당이 된다.

1. 규정된 품질관리기준을 준수할 것
2. 책임판매 후 안전관리기준을 준수할 것
3. 제조업자로부터 받은 제품표준서 및 품질관리 기록문서를 보관할 것
4. 수입한 화장품에 대하여 다음의 사항을 적거나 첨부한 수입관리기록서를 작성할 것
   가. 제품명 또는 국내에서 판매하려는 명칭
   나. 원료성분의 규격 및 함량
   다. 제조국, 제조회사명 및 제조회사의 소재지
   라. 기능성화장품심사결과통지서 사본
   마. 제조 및 판매증명서
   바. 한글로 작성된 제품설명서 견본
   사. 최초 수입연월일(통관연월일)
   아. 제조번호별 수입연월일 및 수입량
   자. 제조번호별 품질검사 연월일 및 결과
   차. 판매처, 판매연월일 및 판매량
5. 제조번호별로 품질검사를 철저히 한 후 유통시킬 것
6. 다음 어느 하나에 해당하는 성분을 0.5% 이상 함유하는 제품의 경우, 해당 품목의 안정성시험 자료를 최종 제조된 제품의 사용기한이 만료되는 날부터 1년간 보존할 것

가. 레티놀(비타민A) 및 그 유도체
나. 아스코빅애시드(비타민C) 및 그 유도체
다. 토코페롤(비타민E)
라. 과산화화합물
마. 효소

화장품의 품질관리기준은 화장품법 시행규칙 '별표 1'에서 확인할 수 있는데 용어의 정의, 품질관리 업무에 관련된 조직 및 인원, 품질관리업무의 절차에 관한 문서 및 기록, 회수처리, 교육훈련, 문서 및 기록의 정리 등으로 구성되어 있다. 책임판매 후 안전관리기준은 화장품법 시행규칙 '별표 2'에서 확인할 수 있는데 용어의 정의, 안전확보 업무에 관련된 조직 및 인원, 안전관리 정보 수집, 안전관리 정보의 검토 및 그 결과에 따른 안전확보 조치와 그 실시 등으로 구성되어 있다.

화장품의 경우 판매형태, 화장품의 종류에 따라 수입의 절차가 상이하며, 까다로운 서류 구비, 표준통관예정보고 및 수입 후 제조일자 별 품질검사의 실시 등 복잡한 절차와 시험검사 비용이 수반되므로 수입의 실익을 사전에 철저히 분석해 볼 필요가 있다. 또한 최초 수입부터 무작정 다양한 화장품을 수입하기 보다는 전략적으로 수입 순서 등을 결정하는 것이 수입자에게 도움이 될 것이다.

타. 의료기기법

시험용 의료기기를 포함한 의료기기, 동물용 의료기기를 수입하려는 경우 표준통관예정보고서 또는 요건면제확인서가 구비되어야 한다. 의료기기란 사람이나 동물에게 단독 또는 조합하여 사용되는 기구, 기계, 장치, 재료, 소프트웨어 또는 이와 유사한 제품으로 다음과 같은 것들을 말한다.

- 질병을 진단, 치료, 경감, 처치 또는 예방할 목적으로 사용되는 제품
- 상해 또는 장애를 진단, 치료, 경감 또는 보정할 목적으로 사용되는 제품
- 구조 또는 기능을 검사, 대체 또는 변형할 목적으로 사용되는 제품
- 임신을 조절할 목적으로 사용되는 제품

이러한 제품들의 예시로는 압박용밴드, 치과용귀금속박, 보청기, 의료용자외선소독기, 부목, 휠체어, 지혈대, 보건용 마스크, 진료용 장갑, 멸균주사침, 자궁내 피임기구, 의료용 온열기, 수・자동식 모유 착유기, 의료용 헤드램프, 진료용 조명 등이 있다. 다만, 의약품 또는 의약외품과 의료기기가 조합되거나 복합 구성된 것으로서 그 주된 기능이 의약품 또는 의약외품에 해당하여 「약사법」에 따른 절차가 완료된 경우, 의료기기법에 따른 절차를 완료한 것으로 간주하게 된다. 수입하고자 하는 품목이 의료기

기에 해당이 되는지 여부는 '의료기기정보포털(emedi.mfds.go.kr) 홈페이지 '민원신청 - 전자민원안내 및 신청 - 민원사무검색 : 의료기기질의'를 통해 확인이 가능하다. 이 때 제품명, 제품의 사용목적 및 질의내용을 작성하게 되어 있으며, 최대한 상세히 기재하여야 보다 정확한 답변을 받을 수 있다.

의료기기정보포털 민원신청화면

① **목적** : 이 법은 의료기기의 제조, 수입 및 판매 등에 관한 사항을 규정함으로써 의료기기의 효율적인 관리를 도모하고 국민보건 향상에 이바지함을 목적으로 한다.

② **관련기관** : 식품의약품안전처, 한국의료기기안전정보원, 한국의료기기산업협회, 한국동물약품협회 등

③ **구비서류** : 품목(류)별 수입허가·인증·신고를 거친 후 표준통관 예정보고서 또는 요건면제확인추천서(시험용, 자가사용용, 구호용 등의 경우)를 제출하여 수입통관 진행

의료기기를 수입하고자 하는 경우 사전에 식품의약품안전처에서 수입업허가를 취득해야 한다. 수입업허가를 신청할 때에는 1개 이상의 수입허가 또는 수입인증을 받거나 수입신고를 하여야 하며, 품질검사를 위하여 필요한 시설과 제조 및 품질관리체계를 미리 갖추거나 품질관리를 위한 시험위탁 계약이 체결되어 있어야 한다. 인체에 미치는 잠재적 위해성이 낮아 고장이나 이상이 발생하더라도 생명이나 건강에 위해를 줄 우려가 거의 없는 의료기기로서 식품의약품안전처장이 정하여 고시하는 의료기기는 품목류별 수입허가, 수입인증 또는 수입신고가 필요하며, 그 외의 경우 품목별 수입허가, 수입인증 또는 수입신고 대상이 된다. 수입하고자 하는 물품이 이 중 어디에 해당하는지는 '의료기기 품목 및 품목별 등급에 관한 규정' 및 '의료기기 허가·신고·심사 등에 관한 규정' 등에 따라 구분된다.

- 1등급 : 잠재적 위해성이 거의 없는 의료기기
- 2등급 : 잠재적 위해성이 낮은 의료기기
- 3등급 : 중증도의 잠재적 위해성을 가진 의료기기
- 4등급 : 고도의 위해성을 가진 의료기기

의료기기의 수입업허가를 득한 후 제품을 발주하고, 표준통관예정보고를 필해야 하는데, 신규수입자라면 표준통관예정보고 처리를 위한 전자문서 신규개통 신청이 필요하겠다. 이 때 한국의료기기산업협회 및 관세청 유니패스 또는 ASP 서비스 제공업체((주)나연테크, (주)레디코리아) 회원가입 절차가 요구되며, 사업자등록증, 의료기기 수입허가증 및 수입품목의 DB 제출이 요구된다. 이후 절차에 따라 표준통관예정보고가 완료되면 세관에 수입신고를 할 수 있다.

반추동물(소, 양, 염소 등)을 사용한 것, 치과용 비귀금속 합금 관련 품목, 모유착유기 관련 품목 등은 수입요건 강화 대상으로 추가적인 서류가 제출되어야 한다. 따라서 이러한 품목이 수입품목에 포함되어 있다면 어떠한 서류가 추가적으로 구비되어야 하는지 반드시 사전에 확인해봐야 하는 것이다.

의료기기의 용기나 외장에는 수입업자의 상호와 주소, 제조국 및 제조사명, 허가(인증 또는 신고) 번호, 명칭(제품명, 품목명, 모델명), 제조번호와 제조연월(사용기한이 있는 경우 사용기한으로 대체 가능), 중량 또는 포장단위, "의료기기"라는 표시, 일회용의 경우 "일회용"표시 또는 "재사용 금지"표시 등이 기재되어야 한다. 이와 같은 정보 기재를 누락하여 판매하는 경우 해당 품목 판매업무 정지 등의 행정처분을 받을 수 있으므로 각별히 유의해야 할 것이다.

의료기기 역시 표준통관예정보고서 제출이 면제되는 경우가 있는데, 면제신청 시 시험용 의료기기 등 확인서(제품의 모양, 성능, 용도, 수량 등을 확인할 수 있는 자료 및 사용기한, 사용 후 처리방법 등이 포함된 것)가 면제신청서와 함께 제출되어야 한다. 면제 대상과 기준은 다음과 같다.

① **제품의 실물확인 등을 위한 견본용 의료기기 :** '견본용'과 같은 표시가 있는 것으로 품목당 2개 이내

② **제품개발 등을 위해 연구목적으로 사용되는 의료기기 :** 연구계획서에 따라 연구에 소요되는 최소량

③ **외국으로부터 품질이나 시험검사 등을 의뢰받아 수입하는 의료기기 및 의료기기 수입허가/인증을 받기 위한 시험검사 등에 필요한 의료기기 :** 제품의 기준규격에 따라 시험검사에 필요한 최소량

이 외에도 임상시험 대상 의료기기, 구호용 의료기기, 외국에서 체류하는 동안 사용하던 제품으로 귀국 후 계속 사용하려는 자가 사용 목적의 의료기기, 자가 사용용 의료기기로서 국내에는 허가 또는 인증되지 않고 대체할 제품도 없는 의료기기(외국 허가제품) 등도 요건면제 대상에 해당한다.

파. 어린이제품안전특별법

온・오프라인 상점에서는 여러 가지 어린이용품들을 판매하고 있다. 이렇게 판매되고 있는 어린이용품들을 보면 포장 뒷면 등에 KC 마크와 제품정보가 기재되어 있는 것을 쉽게 볼 수 있다. 우리나라의 어린이들이 사용하는 모든 물품은 그 안전성이 반드시 확인되어야 한다고 보아도 무방할 정도로 어린이제품안전특별법에서 정하는 규제대상 물품의 범위는 매우 광범위하다. 따라서 만 13세 이하의 어린이가 사용하거나 어린이를 위하여 사용되는 물품을 수입하고자 하는 경우에는 수입 전에 인증과 관련한 절차 및 비용 등을 확인해 볼 필요가 있다.

① **목적** : 이 법은 어린이가 사용하는 제품의 안전을 확보하여 어린이에게 안전한 환경을 조성하기 위한 기본적인 사항을 규정함으로써 제품으로 인한 어린이 사고를 예방하고, 어린이 건강의 유지, 증진에 기여함을 목적으로 한다.

② **관련기관** : 국가기술표준원 및 관련 시험연구원(한국건설생활시험연구원, 한국의류시험연구원, 한국화학융화합시험연구원, FITI 시험연구원, KOTITI 시험연구원)

③ **구비서류** : 시험기관의 공산품 동일모델 확인서 또는 사전통관 확인서

어린이제품이란 만 13세 이하의 어린이가 사용하거나 만 13세 이하의 어린이를 위하여 사용되는 물품 또는 그 부분품이나 부속품을 말하는 것으로 의약품, 의료기기, 화장품 등은 제외한다.

어린이용품의 경우 수입을 위해 별도의 영업등록이나 허가 등의 절차는 요구되지 않는다. 사전에 확인이 필요한 부분은 수입하고자 하는 품목이 KC 안전인증 대상인지, 안전확인 대상인지, 공급자적합성 대상인지를 구분하는 것이다. 안전인증 대상품목에는 어린이용 물놀이기구, 그네, 미끄럼틀 등의 놀이기구, 자동차용 어린이 보호장치 및 어린이용 비비탄총이 해당된다. 안전인증 대상품목은 어린이의 생명이나 신체의 위험 우려가 매우 크다고 인정되는 것으로, KC인증을 받기 위해서는 해당 제품을 생산하는 공장에 대한 심사가 이루어진 후, 각 모델별 제품검사가 진행된다. 공장심사의 경우 시험검사소에서 수출국가의 공장으로 한국의 시험연구원들이 파견되어 원재료관리 현황 및 생산설비 등을 점검하는데, 이때 요구되는 서류가 많고, 서류준비나 심사과정에서 부적격이 많이 발생되므로 사전에 생산공장과 이에 대해 꼼꼼한 준비를 할 필요가 있다. 공장심사에 나간 한국 연구원들은 공장심사를 마무리한 후 일부 제품을 무작위로 샘플링, 이를 귀국 시 휴대 입국하여 한국에서 제품에 대한 시험검사를 실시하며, 제품에 대한 시험검사까지 완료되면 비로소 KC 인증을 획득하게 된다. 다만, 안전인증에 해당하는 제품으로 1회성으로 수입하는 경우 공장심사를 생략하고 제품검사만으로 KC 인증을 득할 수 있으며, 이 경우 화물이 한국의 항구에 입항한 후 시험연구소의 연구원이 보세창고로 나가 일부 제품을 시험검사에 필요한 개수만큼 무작위 샘플링한 후 제품검사를 진행하게 된다. 이렇게 획득한 KC 인증은 해당 수입 건에 대해서만 사용이 가능한 것으로 만약 같은 제품을 또 다시 수입한다면 다시 한 번 KC 인증 절차를 거쳐야 한다는 점에 유의해야 할 것이다.

안전확인 대상 품목으로는 유아용 섬유제품, 젖꼭지, 바닥매트 등의 합성수지제 어린이용품, 스포츠 보호용품, 어린이용 스케이트보드, 이단침대, 완구, 유아용 삼륜차, 유아용 의자, 어린이 자전거, 학용품, 보행기, 유모차, 유아용 침대, 어린이 온열팩, 유아용 캐리어, 어린이용 스포츠 구명복이 포함된다. 간혹 물놀이용 구명조끼를 어린이용 스포츠 구명복으로 생각하는 경우가 있는데, 구명조끼는 어린이 물놀이용품으로 안전인증 대상에 해당된다는 점에 유의할 필요가 있다. 안전확인 대상 품목의 경우 공장심사 없이 제품검사만으로 KC 인증을 득할 수 있으며, 사진을 포함한 제품의 설명서 및 신청서와 사업자등록증으로 시험연구원에 시험신청을 할 수 있다.

안전인증 및 안전확인 대상에 속하는 품목 외의 어린이용품은 공급자

적합성 확인대상에 해당된다. 예로는 어린이용 가죽제품, 어린이용 선글라스 및 안경테, 어린이 물안경, 어린이용 우산 및 양산, 어린이용 바퀴달린 운동화, 어린이용 롤러스케이트, 스키용구, 스노보드 및 킥보드, 어린이 장신구, 어린이용 가구, 36개월 이상의 아동용 섬유제품 등이 있다. 공급자적합성은 공인시험기관의 시험성적서, 자체시험성적서, 원부자재 업체의 시험성적서, 외국의 공인기관 또는 기업의 시험성적서, 기타 안전기준에 적합함을 입증할 수 있는 근거서류 중 하나를 통해 해당 제품의 안전성을 확인받는 것으로, 이 경우 인증과 관련된 번호는 따로 부여되지 않는다. 공급자적합성 확인을 위해서는 제품설명서와 관련 시험결과서 및 신고서를 제출하며, 별도의 보완이 요구되지 않는 경우 7영업일 이내에 처리가 완료된다.

어린이제품의 안전성확인에 대한 의무는 다음의 경우 면제받을 수 있으며, 면제대상에 해당하는 경우 수입통관 전에 면제확인을 관계기관으로부터 받아야 한다. 면제 신청 시에는 면제신청서와 함께 사진을 포함한 제품설명서, 면제목적에 해당됨을 확인할 수 있는 증명서류를 제출하여야 하겠다.

① 연구, 개발 또는 수출을 목적으로 수입하는 경우
② 전시회나 박람회에 출품할 목적으로 수입하는 경우

③ 산업통상자원부장관이 고시하는 외국의 안전인증기관에서 안전인증을 받은 경우

④ 산업표준화법에 따라 인증을 받은 경우 등

안전인증 등을 받은 어린이 제품은 이에 대한 표시를 하여야 한다. 안전인증표시는 그 도안이 정해져 있으며, 당연히 안전인증 등을 받지 않은 제품에는 표시를 할 수 없다. 안전인증표시를 할 때에는 제품 특성에 따라 어린이의 생명, 신체에 미치는 영향에 관하여 주의 또는 경고의 표시를 하여야 한다. 안전인증표시가 없는 안전인증(확인 및 공급자적합성 포함) 대상 어린이제품을 판매하거나 판매를 목적으로 수입, 진열 또는 보관할 수 없고, 이러한 표시가 없는 제품을 영업에 사용할 수도 없도록 어린이 제품 안전 특별법 제20조에서 규정하고 있다.

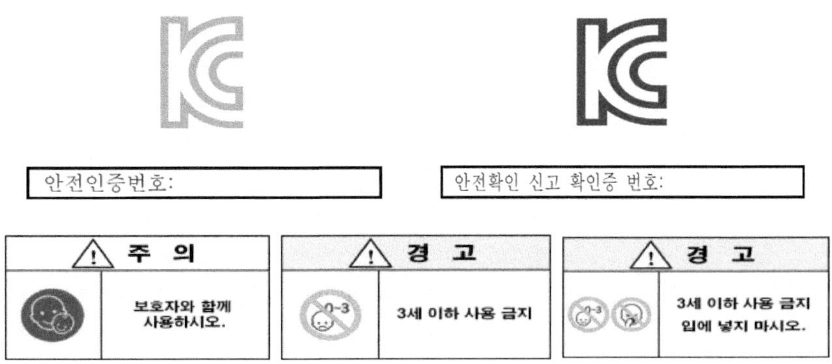

어린이제품의 품목별 시험검사 항목은 국가기술표준원 홈페이지에서 확인이 가능하므로, 내가 수입하고자 하는 물품에는 어떠한 시험검사가 진행되는지를 사전에 살펴보고, 제조자에게 시험이 진행되는 항목을 전달하여 안전성에 이상이 없도록 각별히 신경을 써줄 것을 요청하는 것도 원활한 수입에 큰 도움이 될 수 있다.

하. 기타

수입 시점에 세관장이 확인하는 사항으로 위에서 기술한 규정 외에도 많은 법령이 있다. 이에 대해서는 다음의 표를 참고하기 바란다.

대상법령 및 물품의 범위	구비요건
「가축전염병 예방법」 해당물품	◦ 농림축산검역본부장의 동물검역증명서
「폐기물의 국가간 이동 및 그 처리에 관한 법률」 해당물품	◦ 유역(지방)환경청장의 폐기물 수입허가(신고)확인서
「오존층 보호를 위한 특정물질의 제조규제 등에 관한 법률」 해당물품 중 수입금지물질, 국제협약에 의한 수입쿼터 관리품목	◦ 한국정밀화학산업진흥회장의 수입확인서
「외국환거래법」 해당물품	◦ 세관장의 지급수단 등의 수입신고필증 ◦ 한국은행총재 또는 외국환은행장의 지급 등의 방법(변경)신고서
「방위사업법」 해당물품 중 군용 총포, 도검, 화약류	◦ 방위사업청장의 수입허가서

「석면안전관리법」 해당물품	◦ 유역(지방)환경청장의 석면함유가능물질 수입승인서
「원자력안전법」 해당물품 (가) 핵물질 (나) 방사성동위원소 및 방사선발생장치	◦ 원자력안전위원회의 수입요건확인서 ◦ 한국원자력안전재단의 수입요건확인서
「총포・도검・화약류 등의 안전관리에 관한 법률」 해당물품 (가) 권총・소총・기관총・포, 화약・폭약 (나) 그 외의 총 및 그 부분품, 도검, 화공품, 분사기, 전자충격기, 석궁	◦ 경찰청장의 수입허가증 ◦ 지방경찰청장의 수입허가증
「야생생물 보호 및 관리에 관한 법률」 해당물품(다만, 쉽게 식별할 수 없는 가공품은 제외) (가) 야생동물 (나) 멸종위기에 처한 야생동식물(국제적 멸종위기종 포함)	◦ 시장・군수・구청장의 야생동물 수입허가증 ◦ 유역(지방)환경청장의 멸종위기 야생동・식물(국제적 멸종위기종) 수입허가서
「남북교류협력에 관한 법률」 해당물품	◦ 통일부장관의 반입승인서
「비료관리법」 해당물품 중 위해성 검사대상 물품	◦ 국립농업과학원장의 중금속 검사합격(면제)증명서
「먹는물관리법」 해당물품 중 먹는 샘물, 수처리제	◦ 시・도지사의 수입신고필증
「종자산업법」 해당물품 (가) 식량작물종자 (나) 채소종자 (다) 버섯종균 (라) 약용종자 (마) 목초・사료작물종자 또는 녹비종자	◦ 농업기술실용화재단 이사장의 수입요건확인서 ◦ 한국종자협회장의 수입요건확인서 ◦ 한국종균생산협회장 또는 산림청장의 수입요건확인서 ◦ 한국생약협회장 또는 산림청장의 수입요건확인서 ◦ 농업협동조합중앙회장의 수입요건확인서

「인체조직안전 및 관리 등에 관한 법률」 해당물품	◦ 한국의약품수출입협회장의 표준통관예정보고서
「통신비밀보호법」 해당물품 중 감청설비	◦ 과기정통부장관의 감청설비 인가서
「산업안전보건법」 해당물품 (가) 석면함유제품 (나) 제조 등 금지물질 (다) 안전인증대상제품 (라) 자율안전확인 대상물품	◦ 지방고용노동관서장의 제조금지물질 수입승인서 또는 한국산업안전보건공단이사장의 확인서 ◦ 지방고용노동관서장의 제조금지물질 수입승인서 ◦ 안전인증기관의 안전인증확인서 또는 서면심사결과 적합확인서 ◦ 자율안전확인기관의 자율안전확인신고증명서
「화학무기 · 생물무기의 금지와 특정화학물질 · 생물작용제 등의 제조 · 수출입 규제 등에 관한 법률」 해당물품 중 생물작용제, 독소	◦ 산업통상자원부장관의 수입허가서
「감염병의 예방 및 관리에 관한 법률」 해당물품 중 고위험병원체	◦ 보건복지부 장관의 고위험병원체 반입허가 및 인수신고확인서
「고압가스 안전관리법」 해당물품 중 고압가스용기	◦ 한국가스안전공사의 용기검사신청확인서
「계량에 관한 법률」 해당물품	◦ 형식승인기관의 형식승인확인서
「농약관리법」 해당물품	◦ 농촌진흥청장의 농약품목등록증 또는 농약수입허가증
「목재의 지속가능한 이용에 관한 법률」 해당물품	◦ 산림청장이 지정한 목재 규격·품질 검사기관의 목재제품 규격·품질검사결과 통지서 ◦ 산림청장이 지정한 검사기관의 수입신고확인증
「생물다양성 보전 및 이용에 관한 법률」 해당물품 (가) 생태계교란 생물	◦ 유역(지방)환경청장의 생태계교란 생물 수입허가서

(42) 「생활주변방사선 안전관리법」 해당물품 (가) 원료물질 · 공정부산물	◦ 원자력안전위원회의 수입신고 적합 통보서
「액화석유가스의 안전관리 및 사업법」 해당물품 (가) 이동식부탄연소기 · 이동식프로판연소기	◦ 한국가스안전공사의 수입가스용품 요건승인서
「에너지이용 합리화법」 해당물품 (가) 삼상유도전동기	◦ 한국에너지공단이사장의 효율관리기자재 수입 요건 확인서 또는 효율관리기자재 사전통관 확인서

출처 관세법 제226조에 따른 세관장확인물품 및 확인방법 지정고시 별표 2

8

수입을 하려면 어떤 서류가 필요할까?

수입을 처음 시작하시는 분들은 수입관련 서류 요청이나 확인에 있어서도 상당부분 어려움을 느낀다. 직접 설명을 들어도 무역관련 업무를 접해본 경험이 없는 경우, 돌아서는 순간 '내가 뭘 들은 거지?'라는 생각을 하면서 '난 머리가 나쁜가봐'라고 생각하는 경우도 있다. 돌아가서는 필자에게 전화를 하거나 메일을 보낸다. '관세사님, 제가 이해력이 좋지 않은가 봐요, 들을 때는 다 알 것 같았는데, 하나도 기억이 안나요. 수출자에게 뭘 달라고 해야 하는지 좀 적어주실 수 있을까요?' 다음과 같이 묻는 경우도 있다. '관세사님, 인보이스를 달라고 요청했는데, 자기들은 Commercial Invoice 밖에 줄 수 없다고 하는데 괜찮은가요?' 'COO를 줄 수 있다고 하는데 이게 무슨 뜻인가요?' 등등 서류와 관련한 질문을 최소 하루에 한 번 이상은 받게 된다. 이 장에서는 수입절차 중 세관 수입통관과 관련하여 요구되는 서류들에 대해서 알아보고자 한다.

운송서류

Bill of Lading은 흔히 B/L이라고 부르는 것으로 해상운송서류를 말하며, 운송방식이나 운송계약 형태 등에 따라 AWB(Air Waybill), SWB(Sea Waybill), EMS 송장 등이 B/L을 대신하여 발행될 수 있다. 운송서류를 통해 수입화물이 어디에서 출발하여 어떠한 경로로 언제 한국에 입항하였는지, 화물의 송하인과 운송주선인은 누구인지 등의 정보를 확인할 수 있다. 우리가 택배 위치추적을 하고자 할 때 택배 송장번호를 이용하는데 수출입화물도 이와 동일하다. 해상운송에서 발행되는 B/L의 경우 (통상) 우측 상단에 있는 B/L 번호를 통해 화물의 경로를 확인할 수 있다(경우에 따라서는 예약번호나 컨테이너 번호로 조회하기도 한다).

여러 운송서류 중 B/L은 운송장 그 이상의 역할을 한다. 이 서류는 유가증권, 유통증권, 처분증권 등의 성격을 가지는데 B/L을 소지한 자를 화물의 소유자로 간주하며, 소유자는 이를 인도하거나 양도함으로써 화물을 처분, 수령하거나 소유권을 제3자에게 이전한다. 이와 같은 B/L의 성격으로 인해 원칙적으로 수입자가 도착지에서 화물을 수령하기 위해서는 기본적으로 B/L 원본(실무에서는 줄여서 O-B/L이라고 부르기도 한다)을 선사에 제출해야 하는데, B/L을 분실하거나 수입화물보다 이 서류가 더 늦게 도착하는 경우 화물의 수취가 상당히 지연되기도 한다. 이에 많은 경우 화물의 신속한 수령을 위해 B/L이 가지고 있는 유가증권, 처분증권, 인도증권 등의 원래 성질을 상실시킴으로써, 원본 서류가 아닌 사본으로도 수입자가 화물을 수취할 수 있도록 하고 있다. 이렇게 B/L의 본래 성질이 상실된 것을 'Surrender B/L'이라 하며, 이것은 새로운 운송서류의 형태가 아니라 기존에 발행된 B/L에 "Surrendered"라는 도장이 찍힌 형태이다. Surrender B/L로 거래하기로 양 당사자가 합의한 경우, 수출자는 원본 B/L을 선사에서 수령한 후 다시 반납하거나, 원본 수령 전에 B/L의 surrender 처리 요청을 한다. 그러면 수출국에서 이미 원본 B/L은 선사에 반납되고, 이후 기존에 발행된 B/L에 Surrendered라는 도장이 찍혀서 수출자 및 수입자에게 전달되는 것이다.

간혹 필자에게 "B/L을 우리 회사로 보내주면 되는지 수출자가 묻는데 그렇게 하라고 하면 될까요?"라고 묻는 경우가 있다. 이 경우 (뒤에서 다루겠지만) 신용장 결제방식이 아닌 은행송금 등의 방식으로 대금을 결제하기로 되어 있다면 수출자에게 Surrender 처리를 해달라고 요청하는 것이 통관 후 신속한 화물 반출에 도움이 될 것이다.

그리고 다음과 같은 질문을 하기도 한다. “제가 오늘 돈을 수출자에게 입금했는데, B/L은 아직 줄 수가 없다고 하는데 이게 맞는 말인가요?” 이는 우리가 온라인에서 상품을 판매하고 있는 셀러라고 가정했을 때, 고객이 주문을 하여도 곧바로 택배송장을 줄 수 없는 것과 같은 상황이다. 해외 수출자도 대금은 송금 받았지만(실제 우리가 송금을 하여도 수출자 측에서 즉시 확인을 하기는 어렵다) B/L이 발행되려면 운항스케줄 확인, 예약 및 화물 인도 등의 절차를 거쳐야 하기 때문에 대금을 송금한 시점에 바로 B/L을 수령하기는 어려운 것이다.

간혹 포워딩 회사로부터 B/L이 첨부된 메일을 받았는데, 자신이 어떤 회신을 해줘야 되는 것인지 잘 모르겠다며 질문을 하는 경우가 있다. 대부분 메일 본문에 ‘Check B/L을 확인해 달라’는 요청이 기재된 경우이다. 이는 B/L에 기재된 내용 중 실제와 상이한 부분이 없는지를 확인하기 위한 절차로 확정 B/L 발행 전 서류에 있는 수령인 정보(회사명, 영문주소, 연락처 등)나 화물정보(명세, 중량, 포장개수 등) 등의 정보를 최종적으로 확인하는 것이다. 만약 사실과 다른 정보나 오탈자가 있는 경우 수정요청을, 모든 내용이 올바르게 기재된 경우 그대로 발행하도록 지시하면 될 것이다.

AWB(Air Waybill)은 항공운송에서 발행되는 운송서류로 송하인용, 운송인용, 수하인용으로 원본 3부가 발행되며, EMS를 이용하는 경우 EMS 송장번호를 수출자로부터 받아 사전에 세관에 수입신고 대상임을 사전에 통보하여 수입통관을 진행할 수 있다.

Sipper/Exporter/Consignor MANHATTAN Trade Co.,Ltd 1 Manhattan Road, Austin, TX 77777	**Bill of Lading No. ABC212012001**
Consignee/Importer TO THE ORDER OF WOORI BANK	
Notify Party. Disop Company NEO CO., LTD 11 HOSU-RO, ILSANDONG-GU, GOYANG-SI, GYEONGGI-DO, KOREA	**ABC Shipping Corp.**
Pre-carriage by | Place of Receipt, Manhattan, USA	Received by the carrier, the goods specified herein in apparent good order and condition unless otherwise stated...
Vessel. Ocean Star 034S	

Port of Loading. Manhattan, USA	Port of Discharge. Busan Korea	Place of Delivery. Busan Korea	Final Destination. Busan Korea

Particular Furnished by Shipper/Consignor

Mark and Numbers	Container & Seal No.	Description of Packages and Goods	Gross weight	Measurement
N/M CY/CY	PKEY2031101 /ABCD0123343	2.900 CTS 40"High * 1 "Shippers Load & Count & Sealed" Instant Noodles "Freight Prepaid" On Board Date AUG 01 2026 Say : One(1) Container Only	20,500kgs	38.00CBM

No. of Original B/L 3(Three)	Place and Date of Issue 01 August 2026, Manhattan ABC Shipping Corp. Acting as carrier

Bill of Lading 예시

Shipper's Name and Address | Shipper's Account Number

Not Negotiable

Air Waybill

Issued by

Copies 1, 2 and 3 of this Air Waybill are originals and have the same validity

Consignee's Name and Address | Consignee's Account Number

It is agreed that the goods described herein are accepted in apparent good order and condition (except as noted) for carriage SUBJECT TO THE CONDITIONS OF CONTRACT ON THE REVERSE HEREOF. ALL GOODS MAY BE CARRIED BY ANY OTHER MEANS INCLUDING ROAD OR ANY OTHER CARRIER UNLESS SPECIFIC CONTRARY INSTRUCTIONS ARE GIVEN HEREON BY THE SHIPPER. AND SHIPPER AGREES THAT THE SHIPMENT MAY BE CARRIED, VIA INTERMEDIATE STOPPING PLACES WHICH THE CARRIER DEEMS APPROPRIATE. THE SHIPPER'S ATTENTION IS DRAWN TO THE NOTICE CONCERNING CARRIER'S LIMITATION OF LIABILITY. Shipper may increase such limitation of liability by declaring a higher value for carriage and paying a supplemental charge if required.

Issuing Carrier's Agent Name and City

Accounting Information

Agent's IATA Code | Account No.

Airport of Departure (Addr. of first Carrier) and Requested Routing

Reference Number | Optional Shipping Information

To | By First Carrier | Routing and Destination | to | by | to | by

Currency | CHGS Code | WT/VAL PPD COLL | Other PPD COLL | Declared Value for Carriage | Declared Value for Customs

Airport of Destination | Requested Flight Date

Amount of Insurance | INSURANCE – If carrier offers insurance and such insurance is requested in accordance with the conditions thereof, indicate amount to be insured in figures in box marked „Amount of Insurance".

Handling Information

SCI

No. of Pieces RCP	Gross Weight	kg lb	Rate Class / Commodity Item No.	Chargeable Weight	Rate / Charge	Total	Nature and Quantity of Goods (incl. Dimensions of Volume)

Prepaid | Weight Charge | Collect

Other Charges

Valuation Charge

Tax

Total Other Charges Due Agent

Shipper certifies that the particulars on the face hereof are correct and that insofar as any part of the consignment contains dangerous goods, such part is properly described by name and is in proper condition for carriage by air according to the applicable Dangerous Goods Regulations.

Total Other Charges Due Carrier

Signature of Shipper or his Agent

Total Prepaid | Total Collect

Currency Conversion Rates | CC Charges in Dest. Currency

Executed on (date) | at (place) | Signature of Issuing Carrier or its Agent

For Carrier's Use Only at Destination | Charges at Destination | Total Collect Charges

Air Waybill 예시

Commercial Invoice

Commercial Invoice(상업송장)는 수출자가 '이런 물건을 누구에게 얼마에 몇 개를 판매하니 이만큼 돈을 주세요'라고 하는 청구서와 같은 기능을 하는 것으로 수출입자간 물품매매에 대한 거래조건이 확정된 상태에서 발행되는 것이라고 볼 수 있다. 이런 점에서 거래조건 협상 중에 발행되는 Proforma Invoice나 Purchase Order와는 성격이 다르다고 할 수 있다. 우리가 온라인마켓에서 상품을 구매한 후 마이페이지에서 자신의 구매내역을 확인해 보면 어느 셀러로부터, 어떤 물건(사이즈, 색상 등 포함)을 개당 가격 얼마, 총 얼마에 구매하였고, 이 물건은 어디에서 출고되어 어디로 배송되며, 배송비는 별도인지 등의 구매조건에 대한 사항을 확인할 수 있는데, 바로 이러한 내용이 Commercial Invoice에 기재된다고 보면 될 것이다. 간혹 수출자가 Commercial Invoice를 주지 않는다며, 수입자가 직접 작성하여 관세사에게 전달하는 경우를 볼 수 있는데, 이는 수입자가 자신이 해외에서 물품을 구매하면서 자기 자신에게 청구서를 직접 작성하는 것과 같은 상황이다. 따라서 해외 수출자가 Commercial Invoice에 대해 잘 모르거나 작성할 수 없다고 하는 경우 샘플양식 등을 제공하여 해당 서류를 수령할 필요가 있다. 이 서류는 세관에 수입신고를 할 때에 신고서 작성의 중요한 근거자료가 된다. 따라서 이 서류가 허위로 작성되거나 수정되는 경우 관세포탈, 부정수입 등의 혐의를 받을 수 있다는 사실에 주의하여야 할 것이다. 무역거래에 있어서 수출자의 청구서가 되고, 수입신고의 중요한 근거서류가 되는 Commercial Invoice는 수출자로부터 사실에 맞게끔 작성된 서류를 전달받을 수 있도록 하되, 사전에 초안을 먼저 송부 받아 수입신고 시 필요한 내용이 빠짐없이 기재되어 있는지, 당사자 간에 협의한 거래내용이 정확하게 반영되어 있는지 등을 확인해 볼 필요가 있다. 다음은 Commercial Invoice 예시이다.

① Shipper 와 ② Consignee 란에는 물품의 판매자와 구매자에 관한 정보를 기재한다. 이들의 회사이름과 주소, 연락처(전화번호, 팩스번호, 이메일, 담당자 등)를 영문으로 기재한다. 간혹 물품의 선적인과 실제 주문을 받은 판매자가 다를 수 있다. 예를 들면, 물건의 주문은 미국에 있는 A에게 하였는데, 실제 물건은 A의 중국공장인 B가 보내는 경우이다. 이 경우 Shipper를 Exporter 또는 Seller로 변경하여 미국 A의 정보를 기재하면 될 것이다. 그리고 ⑲ Remark 란에 Shipper B의 정보를 기재하면 실제 주문을 받고 외화를 수령하는 당사자와 물건을 선적하는 당사자를 명확히 구분할 수 있다. 뒤에서 살펴볼 수입신고서의 해외거래처 란에는 대금을 수령하는 A가 기재되어야 하는데, 만약 Commercial Invoice에 이와 같은 정보 없이 단순히 Shipper B로 기재될 경우 수입신고에도 오류가

발생하므로 수출자가 Commercial Invoice를 정확히 기재하도록 요청해야 한다. ③ Invoice No. 는 해당 서류의 발행번호로 수출자가 관리하기 편한 번호로 작성된다. 간혹 이 서류번호를 기재하지 않고 발행하는 경우가 있는데, 이 번호는 수입신고 시, 함께 신고 되는 가격신고서에 기재가 되고, FTA를 적용하는 경우에도 서류의 형식적 요건을 심사하는데 있어서 중요한 정보 중 하나가 되므로 ④ Date 발행일과 함께 기재가 되어야 한다. ⑤ P/O No.는 해당 Commercial Invoice가 발행되기 전에 당사자 간에 거래조건 협상과정에서 오고간 서류가 있는 경우 해당 서류의 번호를 기재하는 것이다. P/O는 Purchase Order를 줄인 것으로 물품의 구매자가 거래제의를 하는 경우 발행하는 것이고, 수출자가 먼저 거래제의를 하는 경우 통상 Offer Sheet를 발행한다. 따라서 이 부분은 실제 거래상황에 맞게 수정하여 기재하거나 없는 경우 공란으로 둘 수 있으며, 만약 거래계약서가 있다면, 해당 Sales Contract의 번호를 기재하면 될 것이다. ⑥ Delivery Terms에는 당사자 상호 합의하에 선택된 Incoterms 규칙이 기재된다. 선택된 Incoterms 규칙을 기재할 때에는 어떠한 버전인지와 규칙 뒤에 장소를 기재하는 것이 보다 명확한 기재방법이 될 것이다(예 : CIF Incheon Port, Korea Incoterms 2010) ⑦ Payment Terms에는 거래대금의 결제방법과 시기 등이 기재된다. 은행송금방식으로 하면서 절반은 사전에, 나머지 절반은 B/L이 발행된 후 결제하기로 합의 되었다면 T/T(with order 50%, within 3days after B/L issued 50%) 등으로 기재될 것이다. 간혹 거래대금을 결제할 계좌정보가 기재되지 않은 채 발행되는 경우가 있는데, 은행에서 대금을 송금할 때에 Commercial Invoice가 활용되기도 하므로 결제계좌 정보도 ⑲ Remark 란에 기재될 수 있도록 수출자에게 요청하면 좋을 것이다. ⑧ Departure date ⑨ Vessel ⑩ Port of dispatch ⑪ Port of discharge는 물건의 운송과 관련한 정보가 되는데, 이 중 출발일의 경우 날짜 앞에 “on or about”이라는 문구를 넣어 해당 일자 앞, 뒤로 각 5일의 기간을 둘 수 있다. 선박명이 확정되어 있다면 이를 기재하되, 확정되지 않은 경우 공란으로 둘 수 있으며 선박명 대신에 운송방법을 by air 또는 by vessel 등으로 기재할 수도 있을 것이다. 출발항구와 도착항구는 항구명과 함께 국가명을 기재하는 것이 통상적이다. ⑫ No. & Description에는 일련번호와 물품명세를 기재하는데 물품명세는 가능한 한 상세히 기재할 필요가 있다. 간혹 A-001과 같이 모델명만 기재하거나 Kitchen articles와 같이 포괄적으로 작성을 하는 경우가 있는데, Commercial Invoice의 물품 명세는 제3자 누가 보아도 어떠한 물품인지 짐작이 가능하도록 작성하는 것이 중요하다. 수입신고 자체도 서류에서 확인되는 정보에 근거하여 진행이 되는데, 물품명세가 명확하지 않을 경우 신고에 오류가 생기거나, 수입신고 심사과정에서 불필요한 지체가 생길 수 있다. ⑬ HS CODE는 보통 WTO 가입국가들이 공통으로 사용하는 6자리까지 기재한다. 물품명세와 HS CODE를 통해 물품에 대해 추정할 수 있는데, 간혹 같은 물품을 두고 수출국과 수입국에서 사용하는 HS CODE가 다를 경우 'HSK 또는 Korea HS'등과 같이 기재하여 수입국의 코드를 작성하기도 한다. ⑭ Q'ty 수량은 판매하기로 한 최소단위를 기준으로 작성되는데, 예를 들어 소주잔 6개가 담긴 박스를 기본단위로 하여 총 100박스를 구매하기로 하였다면 '100box'와 같이 기재가 될 것이다. 이처럼 수량에는 수량뿐만 아니라 그 수량의 단위도 함께 기재되어야 하는 것이다. 만약 예시처럼 수량단위가 box 또는 carton 등인 경우 물품의 description에는 "Soju glass 6pcs/Box"와 같이 박스당 수량(있는 경우 용량)이 기재되면 더욱 명확하겠다. ⑮ Unit Price는 각각의 물품별 단가를 말하는 것으로 단위당 가격이 기재되고 ⑯ Amount 에는 물품별 수량과 단가를 곱한 금액이 기재된다. 물품의 가격과 관련된 부분을 기재할 때에는 단순히 숫자만 기재하거나 $, ¥ 등과 같이 기호로 표시하지 않고 USD, EUR, JPY, CNY, AUD 처럼 통화단위를 영문으로 명확히 표시하여야 하겠다. 만약 SGD로 거래하면서 $ 5,000으로 표시하고, 이를 제3자가 SGD가 아닌 USD로 이해하는 경우, 거래가격 및 수입세금 등에 있어 매우 큰 차이가 발생되게 된다. 이처럼 통화단위 마다 적용되는 (과세)환율 및 이에 따른 세액에 차이가 있으므로 통화단위의 기재는 필수라고 할 수 있다. ⑲ Remark 란에는 물품의 원산지나 기타 거래상 특이사항을 기재하게 된다. 앞서 설명한 것처럼 물품의 선적인과 실제 환거래가 일어나는 거래당사자가 다른 경우 이에 대한 내용을 기재할 수도 있고, 대금 결제계좌 정보도 기재될 수 있으며, FTA 적용과 관련된 사항 등등 해당 거래의 특이점이 있는 경우 이를 기재한다. 통상 Commercial Invoice를 발행한 회사는 서류의 하단 ⑳번 란에 해당하는 부분에 회사명과 담당자명 등을 작성하고 날인을 한다. Commercial Invoice는 필수기재사항이나 작성법 등을 규정하고 있는 바가 없어 각 회사의 양식에 맞추어 자유롭게 작성되는 만큼 수입자는 최종 서류가 발행되기 전에 수출자에게 초안을 요청하여 수입 시 필요한 사항 및 당사자 간에 합의된 내용들이 정확히 기재되었는지 확인할 필요가 있겠다.

<table>
<tr><td colspan="8">Commercial Invoice</td></tr>
<tr><td colspan="4">① Shipper</td><td colspan="2">③ Invoice No.</td><td>④ Date</td><td>⑤ P/O No.</td></tr>
<tr><td colspan="4"></td><td colspan="2"></td><td></td><td></td></tr>
<tr><td colspan="4">② Consignee</td><td colspan="2">⑥ Delivery Terms</td><td colspan="2">⑦ Payment Terms</td></tr>
<tr><td colspan="4"></td><td colspan="2"></td><td colspan="2"></td></tr>
<tr><td colspan="3">⑧ Departure date</td><td>⑨ Vessel</td><td colspan="2">⑩ Port of dispatch</td><td colspan="2">⑪ Port of Discharge</td></tr>
<tr><td colspan="3"></td><td></td><td colspan="2"></td><td colspan="2"></td></tr>
<tr><td>⑫ No.</td><td colspan="3">Description</td><td>⑬ HS</td><td>⑭ Q'ty</td><td>⑮ Unit Price</td><td>⑯ Amount</td></tr>
<tr><td></td><td colspan="3"></td><td></td><td></td><td></td><td></td></tr>
<tr><td></td><td colspan="3"></td><td></td><td></td><td></td><td></td></tr>
<tr><td></td><td colspan="3"></td><td></td><td></td><td></td><td></td></tr>
<tr><td></td><td colspan="3"></td><td></td><td></td><td></td><td></td></tr>
<tr><td colspan="5">⑰ Total</td><td></td><td>⑱ USD</td><td></td></tr>
<tr><td colspan="2">⑲ Remark</td><td colspan="6"></td></tr>
<tr><td colspan="8">⑳</td></tr>
</table>

Commercial Invoice 예시

» Packing List

Packing List(포장명세서)는 Commercial Invoice에 기재된 물품들이 어떻게 포장되어 있는지 포장에 대한 정보가 기재되는 서류이다. 예를 들어, 내가 화병과 테이블보를 각각 100개씩 수입한다고 가정할 경우, 화병은 몇 번부터 몇 번까지의 상자에 들어있는지, 각 상자에 들어있는 화병의 수량은 어떻게 되는지, 포장을 모두 합한 총중량(Gross Weight)은 어떻게 되고, 포장을 제외한 순중량(Net Weight)은 어떻게 되는지 등이 기재되는 것이다. 물론 함께 수입하는 테이블보도 마찬가지의 정보가 기재되어야 한다. 사실 그동안 Packing List는 다른 서류에 비해 간과되어 오다가 최근 들어 수입심사가 강화되고 있는데, Packing List의 필요성은 다음과 같다고 볼 수 있다.

① 실제 수입되는 수량보다 더 적은 수량이 수입서류에 기재되거나, 수입서류에 기재되지 않은 물품들이(즉, 세관에 수입신고가 되지 않는 물품들이) 수입화물에 섞여 들어오는 등의 여러 가지 부정행위 방지
② 수입신고 후 검사대상 화물로 선별된 경우 원활한 검사진행 목적

실제 수입되는 화물의 종류는 10가지가 넘는데 수입신고 후, 그 중 1개의 물품이 검사대상 화물로 선별된 경우로써 Packing List가 없거나,

부실하게 작성된 Packing List밖에 없다면 포장상자(또는 pallet 등 포장용기)를 하나, 하나 확인해야 하며, 이로 인해 통관이 지체되거나 다른 검사대상 수입화물에 피해를 끼칠 수 있다. 따라서 Packing List에 기재되어야 하는 내용을 숙지하고, 수출자로부터 필요한 내용이 정확하게 기재된 Packing List를 수령할 필요가 있다. 다음은 인천세관에서 배포된 Packing List 작성 가이드의 일부로 이를 꼼꼼히 살펴 통관 시 서류보완요구 등으로 인해 통관지연이 발생하는 것을 미연에 방지해야 할 것이다.

PACKING LIST

① Seller			⑧ Invoice No. and date		
<기재 생략>					
⑪Shipping Marks	⑫ N o of Box	⑬ Goods description	⑭Quantity or weight(kg)	⑮ Gross Weight	⑰Measurement(cbm)
AB	1~5	BAGS & CARDIGANS	400 EA	125.5KG	4

[誤] '란' 별 박스번호 미표시 ⇒ 검사대상박스 특정불가 ⇒ 보완필요

보완 後

⑪Shipping Marks	⑫ N o of Box	⑬ Goods description	⑭Quantity or weight(kg)	⑮ Gross Weight	⑰Measurement(cbm)
AB	1	BAGS (PLASTIC 100%)	100 EA	31.5KG	1
	2	BAGS (PLASTIC 100%)	90 EA	33.5KG	1
	3	BAGS (PLASTIC 100%)	110 EA	29.5KG	1
AB	4	CARDIGANS (POLY 100%)	40 EA	13.5KG	0.5
	5	CARDIGANS (POLY 100%)	60 EA	17.5KG	0.5

[正] '란' 별 박스번호 표시 ⇒ 검사대상박스 특정가능 ⇒ 수입통관 진행

PACKING LIST

① Seller			⑧ Invoice No. and date		
<기재 생략>					
⑪Shipping Marks	⑫ N o of Box	⑬ Goods description	⑭Quantity or weight(kg)	⑮ Gross Weight	⑰Measure ment(cbm)
	1~8	PANTS (WOMAN, MAN, BABY) - COTTON 100%	500 EA	142KG	4

[誤] **'품목별 쉬핑마크' 미표시⇒ 검사대상박스 특정불가 ⇒** 보완필요

보완 後

⑪Shipping Marks	⑫ N o of Box	⑬ Goods description	⑭Quantity or weight(kg)	⑮ Gross Weight	⑰Measure ment(cbm)
AA	1	PANTS (MAN, COTTON 100%)	45 EA	17KG	0.5
	2	PANTS (MAN, COTTON 100%)	35 EA	13KG	0.5
BB	3	PANTS (WOMAN, COTTON 100%)	55 EA	18KG	0.5
	4	PANTS (WOMAN, COTTON 100%)	45 EA	14KG	0.5
CC	5	PANTS (BABY, COTTON 100%)	80 EA	20KG	0.5
	6	PANTS (BABY, COTTON 100%)	80 EA	20KG	0.5
	7	PANTS (BABY, COTTON 100%)	75 EA	18KG	0.5
	8	PANTS (BABY, COTTON 100%)	85 EA	22KG	0.5

[正] **'품목별 쉬핑마크' 표시 ⇒ 검사대상박스 특정가능 ⇒** 수입통관 진행

PACKING LIST

① Seller			⑧ Invoice No. and date		
<기재 생략>					
⑪Shipping Marks	⑫ N o of Box	⑬ Goods description	⑭Quantity or weight(kg)	⑮ Gross Weight	⑰Measurement(cbm)
RS	1~6	RAIN SHOES (MAN, WOMAN, BABY, RUBBER 100)	500 PR	105KG	6

[誤] **'모델·규격' 별 박스번호 미표시 ⇒ 검사대상박스 특정불가 ⇒ 보완필요**

보완 後

⑪Shipping Marks	⑫ N o of Box	⑬ Goods description	⑭Quantity or weight(kg)	⑮ Gross Weight	⑰Measurement(cbm)
RS	1	RAIN SHOES (MAN, 280, RUBBER 100)	105 PR	21KG	1.2
	2	RAIN SHOES (MAN, 280, RUBBER 100)	95 PR	20KG	1.2
RS	3	RAIN SHOES (WOMAN, 240, RUBBER 100)	110 PR	22KG	1.2
	4	RAIN SHOES (WOMAN, 240, RUBBER 100)	90 PR	19KG	1.2
RS	5	RAIN SHOES (BABY 120, RUBBER 100)	45 PR	11KG	0.6
	6	RAIN SHOES (BABY 120, RUBBER 100)	55 PR	12KG	0.6

[正] **'모델·규격' 별 박스번호 표시 ⇒ 검사대상박스 특정가능 ⇒ 수입통관 진행**

풀컨테이너를 수입하면서 여러 가지 물품이 컨테이너 내에 혼재되어 있고, 수입신고 후 세관검사 대상으로 선별될 경우 난감한 상황이 발생할 수 있다. 가장 난감한 경우는 검사대상 화물이 컨테이너의 제일 안쪽에 있거나 어디 있는지 확인할 수 없는 경우이다. 이와 같은 경우, 컨테이너를 보세창고로 옮겨 화물을 모두 적출한 후 세관검사가 진행되는데, 컨테이너 이동 및 적출작업, 창고보관료 등에서 적지 않은 비용이 발생한다. 따라서 풀컨테이너로 수입하는 경우에도 위와 같은 Packing List는 반드시 수령하여야 하며, 가능하면 검사선별 시 보세창고로의 이동 없이 화물검사가 CY에서 가능하게끔 컨테이너 내 화물들의 배치를 적절히 하도록 수출자에게 요청하면 신속통관에 도움이 될 수 있다.

Packing List와 더불어 필자가 초보 수입자에게 강조하는 것 중 하나는 바로 수출자에게 손상에 대비한 철저하고 꼼꼼한 포장을 요구하도록 하는 것이다. 기존에 어떻게 포장이 되어 왔고, 본 거래건 물품은 어떻게 포장할 것인지, 운송 중 파손률은 얼마나 되며, 이에 대해서는 어떻게 처리하고 있는지 등에 대하여 사전에 충분한 논의를 하는 것이다. 특히 유리나 도자제 등의 화물은 생각보다 화물손상이 많은 편이며, 포장박스의 찌그러짐 등 손상도 매우 빈번하다. 따라서 각자 화물의 특성에 맞게 포장방법 등에 대해 꼼꼼히 검토한 후, 적하보험 가입여부 및 포장용기나 방법, 불량제품에 대한 보상방법 등에 대한 협의도 이루어져야 할 것이다.

> **수입통관 사무처리에 관한 고시**
>
> 제15조(수입신고시 제출서류) ① 신고인은 제13조에 따라 서류제출대상으로 선별된 수입신고건에 대하여는 수입신고서에 다음 각 호의 서류를 스캔 등의 방법으로 전자 이미지화하거나 제14조에 따른 무역서류의 전자제출을 이용하여 통관시스템에 전송하는 것을 원칙으로 한다.
>
> 1. 송품장. 다만, 잠정가격으로 수입신고 할 때 송품장이 해외에서 도착하지 아니한 경우에는 계약서(송품장은 확정가격 신고 시 제출)
> 2. 가격신고서(해당 물품에 한하며, 전산으로 확인 가능한 경우에는 서류제출대상에서 제외한다)
> 3. 선하증권(B/L)부본이나 항공화물운송장(AWB)부본
> 4. 포장명세서(포장박스별로 품명(규격) · 수량을 기재해야 하며, 세관장이 필요없다고 인정하는 경우는 제외한다)
> 5. 원산지증명서(해당물품에 한한다)
>
> … 이하 생략 …

» Certificate of Origin

수입자 입장에서는 수입관련 비용을 최대한 비용을 줄이고 싶은 것이 당연하며, 그 중 수입관세를 절감할 수 있는 방법이 바로 FTA의 활용이다. 수입 시 FTA를 적용하기 위해서는 기본적으로 원산지증명서(Certificate of Origin)를 수출자로부터 수취하여야 하는데, 원산지증명서가 하나로 통일되

어 있는 것이 아니다보니 간혹 관세 혜택을 받을 수 있는 원산지증명서가 아닌 다른 양식의 원산지증명서를 수취하는 경우가 있다. 예를 들어 미국에서 수입하는 경우 수출자에게 "Korea-US FTA Certificate of Origin"이라고 정확히 요구하지 않으면 북미자유무역협정에 적용되는 원산지증명서를 수취할 수도 있는 것이다. 중국에서 수입하는 경우도 마찬가지다. "Korea-China FTA Certificate of Origin"이라고 요구하지 않으면 관세 혜택을 받을 수 없는, 단순히 해당 물품의 원산지가 중국이라는 것만을 확인해 주는 일반 원산지증명서를 수출자가 제공할 수도 있다. 실제 이러한 경우가 실무에서 비일비재하다. 원산지증명서는 줄여서 C/O 또는 COO라고 하기도 한다. 처음 수출자와 서류에 관한 협상을 할 때에 내가 필요로 하는 서류의 서식에 대해 명확하게 협의가 되었다면 줄임말을 써도 상관이 없겠지만 처음부터 단순히 'C/O를 제공해주세요'와 같이 요구한다면 실제 수입 시 관세 혜택을 받지 못할 수도 있다. 원산지증명서는 원래 납부해야 하는 세액을 절감시켜 주는 서류이기 때문에 과세 관청 즉, 세관의 입장에서는 당연히 그 형식적인 측면에 대해 꼼꼼하게 심사할 수밖에 없다. 따라서 다른 서류도 마찬가지지만 특히 원산지증명서의 경우 발행이 되기 전에 미리 초안을 전달받아 검토해 보는 과정이 필요하며, 내가 요구하는 서류의 서식 자체를 수출자 측에 전달하여 동일 서식의 서류를 송부할 것을 요청한다면 서류의 서식 상이로 인한 업무차질을 피할 수 있을 것이다.

FTA를 적용해서 관세 혜택을 받기 위해서 기본적으로 필요한 서류가 원산지증명서이고, 그 외에 직접운송원칙도 충족하여야 한다. 직접운송원칙이란 FTA 적용을 위해서는 원칙적으로 해당 화물이 FTA 협정국에서 다른 국가를 거치지 않고 한국으로 운송되어야 한다는 것인데, 예외적으로 운송상, 지리상의 이유로 다른 국가를 거치는 경우, 중간 국가에서 화물의 일부가 유통되거나 재작업 되지 않은 경우 등 협정에서 요구하는 요건을 충족하였을 때 FTA 적용을 인정해 주기도 한다. 직접운송원칙은 미주형(미국, 칠레, 캐나다)과 유럽형(미주형 외 타 협정국)으로 구분되는데, FTA를 적용하고자 하는 수입자의 경우 이 직접운송원칙에 대해 사전에 기본적인 내용을 알아둘 필요가 있다. 실무적으로 해상운송의 경우 다른 국가에서 우리나라로 직항노선으로 오는 경우는 생각보다 드물다. 유럽형의 경우 운송서류상 화물이 선적되어 출항하는 시점에 우리나라로 해당 화물이 도착할 것이라는 것이 확정되어 있어야 하는 반면, 미주형의 경우 처음부터 우리나라로 올 것이 꼭 확정되어 있어야 할 필요는 없기 때문에 이론적으로 수출국에서 우리나라에 화물이 도착할 때까지 운송서류가 2번 발행될 수 있다고 보고 있다. 어떠한 경우라도 다른 나라를 거쳐 우리나라로 화물이 입항하는 경우, 중간 국가에서 해당 국가 세관의 통제 하에 있었으며, 운송을 위한 기본적인 작업 이외의 기타 작업은 이루어지지 않았음이 입증될 필요가 있다. 그리고 이와 같은 입증은 수입자의 의무에 해당한다.

간혹 물건을 주문한 국가와 실제 물건이 출발하는 국가가 다른 경우가 있다. 예를 들면 일본의 A에게 물건을 주문하였는데, 중국 공장에서 물건이 출발하는 경우이다. 이 경우 우리나라는 중국과 FTA가 체결되어 있으므로 한-중 FTA 적용이 가능하다. 이를 제3국 송장이라고 하며, 비록 자금 흐름은 한국에서 일본으로 넘어가지만, 실제 화물의 물리적인 이동은 (중국산 제품으로 인정된다는 전제하에) FTA 체결국인 중국에서 우리나라로 이동이 되므로 FTA 적용이 가능한 것이다. 물론 이 경우에도 서류의 형식적 요건은 물론 기타의 FTA 적용을 위한 기본요건은 갖추어져 있는지 사전에 면밀히 확인하여야 할 것이다. 각각의 서식 뒷면에는 작성방법이 함께 첨부되어 있으므로, 수출자로부터 원산지증명서 초안을 전달 받았을 때 올바르게 작성되어 있는지 이를 참조하여 확인해볼 수 있을 것이다.

» Freight Invoice

Freight Invoice는 운송(주선)인이 발행하는 서류로 화물이 한국에 입항하는 시점을 전후하여 수령이 가능하다. 수출자로부터 받는 서류는 아니지만 수입 시 중요한 서류 중 하나가 되는데, 그 이유는 수입세금 부과 시, 물품가격 이외에 해당 물품의 운송 및 운송 관련비용도 세금 부과 대상에 속하기 때문이다. 물론 수출자가 운송 및 운송 관련비용 전부를 부담하는 D규칙으로 거래하는 경우로 운송(주선)인이 수입자에게 청구할 비용이 없다면 발행이 생략되기도 한다. 앞에서도 설명하였듯이 C규칙(CFR, CIF, CPT, CIP)으로 수입하는 경우 수출자가 운임이 포함된 가격으로 견적을 주었으니 수입자인 나에게는 운송인이 청구하는 금액이 전혀 없을 것이라고 생각하는 경우가 많은데, 수출자가 운임을 지불하기로 한 경우 순수한 운임(only freight)만이 포함된 경우가 상당히 많다. 이 경우 수입자에게는 운송 부대비용이 청구가 되는데, 대표적인 것으로 유가할증료, 통화할증료, 컨테이너 청소비, 입항료 등이 있다. 따라서 C규칙으로 수입하는 경우 운임부대비용이 어느 정도 발생할지를 미리 수출자에게 요청하여 대략적인 금액을 확인해 둘 필요가 있겠다.

» D/O(Delivery Order)

이 서류도 freight invoice와 같이 운송(주선)인이 발행하는 서류이다. 이는 보세구역 운영인에게 '이 서류를 소지한 사람에게 물건을 내어주어도 좋다'라는 의미로 운송 및 운송 관련 부대비용이 모두 납부되면 실제 수입화주 앞으로 발행하여 주는 것이다. 수입통관이 완료된 후 보세창고 등에서 수입화물을 반출하기 위해서는 B/L, 수입신고필증과 더불어 D/O가 반드시 함께 제시되어야 한다.

위에서 설명한 서류들 외에 수입 물품의 요건(KC 등) 충족을 위한 서류가 필요할 수 있으며, 경우에 따라 계약서(Sales Contract), 외화송금증 등의 가격입증서류가 요구될 수도 있다. 또 어떠한 물품은 형상이나 사용목적 등에 따라 HS CODE, 수입요건 등이 달라질 수 있는데, 이를 확인하기 위하여 세관에서 용도설명서 등을 요구할 수 있다. 용도설명서는 수입은 물론 수출 시에도 세관에서 물품확인을 위하여 국내 당사자에게 요구하는 경우가 빈번한데 다음과 같은 내용이 기재되고, 회사의 직인을 날인하여 제출한다.

용도(사용)설명서

수신 : OO세관장

발신 : XX무역회사

신고번호 :

거래 물품 및 용도 등에 대해 상세히 기재

필요 시 사진, 카탈로그 등 참고자료 첨부

작성일자 및 날인

9

관세가 면제되기도 한다고요?!_감면세제도 알아보기

우리나라 관세법 제88조~제105조에서 감면세제도에 대해 규정하고 있다. 이러한 감면세 제도는 무조건 감면세와 조건부 감면세로 구분할 수 있는데, 그 중 이 장에서는 무역회사들이 알아두면 도움이 될 수 있는 감면세제도 몇 가지를 소개하고자 한다. 감면세제도 활용 시 주의할 점은 그 적용의 신청이 반드시 수입신고가 수리되기 전에 이루어져야 하며, 조건부 감면세의 경우 수입신고수리 후 사후관리의 대상이 되므로 정해진 용도 외의 사용을 금지하여야 한다는 것이다. 조건부 감면세를 적용받은 물품이 어떠한 사유로 필요한 조건충족을 할 수 없는 경우, 세관에 관련 신고 및 승인을 득한 후 관세를 납부하여야 한다.

» 소액물품 등의 면세

관세법에서 규정하는 소액물품 등의 면세를 통해 상용견품 또는 광고용품 수입 시 과세가격에 따라 관세를 면제받을 수 있다. 관세법 시행규칙 제45조에서는 다음의 물품을 면세가 가능한 대상으로 정해놓고 있다.

① 법 제94조제3호에 따라 관세가 면제되는 물품은 다음 각 호와 같다.

1. 물품이 천공 또는 절단되었거나 통상적인 조건으로 판매할 수 없는 상태로 처리되어 견본품으로 사용될 것으로 인정되는 물품
2. 판매 또는 임대를 위한 물품의 상품목록·가격표 및 교역안내서 등
3. 과세가격이 미화 250달러 이하인 물품으로서 견본품으로 사용될 것으로 인정되는 물품
4. 물품의 형상·성질 및 성능으로 보아 견본품으로 사용될 것으로 인정되는 물품

신규 수입자의 경우 대다수가 위 3호에 따라 가격을 기준으로 하여 수입신고 시 면세를 신청하게 되는데 주의할 점은 물품가격이 아닌 '과세가격'을 기준으로 한다는 것이다. 따라서 물품가격이 미화 250달러 미만이지만, 한국에 항공기나 선박이 입항하는 시점까지 발생하는 운송 및 부대비용 등을 포함한 금액이 미화 250달러를 초과하는 경우 소액면세를 적용할 수 없다. 간혹 소액면세를 받기위해 서류상 물품가격을 의도적으로

조작하고자 하는 경우가 있는데, 이는 관세포탈에 해당하는 행위이므로 사실에 맞게 수입신고를 하여야 하겠다.

재수출면세

재수출면세란 말 그대로 수입이 되었던 물품이 법에서 규정하는 사유로 일정기간 이내에 해외로 다시 반출될 예정인 경우 수입관세를 면세해 주는 것이다. 재수출면세를 받고 수입하였으나, 어떠한 사정으로 재수출을 하지 못하는 경우도 발생할 수 있는데, 이 경우 세관에 용도외사용 승인을 받아 최초 수입 시 면세 되었던 관세를 납부하여야 한다.

재수출이 이행되어야 하는 기간은 수입신고수리일로부터 통상 1년 이내이며, 총 최대 2년의 범위 내에서 연장이 가능하다. 재수출면세가 적용될 수 있는 물품은 관세법 시행규칙에서 구체적으로 정하고 있으며, 다음과 같은 물품들이 그 대상이 될 수 있다.

- 주문수집을 위한 물품, 시험용 물품 및 제작용 견본품
- 수리를 위한 물품[수리를 위하여 수입되는 물품과 수리 후 수출하는 물품의 HS CODE 10단위의 품목번호가 일치할 것으로 인정되는 물품만 해당한다]
- 수출물품 및 수입물품의 검사 또는 시험을 위한 기계·기구 등

재수출면세를 적용받아 수입된 물품이 정해진 기간 내에 재수출되지 않는 경우, 관세의 20%에 상당하는 금액을 500만원의 범위 내에서 가산세로 징수하게 된다. 수입 후 재수출은 반드시 최초 수출자에게 이루어져야 되는 것은 아니며, 제3국의 제3자에게 반출하는 것도 인정될 수 있다.

재수입면세

재수입면세는 우리나라에서 수출되었던 물품이 그대로 다시 재수입되는 경우 그 관세를 면세하는 것으로 적용할 수 있는 물품은 다음과 같다.

- 우리나라에서 수출(보세가공수출을 포함한다)된 물품으로서 해외에서 제조·가공·수리 또는 사용(장기간에 걸쳐 사용할 수 있는 물품으로서 임대차계약 또는 도급계약 등에 따라 해외에서 일시적으로 사용하기 위하여 수출된 물품이나 박람회, 전시회, 품평회, 국제경기대회, 그 밖에 이에 준하는 행사에 출품 또는 사용된 물품 등 기획재정부령으로 정하는 물품의 경우는 제외한다)되지 아니하고 수출신고 수리일부터 2년 내에 다시 수입되는 물품
- 수출물품의 용기로서 다시 수입하는 물품
- 해외시험 및 연구를 목적으로 수출된 후 재수입되는 물품

비록 내가 우리나라에서 수출한 물건이라 하더라도 수출신고가 수리되는 시점에 그 물품은 내국(한국)물품이 아닌 외국물품이 되므로, 해당 물품이 다시 국내로 반입될 때에는 다른 수입(외국)물품들과 동일하게 수입신고 및 세금납부의 절차를 거쳐야 한다. 다만, 재수입되는 물품의 경우 2년 이내에 우리나라에서 수출되었던 물품임을 수출신고필증 등을 통해 입증하고, 기타 재수입면세 적용의 요건을 갖추었음이 확인된다면 수입관세 100%를 면세해 주도록 하고 있는 것이다.

위에서 설명한 3가지 감면세 제도 외에 관세법에서는 외교관용 물품 등의 면세, 세율불균형물품의 면세, 학술연구용품의 감면, 종교용품·자선용품·장애인용품 등의 면세, 정부용품 등의 면세, 특정물품의 면세 등, 환경오염방지물품 등에 대한 감면, 여행자 휴대품 및 이사물품 등의 감면, 재수출 감면, 수입신고 수리 전 변질되거나 손상된 물품에 대한 감면, 해외임가공물품 등의 감면, 시설대여업자에 대한 감면 등을 규정하고 있다. 또한 수입세액(관세 및 부가세 등 내국세 포함)이 1만원 미만인 경우에는 이를 징수하지 않도록 관세법에서 정하고 있다.

10

통관절차의 이해_수입화물의 흐름, 수입신고의 시기와 심사

많은 수입회사 담당자들이 관세사나 포워딩에 하는 질문 한 가지가 있다. "오늘 새벽에 배가 들어왔다는데, 물건은 오후에 받을 수 있는 건가요?" 이 질문은 수입관련 업무를 오래하신 분들도 간혹 하는 질문이고, 특히 초보 수입 담당자들이 정말 많이 하는 질문이다. 국내에서 물건을 구매해도 택배가 도착하기를 손꼽아 기다리게 되는데, 해외에서 수입되는 물건을 하루 빨리 받아보고 싶어 하는 마음은 충분히 이해한다. 그렇지만 한국에 배가 도착한 당일에 물건을 받아보는 것은 물리적으로 쉽지 않다고 봐야한다. 다만, 항공기로 입항한 경우라면 도착시간에 따라 가능할 수도 있다. 이 장에서는 수입화물의 흐름과 통관절차에 대해 설명해 보고자 한다.

수입화물의 흐름

어떠한 물품을 해외에서 수입하기로 결정하고 협의된 내용에 따라 대금결제까지 완료되면 수출자는 물품을 준비하기 시작한다. 재고를 보유하고 있는 경우도 있지만 주문을 받은 후 생산을 시작하는 경우도 많다. 이 경우 생산이 1~2일 만에 완료되는 것은 아니므로 협상 과정에서 수출물품의 준비가 완료되는데 까지 얼마나 걸리는지도 확인을 해볼 필요가 있다. 물품 준비(생산)기간과 더불어 한 가지 더 체크해 봐야 하는 것이 수출국의 연휴이다. 우리나라도 명절기간에는 며칠씩 업무가 진행되지 않는 것처럼 내가 거래하는 국가 역시도 국경절(중국), 라마단기간(인도네시아) 등의 긴 연휴가 있을 수 있고, 이로 인해 입항시기, 통관시기 등의 예상에 차질이 있을 수 있기 때문이다. 수출자가 수출물품의 준비를 완료하면 수출을 위한 준비를 하게 되는데, 여기에는 수출국에서의 수출신고, (필요한 경우) 원산지증명서 발행, 선박 스케줄 확인 및 예약 등이 있다. 만약 거래조건이 C 또는 D규칙이 아니라면 수출자는 수입자에게 운송인 정보를 요청할 것이다. 이 경우 거래하는 포워딩에 수출국 현지 파트너사

정보를 요청하여 전달하면 된다. 수출국에서 화물이 선박이나 항공기에 적재되면 국제운송을 거쳐 우리나라에 도착하게 되는데, 이 때 선박이나 항공기는 한국에 내려놓을 화물이 있다고 해서 그냥 입항할 수 있는 것이 아니라 사전에 우리나라에 들어오는 외국물품과 선박의 승무원 인적사항 등의 관련 정보를 한국 세관에 제출하여야 한다. 이를 입항적하목록이라고 하며, 여기에는 화물의 송·수하인, 화물종류, 포장개수, 중량, CBM(부피), 위험물 여부, 컨테이너번호 등의 정보가 포함되어 있다. 입항적하목록을 제출받은 한국 세관에서는 이를 심사하여, 선박(또는 항공기)의 입항보고 및 하선신고를 수리하며, 이 심사과정에서 관리대상화물을 선별하게 된다. "관리대상화물"이란 정해진 기준에 따라 감시단속상 검사 또는 감시가 필요하다고 인정되는 것으로 세관장이 지정한 보세구역 등에 감시·단속 등의 목적으로 장치하거나 검사 등을 실시하는 화물을 말한다(관리대상화물 관리에 관한 고시 제2조제1호). 관리대상화물로 지정되는 화물은 위해물품을 은닉할 가능성이 있는 화물, 물품 특성상 내부에 밀수품을 은닉할 가능성이 있는 화물, 실제와 다른 품명으로 수입할 가능성이 있는 화물, 수(중)량 차이의 가능성이 있는 화물 등이며 관리대상화물로 지정된 경우, 검색기 검사 또는 개장검사를 실시한다. 검사 후 이상이 없는 경우 통관절차가 진행되는데 풀컨테이너 화물의 경우 최근 코로나로 인한 중소기업지원사업의 일환으로 검사비용(컨테이너 이동 등에 발생하는 비용) 환급신청이 가능하다. 세관에서 하선신고를 수리한 후 해당 선박이나 항공기에서 화물의 하역작업을 시작하게 되는데, 항공화물의 경우 바로 보세창고로 반입이 되지만 해상화물의 경우 우선 컨테이너 장치장(CY)에 컨테이너를 반입시키고, LCL화물의 경우 다시 CY에서 보세창고로 컨테이너를 이동시켜 컨테이너에 적재된 여러 수입화주들의 화물을 보세창고로 반입하는 절차를 거친다. 이후 운송서류 및 수출자로부터 수령한 수입관련 서류를 토대로 수입신고서 등을 작성하여 세관에 수입신고를 진행하며, 세관의 심사가 완료되면 세금을 납부한 후 보세구역에서 화물을 반출, 수입자가 지정하는 장소로 화물을 이동시킬 수 있다.

수입화물이 한국에 도착한 후 보세구역에 반입되기까지의 시간은 통상 항공화물의 경우 4~5시간 이내이며, 해상화물의 경우 부두 상황에 따라 달라질 수 있으나 CY 반입은 1~2영업일 이내에 완료되는 경우가 대부분이다. 그리고 LCL 화물이 보세창고에 반입되기까지 추가로 1영업일 정도가 소요될 수 있다. 만약 화물이 주말이나 연휴에 입항하는 경우 보세창고 반입이 더욱 늦어질 수 있으며, 연휴가 시작되는 전날 늦은 시간에 보세창고에 화물이 반입되면 연휴가 끝날 때까지는 반출이 어려운 경우가 많다. CY의 경우 대부분 1년 내내 영업을 한다고 보면 되지만 보세창고의 경우 09시부터 월~금 18시까지, 토요일은 12시까지 영업하는 경우가 통상적이기 때문이다. 이 경우 화물이 보관된 연휴기간 동안 계속해서 보관료가 발생하게 되는데, 이를 피하기 위해 최대한 연휴나 주말을 피해서 선적 스케줄을 확정하기도 한다. 수입통관이 완료된 후 화물을 반출하기 위해서는 운송관련 비용을 납부하여 D/O를 수취, 수입신고필증 및 운송서류와 함께 보세구역에 제출하여야 하며, 창고보관 관련비용도 납부되어야 한다.

수입신고의 시기

세관에 수입신고는 언제 하면 될까? 수출국에 주문을 하고 대금을 결제한 후? 선박이나 항공기가 우리나라에 입항한 후? 아니면 보세구역에 수입화물이 반입된 후? 실무적으로 수입신고의 시기는 입항 전 신고, 보세구역 도착 전 신고, 보세구역 장치 후 신고로 구분할 수 있다.

① 입항 전 수입신고

관세법 제243조제2항에서는 '수입의 신고는 해당 물품을 적재한 선박이나 항공기가 입항된 후에만 할 수 있다'고 규정하고 있으나 제244조에서 '수입하려는 물품의 신속한 통관이 필요할 때에는 제243조제2항에도 불구하고 대통령령으로 정하는 바에 따라 해당 물품을 적재한 선박이나 항공기가 입항하기 전에 수입신고를 할 수 있다. 이 경우 입항전수입신고가 된 물품은 우리나라에 도착한 것으로 본다'고 규정하고 있다.

입항 전 수입신고라고 하면 단순히 선박이나 항공기가 물리적으로 우리나라에 도착하기 전에 수입신고를 하는 것으로 생각할 수 있으나 실제 '수입물품을 선(기)적한 선박 등이 물품을 적재한 항구나 공항에서 출항, 최종 입항보고를 한 후 하선(기) 신고가 수리되기 전'에 수입신고를 진행하는 것을 말한다. 즉, 입항 전 수입신고의 시점에 우리나라에 선박이나 항공기가 도착하지 않은 상황일 수도 있으나 이미 접안된 상태일 수도 있는 것이다. 입항 전 수입신고는 적하목록만 제출이 되면 신고를 진행할 수 있으므로 실제 화물의 보세구역 도착 시기가 이번 주에서 다음 주로 넘어가면서 다음 주 과세환율이 높은 경우에 이용하기도 하며, 신속한 통관을 위해 이용하기도 한다. 입항 전 신고 외의 다른 신고방법의 경우, 세관의 수입신고 심사가 완료되었다 하더라도, 해당 수입화물이 최종 보세구역에 반입이 되어야 수입신고가 수리되나, 입항 전 수입신고의 경우 세관의 수입신고서 심사가 완료되면 화물의 물리적 입항이나 보세구역 반입 여부와 상관없이 바로 수입신고가 수리된다. 다만, 입항 전 수입신고의 경우 해상화물 중 LCL 화물은 이용할 수 없다.

② 보세구역 도착 전 수입신고

"보세구역 도착 전 신고"라 함은 수입물품을 선(기)적한 선박 등이 입항하여 해당물품을 통관하기 위하여 반입하려는 보세구역(부두 밖 컨테이너 보세창고와 컨테이너 내륙통관기지를 포함)에 도착하기 전에 수입신고하는 것을 말한다(수입통관사무처리에 관한 고시 제3조). 보세구역에 도착하기 전에 세관의 심사가 완료되고 세금까지 납부되었다 하더라도 보세구역에 도착한 이후 수입신고가 수리된다.

③ 보세구역 장치 후 수입신고

"보세구역 장치 후 신고"라 함은 수입물품을 보세구역에 장치한 후 수입신고하는 것을 말한다(수입통관사무처리에 관한 고시 제3조). 수입화물이 포장의 수량, 손상 등 이상이 없이 보세구역에 장치된 후 신고하는 것으로 가장 보편적으로 이용되고 있는 신고방법으로 볼 수 있다.

» 수입신고의 심사

세관에 제출된 수입신고서는 심사를 거치게 되는데, 그 심사방법은 크게 3가지로 구분할 수 있다. 첫 번째는 P/L(paper less) 심사방법으로 신고인의 신고가 성실하게 진행되었을 것이라는 전제하에 신고인의 신고내용에 특별한 이상점이 없다면 빠르게 심사를 완료해 주는 것을 말한다.

수입신고는 P/L 신고를 원칙으로 하고 있다. 두 번째는 서류심사로 세관에 제출된 수입신고서의 작성 근거서류 를 제출하도록 하여 해당 서류를 제출된 신고서와 함께 심사하는 것을 말한다. 서류심사 대상이 되는 경우는 수입통관 사무처리에 관한 고시에서 규정하고 있는데, 수입신고서 기재사항 중 품명·규격의 일부만 기재한 물품, 관리대상화물 검사결과 이상이 있는 물품, 세관장확인물품 중 요건확인기관으로부터 요건구비를 증명하는 서류를 통관시스템에서 전자문서로 전송받을 수 없는 물품, 최초 수입업체와 신고인 및 거래당사자의 성실도 등에 따라 서류제출의 대상이 될 수 있다. 세 번째는 현품검사로 수입신고 된 물품을 직접 확인할 필요가 있는 경우 검사대상으로 선별하며, 이 경우 세관에 먼저 서류를 제출하고 검사가 진행된다. 검사대상으로 선별되었다고 해서 세관의 심사담당자가 검사대상 건이 발생할 때마다 건별로 검사를 진행하기는 어려우므로 검사시간을 정해놓고, 해당 시간에 검사대상 화물들을 쭉 검사하게 되는데 보통 오전과 오후 각 1회 검사가 실시된다. 오후에 검사가 진행되는 화물의 경우, 보세구역 운영시간 등의 사유로 당일 해당 화물의 반출이 어려울 수 있다는 점에 유의할 필요가 있다. 검사대상 선별여부는 수입신고서가 제출된 후 확인이 가능하기 때문에 수입신고 전에 검사대상 여부 및 반출 일시를 확정하기는 어렵다.

검사의 경우 주요 검사 주체에 따라 앞서 설명한 검사 외에 협업검사가 있다. 일반적인 검사의 경우 세관의 수입과 담당자가 수입신고 내용과 실제 수입된 물품을 대조하여 적정성을 확인하지만, 협업검사의 경우 검사 주체 자체가 다르다. 협업검사는 전기, 전파 등 인증과 관련한 전문가가 수입된 물품에 대해 인증대상은 아닌지, 인증을 받았다면 실제 인증받은 제품과 동일한 것인지(비슷한 다른 물품이 마치 인증을 받은 것처럼 수입된 것은 아닌지), 한글표시사항은 제대로 되어 있는지 등 인증과 관련된 검사를 진행하는 것을 말한다. 과거에 비해 협업검사의 비중이 높아졌으며, 협업검사로 인해 수입통관이 되지 못하는 사례도 점점 늘어나고 있다. 따라서 인증과 관련한 부분은 두 번, 세 번 반복하여 체크할 필요가 있다.

수입신고 내용에 대한 심사가 완료되면 월별납부 등 사후납부업체로 지정된 경우가 아닌 이상 수입세금을 납부한 후 수입신고가 수리된다. 수입신고가 수리되었다는 것은 수입된 외국물품이 내국물품으로 전환되었고, 비로소 국내로 반입이 가능한 상태가 되었다는 것을 뜻한다. 세관에서 별도의 승인이나 허가를 받은 경우를 제외하고, 만약 수입신고가 수리되기 전 임의로 화물을 반출하는 것은 밀수입에 해당하는 행위가 될 수 있다. 따라서 반드시 수입신고가 수리된 후 화물을 반출하여야 하며, 수입신고 전에 내가 주문한 물건이 제대로 도착하였는지를 확인하려면 세관의 승인을 얻어 보세구역에 방문한 후 확인이 가능하다.

추가적으로 EMS를 통해 물품을 수입하는 경우, 수입신고가 필요한 물품임에도 불구하고 목록통관이 되어 그대로 수입자에게 배송되는 경우가 있다. EMS로 수입되는 물품의 경우 사전에 송장번호, 수입자 정보 등을 기재하여 '우편물 수입신고대상 사전분류 신청'을 하면, 목록통관이 배제되고 일반 수입신고를 진행할 수 있다. 만약 목록통관이 되어 배송된 물품을 정식으로 수입신고 하고자 하는 경우, 1개월 이내에 해당 물품을 국제우편세관으로 다시 반입시킨 후 일반 수입신고를 할 수 있다.

» 수입신고서 기재사항

수입신고서에 기재되는 당사자는 수입자, 납세의무자 및 해외거래처가 있는데, 통상 수입자와 납세의무자가 동일인이 되며, 해외거래처는 무역대금을 수취하는 당사자가 기재된다. 당사자 부분의 우측으로는 수입신고 대상이 되는 화물의 중량, 포장개수 및 운송과 관련된 정보와 수입신고의 시기, 세금납부 시기, 거래구분 및 가격신고서와 원산지증명서의 유무가 표시된다. 이 중 원산지증명서는 여러 형태의 원산지증명서 중 특혜관세의 적용을 위한 원산지증명서를 뜻하는 것으로 일반(비특혜) 원산지증명서를 수령한 경우에는 'N'으로 표기된다. 수입신고는 최종적으로 수입물품이 반입되는 보세구역의 관할 세관-과에 신고를 진행하게 되며, 만약 다른 세관-과에 신고서가 전송되었다면 취하 후 다시 수입신고를 행해야 한다. 수입신고서에는 결제금액을 통화와 함께 기재하면서 동시에 거래조건을 Incoterms 규칙으로 기재하도록 되어 있는데, 만약 'E'나 'F' 규칙일 경우 과세가격을 산출할 수 있도록 운임과 (있는 경우)보험료가 기재되어야 하고, 'C' 또는 'D' 규칙인 경우에도 가산금액에 해당하는 비용이 있는 경우 이를 기재하여야 한다. 위 사항들은 수입신고의 기본사항에 속하는 것으로 '공통사항'이라고 칭하며, 실제 물품에 대한 내용은 '란사항'이라고 부르는 곳에 기재하게 된다. 란사항의 수입신고는 HS CODE 및 물품의 원산지별로 각각 기재가 되는데, 만약 중국산과 베트남산 마우스와 중국산 마우스패드를 중국에서 수입하는 경우 HS CODE는 2가지이지만 마우스의 원산지가 또 2개로 나뉘므로 총 3개의 란이 생성된다. 각 란의 상단에서는 HS CODE 10단위와 품명, 거래품명 및 (있는 경우)상표를 기재하고 세율을 선택하게 되어있다. 수입신고서상 '품명'에는 관세율표 상의 용어를 기재하며, '거래품명'은 상거래상 품명을 기재한다. 이후 모델・규격 부분에 각 모델별 물품 상세, 수량, 단가, 총액을 Commercial Invoice와 일치하도록 기재하고, 해당란에 속하는 물품들의 순 중량과 총 가격 및 원산지를 기재한다. 원산지와 관련하여서는 원산지 국가 뿐만 아니라 원산지표시가 되어 있는지, 되어 있다면 어디에(현품 or 최소포장) 어떠한 방법으로 되어 있는지도 함께 기재가 되도록 하고 있다. 수입신고서의 심사가 완료되면 수입신고필증(수입신고서 내용과 동일)이 발부되는데, 필요한 경우 해외거래처와 가격정보 등이 기재되지 않은 서식도 출력이 가능하다. 이 서식은 거래처 등의 요청으로 수입신고필증을 전달하여야 할 때, 주요정보는 보안상태를 유지한 채로 절차에 맞게 수입되었음을 입증하는데 사용할 수 있을 것이다.

이 밖에 수입신고 시에 수입관련거래에 관한 사항 및 과세가격산출내용에 관한 사항을 기재한 가격신고서도 함께 제출이 되어야 하는데 다음의 경우 등에는 가격신고를 생략하게 된다.

① 관세 및 내국세 등이 부과되지 않는 물품
② 과세가격이 미화 1만불 이하인 물품. 다만, 개별소비세, 주세, 교통・에너지・환경세가 부과되는 물품, 분할하여 수입되는 물품 및 가산금액이 있는 물품 제외

FTA를 적용하고자 하는 경우에는 협정관세적용신청서도 함께 제출이 되는데, 협정관세 적용의 신청을 하기 전에 B/L, 인보이스, 패킹리스

트 등 수입서류 및 원산지증명서를 비교·검토하여 형식적 요건의 결함은 없는지를 살펴봐야 할 것이다. 가장 많은 결함 사례는 인보이스 발행번호와 날짜인데, 인보이스에 기재된 번호·날짜와 원산지증명서에 기재된 번호·날짜가 상이한 경우이다. 원산지증명서의 경우 앞에서도 설명하였듯이 세액 결정에 크게 영향을 미칠 수 있으므로 상세내용을 면밀히 살핀 후 협정관세의 적용을 신청하여야 하겠다.

(갑 지)

수 입 신 고 서

※ 처리기간 : 3일

①신고번호	②신고일	③세관.과	⑥입항일	⑦전자인보이스 제출번호
99999-99-9999999-9	YYYY/MM/DD	999-99	YYYY/MM/DD	XXXXXXXXXXX-X-XX-XXXXX

④B/L(AWB)번호	⑤화물관리번호	⑧반입일	⑨징수형태
XXXXXXXXXXXXXXX(XXXX)	YYXXXXXXXXX-9999-9999	YYYY/MM/DD	99

⑩신 고 인 XXXXXXXXXXXXXXXXXXXXXXXXXX
⑪수 입 자 XXXXXXXXXXXXXXXXXXXXXXXXXXX (999999999999999 X)
⑫납세의무자 (XXXXXXX-9-99-9-99-9 / 999-99-99999)
(주소) XXXXXXXXXXXXXXXXXXXXXXXXXXXXXXXXXXXXX
(상호) XXXXXXXXXXXXXXXXXXXXXXXXXXX
(전화번호) XXXXXXXXXXXXXXXXXXXXXXXXXXX
(이메일주소) XXXXXXXXXXXXXXXXXXXXXXXXXX
(성명) XXXXXXXXXXXX
⑬운송주선인 XXXXXXXXXXXXXXXXXXXXXXXXXXX (9999000)
⑭무역거래처 XXXXXXXXXXXXXXXXXXXXXXXXXXXXXXXXXXXXX
XXXXXXXXXXXXXXXXXXXX(XX) / XXXXX9999X

⑮통관계획 X	⑲원산지증명서	㉑총중량
XXXXXXXXXXXXXXX	유무 X	9,999,999,999,999 XX
⑯신고구분 X	⑳가격신고서	㉒총포장갯수
XXXXXXXXXXXXXX	유무 X	99,999,999 XX
⑰거래구분 999	㉓국내도착항 XXXX	㉔운송형태
XXXXXXXXXXXXXXX	XXXXXXXXXXX	XX-XXX
⑱종류 XX	㉕적출국 XX XXXXXXXXXXXXXX	
XXXXXXXXXXXXXXX	㉖선 기 명 XXXXXXXXXXXXXXXXXXXXXXXXXXXXXXXXXX XX	
㉗MASTER B/L 번호 XXXXXXXXXXXXXXXX	㉘운수기관부호 XXXX	

㉙검사(반입)장소 99999999-XXXXXXXXX (XXXXXXXXXXXXXXXXXXXXXXXXXXXXXX)

● 품명·규격 (란번호/총란수 : 999/999)

㉚품 명 XXXXXXXXXXXXXXXXXXXXXXXXXXXXXXXXXXXXXXXXXXXXXXXXX
㉛거래품명 XXXXXXXXXXXXXXXXXXXXXXXXXXXXXXXXXXXXXXXXXXXXXXXXX
㉜상 표 XXXXXXXXXXXXXXXXXXXXXXXXXXXXXXXXXX XXXXXXXXXXXXXX

㉝모델규격	㉞성분	㉟수량	㊱단가(XXX)	㊲금액(XXX)
XXXXXXXXXXXXXXXXXXXXXXXXXXXXXXXXXXXXXXXXXXXXXXXXXXXXXXXXXXXXXXXXXXXXXXXXXXXXXXXXXXXXXXXXX	XXXXXXXXXXXXXXXXXXXXXXXXXXXXXXXXXXXXXXXXXXXXXXXXXXXXXXXXXXXXXXX	9,999,999,9999XXX	9,999,999,999999	99,999,999,9999
XXXXXXXXXXXXXXXXXXXXXXXXXXXXXXXXXXXXXXXXXXXXXXXXXXXXXXXXXXXXXXXXXXXXXXXXXXXXXXXXXXXXXXXXX	XXXXXXXXXXXXXXXXXXXXXXXXXXXXXXXXXXXXXXXXXXXXXXXXXXXXXXXXXXXXXXX	9,999,999,9999XXX	9,999,999,999999	99,999,999,9999

㊳세번부호	9999.99-9999	㊵순중량	9,999,999,999,999,999 XX	㊸C/S 검사	X XXXXXXXXXXXXX	㊺사후확인기관
㊴과세가격(CIF)	$99,999,999,999,999	㊶수 량	9,999,999,999 XXX	㊹검사변경	X XXXXXXXXXX	999, 999, 999
	₩999,999,999,999,999	㊷환급물량	9,999,999,999,9999 XXX	㊻원산지	XX-X-X-XX	㊼특수세액 9,999,999,999,99

㊽수입요건확인 (발급서류명)				
	9-999-99-99-99999999 (XXXXXXXXXXXXXXXXXXXX)	9-999-99-99-99999999 (XXXXXXXXXXXXXXXXXXXX)	9-999-99-99-99999999 (XXXXXXXXXXXXXXXXXXXX)	9-999-99-99-99999999 (XXXXXXXXXXXXXXXXXXXX)
	9-999-99-99-99999999 (XXXXXXXXXXXXXXXXXXXX)	9-999-99-99-99999999 (XXXXXXXXXXXXXXXXXXXX)	9-999-99-99-99999999 (XXXXXXXXXXXXXXXXXXXX)	9-999-99-99-99999999 (XXXXXXXXXXXXXXXXXXXX)

㊾세종	㊿세율(구분)	51감면율	52세액	53감면분납부호	감면액	* 내국세종부호
XXXXX	9,999.99(XX XXXX) 9999999999	999,999.99	999,999,999,999,999,999	XXXXXXXXXXX	999,999,999,999,999,999	
XX	9,999.99(XX XXXX)	999,999.99	999,999,999,999,999,999	XXXXXXXXXXX	999,999,999,999,999,999	XXXXXX
XX	9,999.99(XX XXXX)	999,999.99	999,999,999,999,999,999	XXXXXXXXXXX	999,999,999,999,999,999	
XX	9,999.99(XX XXXX)	999,999.99	999,999,999,999,999,999	XXXXXXXXXXX	999,999,999,999,999,999	
XX	9,999.99(XX XXXX)	999,999.99	999,999999,999,999,999	XXXXXXXXXXX XXXXXXXXXXX	999,999999,999,999,999	

54결제금액(인도조건-통화종류-금액-결제방법)	XXX-XXX-999,999,999,999,999,999-XX	55환 율	99,999.9999

56총과세가격	$99,999,999,999,999	57운임	999,999,999,999,999,999	59가산금액	999,999,999,999,999,999	64납부서번호	999-99-99-99999999
	₩999,999,999,999,999	58보험료	999,999,999,999,999,999	60공제금액	999,999,999,999,999,999	65총부가가치세과표	999,999,999,999,999,999

61세 종	62세 액
관 세	999,999,999,999,999,999
특 소 세	999,999,999,999,999,999
교 통 세	999,999,999,999,999,999
주 세	999,999,999,999,999,999
교 육 세	999,999,999,999,999,999
농 특 세	999,999,999,999,999,999
부 가 세	999,999,999,999,999,999
신고지연가산세	999,999,999,999,999,999
미신고가산세	999,999,999,999,999,999
63총세액합계	999,999,999,999,999,999

※신고인기재란
XXXXXXXXXXXXXXXXXXXXXXXXXXXXXXXXXXXXXXXXXXXXXXXXXXXXXXXXXXXXXXXXXXXXXXXXXXXXXXXXX※
XXX XXXXXX
– 전화번호 XXX-XXXXX XXXX
– 이메일주소 XXX-XXXXX XXXX

66세관기재란
XXX XXXXXXXXXXXXXXXXXX

67담당자	XXXXXXXXXXX 999999	68접수일시	YYYY/MM/DD,HH:MM	69수리일자	YYYY/MM/DD

세관·과 : 999-99 신고번호 : 99999-99-9999999-9 Page : 999/999

11

10%의 과징금을 피하자! 원산지표시

P씨는 처음 수입을 하면서 비교적 절차가 어렵지 않다고 생각한 목걸이형 카드지갑을 첫 아이템으로 선택하였다. P씨가 선택한 카드지갑은 남녀노소 누구나 사용할 수 있는 디자인으로 색상이 다양하고 기존에 국내에 판매되는 물품 대비 가격 경쟁력도 있어서 판매에는 자신이 있었다. 소량씩 여러 번에 나누어서 수입할 수도 있었지만 이미 비슷한 상품을 온라인 스토어에서 판매하고 있었고, 어느 정도 판매가 일어날지 예측이 되었기 때문에 10,000개를 주문하였다. 물건의 사이즈가 크지 않아 사무실 창고에도 충분히 보관이 가능하다고 생각되었고, 여러 번에 나누어 수입할 경우 발생하는 물류비도 아낄 수 있기 때문이었다. 수입물건은 순조

롭게 한국의 항구에 입항하였고, 이후 수입신고를 진행하였다. 수입신고 결과 검사대상 화물로 선별이 되었고, 세관 담당자는 정해진 시간에 화물 검사를 위해 보세창고로 이동하였다. P씨는 세관 검사가 완료되면 늦어도 다음날에는 물건을 받아볼 것으로 기대하고 있었으나 이대로는 통관이 불가하다는 청천벽력 같은 통보를 받았다. 그 이유를 확인해보니 원산지표시가 없다는 것이었다. 급히 수출자로부터 받은 사진을 확인해보니 분명히 박스에 Made in China 표시가 있었다. 세관 담당자에게 박스에 원산지표시가 되어 있다고 주장했으나 해당 원산지표시는 인정할 수 없다는 답변을 받았고, 세관 담당자는 보수작업 시정명령을 내렸다. 이후 P씨는 통관을 완료하기 위해 보수작업 업체에 의뢰하여 10,000개의 카드지갑 하나하나에 Made in China 원산지표시를 해야만 했다. 이 과정에서 보수작업 업체에 지불한 원산지표시 tag 제작비용, 인건비 및 보세창고 비용이 추가적으로 발생하였다.

원산지표시는 수입에 있어서 매우 민감한 부분 중 하나이다. 대외무역관리규정 '별표8'에서 원산지표시대상 물품들을 HS CODE 별로 규정하고 있으며, 한글, 한자 또는 영문으로 "원산지 : 국명", "국명 산(産)", "Made in 국명", "Product of 국명", "Made by 물품 제조자의 회사명, 주소, 국명", "Country of Origin : 국명"의 방식으로 표시할 수 있다. 원산지표시 방법은 해당물품에 「제조단계에서 인쇄(printing), 등사(stenciling), 낙인(branding), 주조(molding), 식각(etching), 박음질(stitching) 또는 이와 유사한 방식으로 원산지를 표시하는 것을 원칙으로 한다. 다만, 물품의 특성상 위와 같은 방식으로 표시하는 것이 부적합 또는 곤란하거나 물품을 훼손할 우려가 있는 경우에는 날인(stamping), 라벨(label), 스티커(sticker), 꼬리표(tag)를 사용하여 표시할 수 있다」고 규정되어 있다. 그런데 실제 국내에서 판매되고 있는 많은 물품들을 보면 물품 자체가 아닌 포장지에 원산지가 표시되어 있는 것을 볼 수 있다. 그렇다면 이러한 물품들은 모두 원산지규정을 위반한 것일까? 대외무역관리규정에서는 예외적으로 물품의 최소포장이나 용기에 원산지를 표시하도록 하거나, 원산지 표시 면제가 가능한 경우를 추가적으로 규정하고 있다. 포장표시는 소비자에게 판매되는 단위의 "소매용 최소포장"에 표시하는 것으로 물품의 특성에 따라 상거래 관행상 해당 물품의 포장에 적합한 상자, 봉지, 병, 통, 캔, 케이스, 튜브, 갑, 다스(DZ), 랩 포장 등으로 포장된 최소단위를 말한다.

〈 **물품의 최소포장, 용기 등에 원산지를 표시할 수 있는 경우** 〉

1. 해당 물품에 원산지를 표시하는 것이 불가능한 경우
2. 원산지 표시로 인하여 해당 물품이 크게 훼손되는 경우(예 : 당구공, 콘택즈렌즈, 포장하지 않은 집적회로 등)
3. 원산지 표시로 인하여 해당 물품의 가치가 실질적으로 저하되는 경우
4. 원산지 표시의 비용이 해당 물품의 수입을 막을 정도로 과도한 경우 (예 : 물품 값보다 표시비용이 더 많이 드는 경우 등)
5. 상거래 관행상 최종구매자에게 포장, 용기에 봉인되어 판매되는 물품 또는 봉인되지는 않았으나 포장, 용기를 뜯지 않고 판매되는 물품 (예 : 비누, 칫솔, VIDEO TAPE 등)
6. 실질적 변형을 일으키는 제조공정에 투입되는 부품 및 원재료를 수입 후 실수요자에게 직접 공급하는 경우
7. 물품의 외관상 원산지의 오인 가능성이 적은 경우(예 : 두리안, 오렌지, 바나나와 같은 과일 · 채소 등)
8. 관세청장이 산업통상자원부장관과 협의하여 타당하다고 인정하는 물품

앞선 사례의 경우 여러 개의 물품을 담은 '진열용' 포장박스에만 원산지표시가 Made in China로 되어 있었던 사례로 "현품(또는 최소포장) 원산지표시 대상물품의 현품(또는 최소포장)에는 원산지 표시를 하지 않고 포장에만 표시하는 경우"에 해당 원산지 미표시 판정을 받은 경우이다. 1회

차에는 단순히 원산지표시 시정요구를 받을 뿐이지만 2회차부터는 무려 과세가격의 10%에 달하는 과징금이 부과될 수 있으므로 주의하여야 한다. 실무적으로는 최근 2년 이내에 같은 사유로 2회 이상 적발될 경우 과징금을 부과하도록 하고 있으며, 사유는 원산지 허위표시, 원산지 오인표시, 원산지 부적정표시, 원산지 미표시로 구분할 수 있다. 또한 원산지 규정 위반으로 적발될 경우 고발 의뢰가 될 수도 있다. 「원산지표시제도 운영에 관한 고시」 제18조에서 '세관공무원은 무역거래자 또는 물품 등의 판매업자 등이 다음 각 호의 어느 하나에 해당하는 행위를 한 때에는 조사부서에 고발 의뢰해야 한다'고 규정하면서 원산지를 허위로 표시하거나 손상·변경한 경우, 오인표시를 하거나 미표시를 하는 경우 등을 그 대상으로 정하고 있다. 고시에서 정하는 바와 같이 이 사항은 단순히 수입을 하는 수입업자뿐만 아니라 판매업자에게도 해당되는 내용으로 수입물품을 국내에서 사입하여 판매하는 사람이 기존의 원산지표시를 훼손하거나 허위로 표시하여 재판매하는 경우에도 적용될 수 있는 규정이다.

〈 원산지 허위표시 예시 〉

► 중국산 제품에 「원산지 : 프랑스(OEM 중국)」으로 표시한 경우

► 현품에는 실제 제조국인 중국산임을 원산지표시 하였으나, 포장에 'Made in Taiwan'등으로 표시한 경우로써 소비자가 물품 구매 시, 현품을 확인할 수 없는 경우

► 한국에서 제조하기 위한 물품의 부분품, 케이스를 수입하면서 국내 제조를 고려하여 '한국산'으로 표시하여 수입하는 경우 등

〈 원산지 오인표시 예시 〉

► 원산지표시 외에 소비자가 원산지를 판단할 때 혼동을 줄 수 있는 'Designed by France' 등을 원산지표시와 다른 위치에 표시한 경우

► 중국산 강아지 사료의 전면에 상표권자 국적인 Japan을 상표와 함께 커다랗게 표시한 경우

► 중국산 물품에 원산지표시를 하지 않고, 상표, 국내 업체명, 제품설명 등을 한글로만 표시한 경우

► 제품의 원산지표시 없이 '재료 원산지 : 이탈리아'만 표시한 경우 등

〈 원산지 부적정표시 예시 〉

- 무거운 가구의 바닥면에 원산지를 표시한 경우
- 가방 내부의 주머니 안쪽에 원산지를 표시한 경우
- 제품 바탕색과 같거나 유사한 색으로 원산지를 표시하거나 글자체를 매우 흘려 표시함으로써 소비자가 원산지를 식별하기 힘든 경우
- 특정국이 아닌 Made in EU 등으로 표시한 경우
- 쉽게 떨어지는 스티커만으로 원산지를 표시한 경우
- 의류를 수입하면서 라벨을 길게 하고, 원산지를 라벨의 끝에 표시하여 자르기 쉽게 하는 경우
- 품질표시가 있음에도 불구하고, 품질표시 면에 원산지표시를 하지 않고 별도의 스티커로 원산지를 표시한 경우 등

물품 수입 시 원산지표시와 관련한 이슈가 많이 발생되는 만큼 원산지 표시방법은 많은 수입자들이 항상 궁금해 하는 부분이다. 원칙은 알겠는데 정말 내가 수입하는 물품의 현품 하나, 하나에 표시를 해야 하는 것인지, 스티커는 인정될 수 없는지, 다른 사람이 수입하거나 판매하는 다른 물품은 포장지에만 원산지를 표시했는데 본인의 물품도 그렇게 하면 되는 것인지 등등 그 누구도 속시원하게 말해주지 않아 답답해하는 경우가 많다. 이러한 경우 원산지표시의 적정성 여부에 대해 관세청장에게 사전확인을 요청할 수 있으며, 이 때에는 사진확인신청서와 견본(제출이 어려운 경우 표시내용을 확인할 수 있는 사진, 카탈로그)을 우편, FAX, 전자우편으로 제출할 수 있다. 결과는 신청서 접수일로부터 7일 이내에 회신하도록 되어 있다.

〈 원산지표시의 면제가 가능한 경우 〉

1. 외화획득용 원료 및 시설기재로 수입되는 물품
2. 개인에게 무상 송부된 탁송품, 별송품 또는 여행자 휴대품
3. 수입 후 실질적 변형을 일으키는 제조공정에 투입되는 부품 및 원재료로서 실수요자가 직접 수입하는 경우(실수요자를 위하여 수입을 대행하는 경우를 포함한다)
4. 판매 또는 임대목적에 제공되지 않는 물품으로서 실수요자가 직접 수입하는 경우. 다만, 해당 물품 중 제조용 시설 및 기자재(부분품 및 예비용 부품을 포함한다)는 실수요자를 위하여 수입을 대행하는 경우까지도 인정할 수 있다.
5. 연구개발용품으로서 실수요자가 수입하는 경우(실수요자를 위하여 수입을 대행하는 경우를 포함한다)
6. 견본품(진열 · 판매용이 아닌 것에 한함) 및 수입된 물품의 하자보수용 물품(수입된 물품의 자체 결함에 따른 하자를 보수하기 위해 직접 수입하는 경우에 한함)
7. 보세운송, 환적 등에 의하여 우리나라를 단순히 경유하는 통과 화물
8. 재수출조건부 면세 대상 물품 등 일시 수입 물품
9. 우리나라에서 수출된 후 재수입되는 물품
10. 외교관 면세 대상 물품
11. 개인이 자가소비용으로 수입하는 물품으로서 세관장이 타당하다고 인정하는 물품
12. 그 밖에 관세청장이 산업통상자원부장관과 협의하여 타당하다고 인정하는 물품

원산지표시가 표시의무가 면제되는 경우가 있다. 바로 위 표의 내용 중 어느 하나에 해당하는 경우이다. 위 중 어느 하나에 해당하여 원산지 표시를 하지 않은 경우 이를 입증할 수 있는 관련 서류의 제출이 요구된다. 예를 들어 '우리나라에서 수출된 후 재수입하는 물품'이라면 우리나라에서 수출된 물품이라는 것을 확인할 수 있는 수출신고필증이 있어야 하고, 수입관련 서류에 기재된 물품 관련 내용은 수출신고 당시와 차이가 없어야 할 것이다. 원산지표시가 면제되는 많은 경우 중의 하나가 위 3번에 해당하는 경우이다. 수입대상 물품 자체가 완제품이 아닌 최종 물품 생산을 위한 재료가 되는 것으로 국내에서 수행하는 제조공정에 투입되는 경우이다. 이 경우 유의해야 하는 것은 해당 재료를 수입하는 수입자가 제조공정도 수행하는 경우에만 원산지표시가 면제된다는 점이다. 만약 국내에서의 제조공정에 투입되기 위한 원재료로써 그 수입자가 국내 생산자가 아닌 단순한 유통업자인 경우라면 원산지표시가 면제되지 않는다. 유통업자가 수입하고, 수입의 목적이 국내 생산자에게 납품하기 위한 목적이라면 수입물품의 최소포장에 원산지표시를 해야 한다. 더불어 이와 같은 경우에는 제조회사와의 납품계약서와, 제조사 사업자등록증 등이 추가로 요구될 수 있다.

수입물품에 원산지표시를 적정하게 하고자 수출자에게 원산지표시에 대하여 수차례 강조하였음에도 불구하고, 간혹 원산지표시가 되어 있지 않은 상태로 물품이 수입되는 경우가 있다. 이런 경우 수입자가 상당히 난감한 상황에 처할 수 있는데, 이를 방지하기 위한 하나의 방법으로 원산지표시가 완료된 물품의 사진이나 작업영상을 수출자에게 요청하는 것이 있을 수 있다. 이는 원산지 적정표시 여부를 확인하기 위한 수단이면서, 수입 전 물품에 대한 확인에도 도움이 될 수 있다. 이와 같은 사진을 요청할 때에는 포장작업 단계에서의 사진도 함께 요청하여, 수출을 위한 마무리 포장작업까지 제대로 이루어졌는지 확인해볼 수 있을 것이다.

〈별지 제2호 서식〉 (제21조제2항 관련)

<table>
<tr><td colspan="8">원산지표시방법 사전확인신청서</td></tr>
<tr><td colspan="2">접 수 번 호</td><td colspan="6"></td></tr>
<tr><td rowspan="4">신
청
자</td><td>상 호</td><td colspan="3"></td><td>대표자</td><td colspan="2"></td></tr>
<tr><td>주 소</td><td colspan="6"></td></tr>
<tr><td rowspan="2">사업자
등록번호</td><td rowspan="2"></td><td>전화번호</td><td colspan="2"></td><td rowspan="2">담당자</td><td rowspan="2"></td></tr>
<tr><td>팩스번호</td><td colspan="2"></td></tr>
<tr><td colspan="2">수입예정물품</td><td colspan="6">○ HS :
○ 품명 :
○ 규격 :</td></tr>
<tr><td colspan="2">원 산 지</td><td colspan="3"></td><td colspan="2">통관예정세관</td><td></td></tr>
<tr><td colspan="2">원산지표시방법 사전확인 신청 내용</td><td colspan="6">※ 내용이 많을 경우 별지 사용 가능</td></tr>
<tr><td colspan="8">첨부 : 견본 점</td></tr>
<tr><td colspan="8">「대외무역법 시행령」 제57조와 「원산지제도 운영에 관한 고시」 제21조에 따라 위와 같이 원산지표시방법 적정 여부의 사전확인을 신청합니다.

신 청 일 : 20 년 월 일
신 청 인 (서명 또는 인)

관 세 청 장 귀하</td></tr>
</table>

12

대금 결제는 언제, 어떻게 해야 할까?

» 얼마를 언제 결제하는 게 맞을까?

아이템 선정 후 거래조건 협상까지 마무리를 하면 대금결제를 하게 되는데, 많은 초보수입자분들이 이 시점에 '내가 과연 이 금액을 그냥 보내도 될까?'하고 한번쯤은 망설이게 된다. 한 번도 거래를 해보지 않은 상대방과 온라인으로만 대화를 하고 선뜻 돈을 보낸다는 것이 쉽지 않은 것은 당연한 것이고, 생각보다 많은 해외의 셀러들이 우리나라의 바이어에게 '첫 거래이니 100%를 보내야 한다'고 요구하기 때문이다. 필자도 거래처로부터 요청을 받아 생산용 기계, 설비 등의 수입을 대리하는 경우가 있는데, 간혹 일부 해외 수출자들이 proforma invoice를 보낼 때

payment term을 T/T 100% advanced로 기재해서 보내는 경우가 있다. 아무래도 필자는 경험이 있다 보니 이런 경우 선수금 30%, 이후 70% 등으로 나누어 결제하는 방식으로 재협상을 시도하고, 입금은 나누어서 하는 편이다. 그럼 어떻게 결제를 하는 것이 맞는 것일까? 사실 정답은 없다. 결제시기이든 결제방법이든 그것은 양 당사자가 협의하는 내용에 따라 얼마든지 달라질 수 있다. 어떤 분은 물건이 우리나라 항구에 도착한 후에 100%를 지급하는 경우도 있다. 다만, 첫 거래는 수출자 입장에서도 수입자 입장에서도 어느 정도 리스크를 안고 시작하는 것이므로 이런 점을 어필하여 적정히 나누어 결제를 하도록 시기를 결정하는 것이 양 당사자 모두에게 합리적일 것이라 생각한다. 선결제 금액을 정하는 기준 역시 50%씩 나누어 할 수도 있고, 제조원가에 해당하는 수준(30~40%)을 먼저 결제할 수도 있다. 나머지 금액은 실제 물건이 우리나라에 운송되기 위하여 배나 비행기에 적재되었다는 것을 확인할 수 있는 서류인 B/L 또는 AWB이 발행된 후 결제할 수도 있고, 물건이 우리나라 항구나 공항에 도착한 것을 확인한 후 결제할 수도 있다. 이렇게 결제방법이나 시기의 경우 정해진 바가 없고, 국제무역에 있어서 '당사자 간 합의'가 가장 우선시되도록 하고 있으므로 어떻게 결제를 진행할 것인지는 수출자와 진지하게 협의를 해야 할 것이다.

무역대금 결제방법

결제방법을 두고도 고민이 된다. 중국에서 수입을 하는 초보수입자분들이 알리바바를 상당히 많이 이용하고 있는데, 이 경우 불안을 조금이나마 해소하기 위해서 알리바바 결제창을 이용할 수 있다. 비록 수수료가 발생이 되지만 은행송금 수수료와 비교했을 때도 매우 과도하다고 보기 어렵고, 알리바바 사이트 내 결제이다 보니 100%라고 할 수는 없지만 어느 정도 수출자의 정상이행을 기대할 수 있기 때문이다. 이후 같은 수출자와 거래를 할 때에는 금액에 따라서 은행송금방식을 이용할 수 있다. 은행을 통해 대금결제를 하기 위해서는 사전에 외화통장이 개설되어 있을 필요가 있다. 각자가 거래하는 은행을 방문하여 외화계좌를 개설하고, 송금할 금액에 상당하는 금액을 원화로 입금한 후 Commercial Invoice를 지참하여 은행에 방문하면 거래대금을 송금할 수 있다. 국내 거래의 경우 은행을 통해 상대방에게 일정 금액을 송금하면 바로 상대방이 확인을 할 수 있지만 해외송금은 즉시 상대방 계좌에 입금이 되지 않고, 보통 2~3영업일, 경우에 따라 5영업일 이상이 소요되기도 한다. 따라서 송금을 한 후에 송금증을 상대방에게 송부하더라도 경우에 따라서는 수출자가 실제 입금여부까지 확인을 한 뒤에 생산에 들어가기도 한다.

처음에는 이처럼 온라인사이트 결제창이나 은행송금을 많이 이용하는데 무역대금의 결제방식은 크게 2가지로 구분할 수 있다. 바로 신용장 결제방식과 무신용장 결제방식이다. 신용장(Letter of Credit)은 실무에서 줄여서 L/C라고 부르는데, 내가 거래하는 은행이 나를 대신해서 수출자에게 '거래대금을 내가 줄게'라고 약속하는 것이다. 다만 은행의 이 약속은 '조건부'로써 수출자에게 '우리 수입자 거래대금은 내가 줄게. 대신에 실제 물건을 한국으로 보내기 위해서 배나 비행기에 실렸다는 걸 서류로 증명하고, 이 무역거래 관련 서류들을 나한테 보내. 운송서류(B/L 등)에는 거래상대방(수입자)이 우리 은행으로 적혀 있어야 해. 나에게 제시해야 하는 서류들은 이 신용장에 적혀있는 서류들이고, 네가 제시한 서류에 이상이 없으면 수출대금을 수령할 수 있을 거야'라는 것을 서면으로 통지하는 것이다. 운송서류(B/L 등)에 은행명이 기재됨으로써 물건의 소유권은 수출자로부터 은행에게 이전되고, 이후 수입자가 은행에게 해당 금액을 결제하면 소유권은 다시 수입자에게로 이전될 수 있는 것이다. 수입자 입장에서는 은행이 거래물품의 선(기)적 여부 및 관련 서류들을 꼼꼼히 검토하므로 어느 정도 상업위험을 회피할 수 있고, 수출자 입장에서는 비록 조건부지만 수입국의 은행이 지급의 확약을 하였으므로 신용위험을 어느 정도 회피할 수 있다.

신용장 거래를 하기 위해서는 먼저 수입자가 거래은행에 신용장 개설을 신청하여야 한다. 신용장 개설신청을 받은 은행은 수입자가 무역 거래대금의 결제가 가능할 것인지 개설신청을 한 수입자의 신용 등을 확인한 후 신용장 개설 여부와 한도를 통지한다. 신용장 개설신청서에는 당사자, 금액, 거래물품 및 수출자가 제시해야 하는 서류 등이 기재되며, 은행은 이를 수출자에게 통지한다. 이후 수출자는 거래물품을 준비하여 선(기)적을 하고, 신용장에 기재된 관련 서류들을 은행에 제시하여 심사가 완료되면 수출대금 영수가 가능한 것이다. 수출자에게 대금을 지급한 은행은 이후 수입자로부터 거래대금을 수취한 후 수입화물을 수령할 수 있는 운송서류 원본 등의 서류를 인도함으로써 신용장 거래가 완료된다. 은행이 조건부지급보증을 하고, 서류를 심사하며, 신용장의 통지나 대금결제 등에 있어 은행을 이용하게 되므로 신용장 거래에서는 각종 수수료가 발생하게 되는데, 이러한 수수료의 부담 및 신용장에 기재되는 조건 등에 대한 면밀한 협의가 실제 거래 당사자 간에 이루어져야 한다. 신용장 거래에서 중요한 것은 은행이 거래 물품의 이상 유무를 책임지는 것은 아니라는 점이다. 은행은 서류로써 거래할 뿐이며, 실제 물품의 매매계약과 신용장 거래는 독립적이므로 수입자는 물건을 수령한 후, 물품 상태 등을 이유로 은행에 클레임을 제기할 수 없다.

무신용장 결제방식으로는 은행을 통한 송금방식과 추심방식 등이 있는데, 추심은 수출자가 은행에 '나 대신에 수입자한테서 돈 좀 받아다 줘'라고 요청하는 것으로 생각하면 쉽다. 은행은 중간에서 결제와 관련한 책임 없이 심부름을 하는 것이라고 생각하면 된다.

송금방식의 경우, 앞서 설명한 기본적인 사항 외에 주의할 사항이 몇 가지 있다. 그 중에서도 제3자 지급에 유의하여야 하는데, 이는 실제 거래당사자 외의 제3자에게 대금을 송금하는 것을 말한다. 만약 실제 거래 상대방이 아닌 제3자에게 대금을 송금한다면 거래금액에 따라 외국환거래은행(신한은행, 국민은행 등 거래은행) 또는 한국은행에 신고하도록 외국환거래법령에서 규정하고 있다.

외국환은행신고	한국은행신고
미화 5천불 초과 1만 불 이하	미화 1만 불 초과
※ 미화 5천불 이내의 금액은 신고예외 대상에 속함	

제3자 지급은 생각보다 빈번하게 일어나는데, 안타까운 것은 수입자들이 자신이 하고 있는 거래가 제3자 지급에 해당된다는 사실을 인지하지 못하는 경우가 많다는 것이다. 만약 제3자 지급에 해당하는 거래가 이루어진 후 적발이 되면 과태료가 부과되는데 외국환은행 신고 대상인 경우 위반금액의 2% 또는 100만원 중 큰 금액이, 한국은행 신고 대상인 경우

위반금액의 4% 또는 200만원 중 큰 금액이 부과된다. 위반금액이 25억 원 이상인 경우 과태료 부과가 아닌 1년 이하의 징역 또는 1억 원 이하의 벌금에 처해질 수 있다. 그렇다면 어떤 경우가 제3자 지급에 해당되는 것일까? 가장 흔한 사례는 인보이스를 발행한 회사가 제3국에 있는 해외법인의 계좌로 송금하도록 하는 경우이다. 이 경우 회사 이름이 동일하게 보이지만 실제 다른 당사자로 제3자 지급에 해당이 된다. 또는 수출회사 대표자의 개인명의 계좌로 송금을 하도록 하는 경우도 있는데 이 또한 제3자 지급에 해당된다. 따라서 대금을 수취하는 회사와 Commercial Invoice를 발행하는 회사가 일치하는지 확인해 볼 필요가 있으며, 만약 다르다면 제3자 지급의 신고를 하거나 수출자 측에 대금수령인을 일치 시켜줄 것을 요구해야 할 것이다.

이 외에 매 거래 건별로 무역대금을 결제하지 않고, 차액을 다음 거래로 이월하여 결제하는 상계의 경우도 신고대상으로 규정되어 있으며, 제3자 지급과 동일하게 미화 5천불 이내의 채권 또는 채무를 상계하는 것은 신고 예외대상에 해당한다.

13

과태료, 과징금, 관세법 벌칙

관세법은 2021년 현재 총 330개 조항으로 구성되어 있다. 관세법의 특징 중 하나가 벌칙과 관련한 조항을 동 법에 포함하고 있다는 것으로, 범죄혐의를 받게 되는 경우 세관공무원이 경찰과 동등한 권한을 가지고 조사를 진행할 수 있다. 관세법 벌칙과 관련하여서는 제268조의2부터 제282조에서 규정하고 있으며, 본 장에서는 주요 벌칙 규정에 대해 설명하고자 한다.

» 밀수출입죄

밀수출입죄는 수출입금지품을 수출입한 자를 7년 이하의 징역 또는 7천만 원 이하의 벌금에 처하도록 규정하고 있으며, 수출입금지품에 해당하는 것으로는 헌법질서를 문란하게 하거나 공공의 안녕질서 또는 풍속을 해치는 서적 · 간행물 · 도화, 영화 · 음반 · 비디오물 · 조각물 또는 그 밖에 이에 준하는 물품, 정부의 기밀을 누설하거나 첩보활동에 사용되는 물품, 화폐 · 채권이나 그 밖의 유가증권의 위조품 · 변조품 또는 모조품이 있다. 또한 수입신고의 대상이 되는 물품임에도 불구하고, 수입의 신고를 하지 않고 국내로 물품을 반입하였거나, 수입신고를 하였으나 실제와 다른 물품으로 신고한 경우에도 5년 이하의 징역 또는 관세액의 10배와 물품원가 중 높은 금액 이하에 상당하는 벌금에 처하도록 하고 있다.

» 관세포탈죄

수입신고를 하였으나 세액을 낮추기 위한 목적으로 과세가격이나 관세율을 거짓으로 신고하는 경우, KC 인증 등 수입의 제한을 회피하기 위한 목적으로 완제품으로 간주되는 물품을 부분품으로 신고하는 경우 3년 이하의 징역 또는 포탈한 관세액의 5배와 물품원가 중 높은 금액 이하에 상당하는 벌금에 처한다. 또한 수입에 필요한 허가 · 승인 · 추천 · 증명 또는 그 밖의 조건을 갖추지 않거나 부정한 방법으로 갖추어 수입한 자는 3년 이하의 징역 또는 3천만 원 이하의 벌금에 처한다. 특히 이 부분의 경우, 처음에 인증 관련 요건을 파악하지 않고 수입하였다가 뒤늦게 해당 사실을 알고 '이번 한 번만…'이라는 생각에 부정행위를 저지르는 경우가 해당될 수 있는데, 많은 경우 세관에서 수입신고의 처리를 보류하고 반송 또는 폐기토록 하고 있지만, 의도 자체가 불순하다고 판단하는 경우 충분히 조사대상으로 의뢰할 수 있다는 점에 유의하여야 하겠다.

» 가격조작죄

수입신고 및 신고수리 이후 보정신청 또는 수정신고를 할 때 부당하게 재물이나 재산상 이득을 취득하거나 제3자로 하여금 이를 취득하게 할 목적으로 물품의 가격을 조작하여 신청 또는 신고한 자는 2년 이하의 징역 또는 물품원가와 5천만 원 중 높은 금액 이하의 벌금에 처한다. 관세포탈죄가 단순히 납부세액을 낮추기 위해 신고사항을 거짓으로 신고하는 것이라면, 가격조작죄의 경우 세액에 한정하지 않고, 당사자 또는 제3자의 부당이득을 목적으로 한 허위신고라는 점에서 다르다.

» 미수범

밀수출입죄와 관세포탈죄의 경우, 미수범이라 할지라도 본죄에 준하여 처벌되며, 밀수출입과 관세포탈을 예비한 경우에도 본죄의 2분의 1에 준하는 처벌이 내려진다. 또한 밀수출입을 하기 위해 특수한 가공을 한

물품은 누구의 소유이든지 몰수하거나 그 효용을 소멸시키며, 밀수출입에 해당되는 물품이 다른 물품 중에 포함되어 있는 경우 그 물품이 범인의 소유일 때에는 그 다른 물품도 몰수할 수 있도록 규정되어 있다. 또한 밀수출입죄, 관세포탈죄 및 이들의 미수범은 징역과 벌금을 동시에 부과할 수 있도록 규정되어 있어, 우리 관세법에서 이들 범죄를 매우 중하게 다루고 있다는 것을 알 수 있다.

허위신고죄

① 물품원가 또는 2천만 원 중 높은 금액 이하의 벌금

- 수출입, 반송 신고, 보정신청 및 수정신고 시 물품의 품명・규격・수량 및 가격과 그 밖에 대통령령으로 정하는 사항(포장의 종류・번호 및 개수, 목적지・원산지 및 선적지, 원산지표시 대상물품인 경우에는 표시유무・방법 및 형태, 상표, 납세의무자 또는 화주의 상호(개인의 경우 성명을 말한다)・사업자등록번호・통관고유부호와 해외공급자부호 또는 해외구매자부호, 물품의 장치장소)을 신고하지 않거나 허위로 신고하는 경우
- 수입 신고수리 전에 운송수단, 관세통로, 하역통로 또는 이 법에 따른 장치 장소로부터 신고된 물품을 반출하는 경우

② 2천만 원 이하의 벌금

- 용도세율, 재수출면세 및 감면세 사후관리 규정을 위반하는 경우. 단, 과실의 경우 300만 원 이하의 벌금
- 수입 시, 세관으로부터 다른 법령에 따라 수입 후 특정한 용도로 사용하도록 하는 등의 의무가 부가되었음에도 해당 요구를 이행하지 않은 경우

③ 1천만 원 이하의 벌금

- 세관공무원의 질문에 대하여 거짓의 진술을 하거나 그 직무의 집행을 거부 또는 기피한 경우
- 부정한 방법으로 수입신고필증을 발급받은 경우
- 수출입자 및 관련 이해관계인이 세관공무원의 장부 또는 자료의 제시요구 또는 제출요구를 거부한 경우

과태료

① 1천만 원 이하

- 용도세율이 적용된 물품을 다른 용도로 사용한 경우
- 세관의 승인을 받지 않고 보수작업을 한 경우

② 100만 원 이하

- 수입신고필증을 보관하지 않은 경우
- 수입신고수리일로부터 15일 이내에 해당 물품을 보세구역에서 반출하지 않은 경우

- 세관의 장치물품 폐기명령을 이행하지 않은 경우
- 수입신고 사항의 보완 요구를 이행하지 않은 경우

가산세

① **납부지연 가산세** : 수입세금을 납부기한 내에 납부하지 않은 경우 다음을 합한 금액이 가산세로 부과된다. 만약 납세자가 부당한 방법(납세자가 관세의 과세표준 또는 세액계산의 기초가 되는 사실의 전부 또는 일부를 은폐하거나 가장하는 것에 기초하여 관세의 과세표준 또는 세액의 신고의무를 위반)으로 과소신고한 경우에는 세관장은 "가"목에서 10%가 아닌 부족세액의 100분의 40에 상당하는 금액이 부과된다.

가. 부족세액의 100분의 10

나. 다음 각 목의 금액을 합한 금액

- 미납부세액 또는 부족세액 × 법정납부기한의 다음 날부터 납부일까지의 기간(납부고지일부터 납부고지서에 따른 납부기한까지의 기간은 제외한다) × 금융회사 등이 연체대출금에 대하여 적용하는 이자율 등을 고려하여 대통령령으로 정하는 이자율
- 법정납부기한까지 납부하여야 할 세액 중 납부고지서에 따른 납부기한까지 납부하지 아니한 세액 × 100분의 3(관세를 납부고지서에 따른 납부기한까지 완납하지 아니한 경우에 한정한다)

② 신고지연 가산세 : 수입하거나 반송하려는 물품이 보세창고 등에 반입된 후 30일 이내에 수입신고를 하지 않는 경우, 해당 물품 과세가격의 2% 범위 내에서 신고시점에 따라 500만원의 이내의 가산세가 부과된다. 이는 원활한 물류의 흐름을 위한 것으로, 모든 보세구역의 화물을 대상으로 하지는 않으며, 인천공항·인천항·부산항 인근 보세구역에 반입된 화물이 그 대상이 된다. 기간에 따른 가산세율은 다음과 같다.

신고시점	가산세율
신고기한 경과 후 20일 내 신고(31~50일)	0.5%
신고기한 경과 후 50일 내 신고(51~80일)	1.0%
신고기한 경과 후 80일 내 신고(81~110일)	1.5%
신고기한 경과 후 80일 이후 신고(111일 이후)	2.0%

③ 여행자휴대품 가산세

여행자가 입국하면서 휴대품을 신고하지 않은 것이 적발된 경우, 해당 휴대품에 대하여 납부할 세액(관세 및 내국세 포함)의 40% (반복적으로 자진신고를 하지 않은 경우 60%)에 상당하는 금액을 가산세로 징수한다.

14

매매계약서, 어떻게 작성해야 하죠?_ICC 국제물품매매계약서

초보수입자는 물론이고, 기존에 무역업을 오래 해 오셨던 분들도 계약서 작성에 대해 이야기를 하면 어렵게만 생각을 한다. 물론 계약서 작성이 쉽고 간단하다는 것은 아니다. 그럼에도 불구하고 만약 참고가 될 만한 서식이 있거나 어떠한 내용이 계약서에 포함되어야 하는지에 대한 가이드가 있다면 많은 분들이 계약서 작성을 막연하게만 생각하거나 아예 작성 자체를 포기하는 일은 없을 것이다. 계약서 작성 시에는 국제상업회의소의 국제물품매매계약서를 참고할 수 있으며, 해당 서식을 참고하여 계약서를 작성할 때에는 각자의 거래상황이나 물품 특성에 맞게 변경 후 사용하면 될 것이다.

계약서는 한 쪽 당사자가 작성하여 상대방에게 송부하면 상대 당사자는 계약서를 검토, 수정 또는 보완사항이 있을 경우 당사자 간 추가협의 과정을 거쳐 최종 계약서가 작성된다. 본 장에서는 계약서에 포함될 수 있는 주요 내용과 무역계약 조항을 소개하고자 한다.

매매계약서 주요 내용

1) 계약서 번호 및 작성일자

최종 계약서의 작성일자 및 번호를 기재한다. 만약 관련된 다른 서류(Commercial Invoice, 기타 사전협상 서류)가 있는 경우 해당 서류번호를 기재할 수 있다.

2) 당사자 정보

당사자 회사명, 주소, 연락처 및 담당자 정보를 기재하고, 날인 또는 서명한다. 이 때 우리나라 사업자등록번호와 같이 소재국에서 부여받은 등록번호 등을 함께 기재하기도 한다. 간혹 거래 상대방이 TAX ID를 알려달라고 하는 경우가 있는데, 이 경우 사업자등록번호를 전달하면 되겠다.

3) 매매물품정보

물품명세 및 그 수량을 기재한다. 이 때 품명 외에 모델명, 색상, 규격, 재질 등의 정보를 최대한 상세히 기재하여, 추후 거래물품의 계약 일치 여부에 대한 논란이 없도록 한다. 만약 거래물품이 어떠한 품질수준을 유지하기로 협의된 경우, 해당 기준을 함께 기재할 수 있다.

4) 계약가격

가격에 대한 기재를 할 때에는 반드시 결제통화 코드를 영문으로 함께 기재한다. 금액은 단가(Unit Price)와 합계금액(Amount)으로 작성할 수 있으며, 이 때 숫자금액과 문자금액을 함께 기재할 수 있다.

5) 인도조건

당사자가 선택한 Incoterms 규칙을 기재하는데, 이 때 적용하고자 하는 버전(예 : Incoterms 2020)과 분기점을 최대한 상세히 기재한다. 특히 EXW 또는 DDP 규칙을 이용할 경우 상세주소를 함께 기재할 수 있다.

6) 인도시기

거래대상 물품의 인도시기를 기재한다. 이는 특정일로 기재되거나 특정기간으로 기재될 수도 있다. '대금결제 완료 후 10일'과 같은 형태로 작성될 경우, 10일 이라는 기간이 calender day인지 working day인지 등에 대해서도 함께 기재하면 추후 인도시기와 관련한 분쟁을 방지하는데 도움이 될 수 있다.

7) 물품검사

거래 물품에 대한 검사를 실시하기로 합의한 경우 해당 검사의 시기와 방법, 검사기준 등에 대해 기재한다. 검사시기는 선적 전과 선적 후로 나눌 수 있으며, 검사의 장소도 수출자 영업장, 수출국 보세창고, 수입국 보세창고 등으로 정할 수 있을 것이다. 그 밖에 검사를 실시하는 주체(예 : 수입자 지정/대리인)와 검사기준도 함께 작성하여 검사결과에 대한 당사자 간 입장 차이에서 올 수 있는 분쟁을 사전에 방지할 수 있다.

8) 지급조건

거래대금의 결제 방법과 시기를 기재한다. 특히 결제시기의 경우 사전송금 50%, 사후송금 50%와 같이 간략하게 작성하기 보다는 주문과 함께 50%, B/L 발행 후 2영업일 이내 50% 등과 같이 최대한 상세히 기재하는 것이 좋겠다.

9) 서류

수출자가 수입자에게 제공하여야 하는 서류에 대해 기재한다. 기본적으로는 B/L, Commercial Invoice, Packing List가 있으며, 수입 전 안전성 시험 등을 하기 위해 필요한 것으로써 수출자의 협조가 필요한 서류가 있을 경우 함께 기재할 수 있을 것이다. FTA를 적용하기로 한 경우, 정확한 원산지증명서식의 제목을 기입하며, 선적 전 사진이나 동영상 등을 제공받기로 한 경우 이러한 사항도 기재할 수 있을 것이다.

10) 원산지표시

거래물품에 원산지표시나 국내 법령에서 정하는 라벨링을 해야 하는 경우, 어떠한 내용을 어떠한 방법으로 어디에 표시할 것인지를 상세히 기재한다. 간혹 그 표시가 견고하게 부착되어 있지 않거나 크기가 부적정한 사유로 수입통관이 원활하게 이루어지지 못하는 경우도 있다는 점에 유의해야 할 것이다.

11) 책임

수출자의 인도지연, 수입자의 대금지급 지연, 상품의 불일치, 물품파손 등에 대한 책임관련 사항을 기재한다. 이러한 사항에 대한 사전 합의

없이 계약이 이행될 경우, 추후 책임소재를 구분하기가 상당히 어렵다. 지연에 대한 책임의 경우 ICC매매계약서에서는 '(지연된 물품가격의) 일정 한도 내에서 1주일당 00% 또는 기타 당사자간 협의한 한도'를 기재할 수 있도록 하고 있다. 당사자에 대한 계약조건 형평성을 유지하기 위해 수입자 대금지연에 대해서는 이에 대한 이자율을 함께 기재할 수 있을 것이다. 물품 불일치 및 파손의 경우 수입자가 물품의 불일치를 주장할 수 있는 기간을 정하며, 물품의 불일치가 발생할 경우 대체품을 보낼 것인지, 수리를 할 것인지, 거래대금을 반환할 것인지 등에 대해 기재할 수 있다.

12) 분쟁해결

당사자 간에 분쟁이 발생할 경우 어떠한 방법으로 해결할 것인지를 기재한다. 국제소송의 경우 비용과 시간적인 부담이 매우 크기 때문에 많은 경우 상사중재의 방법을 통해 분쟁을 해결하기로 합의한다. 상사중재로 분쟁을 해결하기 위해서는 사전에 "분쟁이 발생할 경우 상사중재로 해결하겠다"라는 내용을 담은 서면 합의서가 필요하며, 중재기관과 중재인 등도 결정이 되어야 것이다. 상사중재와 관련한 서식 및 내용은 대한상사중재원 홈페이지에서 확인할 수 있다.

13) 불가항력

기상상황 등의 자연현상, 전쟁 및 기타의 요인으로 인하여 당사자가 자신의 의무를 다하지 못할 경우를 대비해 작성하는 것으로, 불가항력 관련 내용을 작성할 때에는 불가항력의 범위에 어디까지 포함시킬 것인지를 상세히 기재할 필요가 있다. 통상 불가항력은 당사자의 통제를 벗어난 것이며, 예견이 불가했던 것을 말한다.

이 외에도 제3자의 지적재산권과 관련한 사항이나 당사자의 거래정보에 대한 비밀유지 관련 사항, 보증기간과 관련한 사항 및 물품의 포장방법 관련 내용 등 해당 거래에서 필요하다고 판단되는 것을 자유롭게 추가하여 계약서를 작성할 수 있다.

주요 무역계약 조항

1) 완전합의 조항(Entire agreement clause)

"이 계약과 관련하여 계약체결 이전에 있었던 당사자 간의 합의, 진술, 양해 등은 본 계약이 체결됨으로써 효력을 상실하고 이 계약에 흡수, 통합 된다"는 취지의 조항이다.

2) 비밀유지 조항(Non–Disclosure Clause/Secrecy Clause/Confidentiality Clause)

무역거래나 기술도입의 과정에서 알게 된 비밀정보는 철저히 보호되어야 하며, 상대방의 비밀정보를 누설하거나 도용해서는 안 된다는 조항이다.

3) 준거법조항(Governing Law/Proper law Clause)

계약 해석 시, 어느 국가의 법률에 의거하여 해석하는지를 약정하는 조항이다.

4) 권리침해조항(Infringement clause)

일방이 제3자의 권리를 침해하는 물품을 주문 또는 인도한 경우 다른 일방은 제3자의 배상청구로부터 면책된다는 조항이다. (예) 매수인의 요청에 의한 매도인의 상표, 특허 등을 사용한 물품으로 인한 제3자의 권리와 관련한 분쟁에 대해서 매도인은 자유롭다.

5) 불가항력 조항(Force–majeure)

① 자연재해, 불법파업 등의 이유로 계약이 이행되지 못하는 경우에 주로 사용되는 조항이다.

② 이 조항에 단순히 'Act of God'만을 기재한다면, 홍수나 지진과 같은 자연 재해는 포함되겠으나, 파업이나 원자재의 부족 등은 포함하지 않는 것으로 해석될 수 있다.

③ 이 조항에는 단순한 면책규정만 기재되지 않고, 이행기간이 일정기간 동안 연장되는 규정도 있을 수 있다.

15

나에게도 일어날 수 있는 일, 무역사기

'무역사기'라고 하면 '나에게는 일어나지 않을 일', '나와는 무관한 일' 이라고 생각하기 쉽다. '나처럼 소액으로 무역을 시작하는 사람한테 누가 사기를 치겠어?'라고 생각하는 경우들이 많은 것이다. 그러나 나와 상관없다고 생각했던 일들이 때로는 현실이 되기도 한다. 그렇다면 해외수입에 있어 무역사기의 유형에는 어떠한 것들이 있고, 어떻게 무역사기를 최대한 피할 수 있으며, 무역사기가 벌어졌을 때 어떻게 대처해야 할 것인가?

Kotra의 '2019/20 무역사기 발생현황 및 대응방안' 보고서에 따르면 2019년 9월부터 2020년 8월까지 전 세계 Kotra 해외무역관에 접수된 우리기업 대상 무역사기는 총 166건으로 지역별로는 동남아, 유럽, 중동에서 가장 많은 무역사기가 접수된 것으로 확인되었다. 이는 전년도 대비 2배 이상 증가한 것으로 국가별로 보았을 때 중국, 네덜란드, 미국에서 다수의 무역사기 사례가 접수되었다. 무역사기의 유형은 서류위조, 이메일사기, 선적불량, 결제사기 등이 있는데 이 중 이메일 사기와 선적불량 등은 우리나라의 수입자들이 주의해야 하는 사기형태로 볼 수 있다.

이메일 사기는 우리나라의 수입자와 해외 수출자가 이메일 등으로 협상하는 과정을 제3자(해커)가 지켜보다가 대금결제 시기가 되었을 때, 이메일 해킹을 하는 형태이다. 유형으로는 수출자가 발송한 이메일을 삭제하고, 수출자 이메일 주소와 유사한 이메일주소로 수입자에게 결제계좌를 변경한 메일을 발송하는 경우와 수출자가 보낸 이메일에서 결제계좌정보를 변경하는 경우 등이 있다. 따라서 결제계좌 변경 내용이 포함된 이메일을 수신한 경우, 발신자의 이메일 주소를 꼼꼼히 살펴보고 기존에 수신한 수출자의 이메일 주소와 정확히 일치하는 지를 확인하는 한편, 실제 결제계좌 정보 변경에 대한 이메일을 발송한 것이 맞는지 수출자와 별도의 메신저, 유선통화, 화상회의 시스템 등을 통해 확인해 보아야 할 것이다. 이 때 메신저의 경우 PC버전을 사용하는 경우가 많으므로 결제계좌 변경과 관련된 사항은 PC외에 다른 통신수단을 추가적으로 이용하여 확인할 필요가 있겠다. 더불어 협상 단계에서부터 결제계좌 변경이 있을 경우 이메일 외에 다른 통신수단으로 먼저 요청하도록 협의하거나 우편서신 등으로 해당 정보를 통보하도록 하는 등의 방법을 이용할 수도 있다. 이메일 해킹을 하는 해커는 메일 본문의 내용뿐만 아니라 메일에 첨부된 서류까지도 위조하는 등 그 해킹 방법이 교묘하므로 각별히 주의해야 하며, 일단 결제계좌 변경 요청을 이메일로 통보받는 경우 우선은 의심을 하고 보아야 할 것이다. 기본적으로 해커의 타겟이 되지 않기 위해서는 이메일 보안을 철저히 해야 하는데, 비밀번호는 자주 변경하고, 보안프로그램을 활용하는 것도 도움이 될 수 있다. 필자도 거래 제의로 위장한 의심스러운 해외 이메일을 자주 보게 되는데, 이 경우 메일을 바로 삭제하고 절대 메일 내에 첨부된 파일은 열어보지 않는다. 만약 이메일 해킹 피해를 입었다면 가장 먼저 거래은행에 지급정지를 요청하여야 한다. 이 때 우리나라 은행에서 지급정지 요청을 하였어도 현지에서 지급이 이루어질 수 있는데, 이를 막기 위해서는 상대 기업에게 협조를 요청, 수출국 현지에서 수사가 이루어지도록 하여 양국에서 지급정지가 이행될 수 있도록 해야 할 것이다. 지급정지를 요청하였다면 계좌정보와 송금내역, 해커로부터 수신한 이메일 등으로 경찰서에도 신고하여 수사가 이루어질 수 있도록 한다.

선적불량은 거래대금을 송금한 후 수출자와 연락이 두절되거나, 실제 물품을 수령하였으나 주문한 것과 다른 물품이 도착하는 경우 등을 말한다. 이러한 사기를 예방하기 위해서는 우선적으로 기업의 실체여부를 확인하여야 하는데, 가장 쉬운 방법으로는 Google 지도 등의 서비스를 통해 해당 회사가 물리적으로도 실존하는 업체인지를 확인하는 한편, Kotra, 관세청 등에서 파견된 현지 무역관(관세관)을 통해 상대회사의 실체여부에 대한 확인을 요청할 수 있겠다. 또한 상대방에게 우리나라의 사업자등록증과 같은 서류를 요청하는 동시에 담당자의 명함을 요청하여 상대기업의 실체여부는 물론, 담당자의 실제 근무여부도 확인할 수 있다. 간혹 실제 회사는 존재하나 해당 회사가 취급하지 않는 종류의 품목이거나 거래담당자가 해당 회사에 소속된 직원이 아닌, 해당 회사를 사칭한 사기범일 수 있으므로 이에 대한 확인도 필요하기 때문이다. 수출기업에 소속된 직원인지를 확인하기 위해서는 현지에 사무소를 두고 있는 우리나라의 관련 기관에 도움을 요청하거나 거래회사의 대표번호나 이메일 등을 통해 실제 직원이 맞는지를 확인해 볼 수 있다. 그리고 실제 거래조건에 부합하는 물품을 선적하는지를 확인하기 위해서는 생산과정 및 생산된 물품을 사진이나 영상으로 요청하는 방법(선금 송금 전이라면 현재 생산하고 있는 다른 물품의 사진 등을 요청하는 방법), 수출국 현지의 관련 서비스를 이용하는 방법 등이 있을 수 있다. 추가적으로 거래대상 물품이 어떠한 인증이 필요한 물품으로써 해외 수출기업이 인증서를 보유하고 있는 경우가 있는데, 이 때 실제 인증을 취득한 것이 아닌 위조된 경우도 있으므로 해당 서류를 미리 수령하여 인증서의 진위여부를 관계 기관이나 시험검사소에 확인하는 절차도 필요할 것이다.

Incoterms의 C나 D규칙으로 거래하면서 수출자가 운임을 제때 지불하지 않아 수입물품이 한국에 도착하여 통관이 완료되었음에도 불구하고 물품을 수령하지 못하는 경우도 있다. 따라서 수출자가 운임을 지불하는 조건으로 수입을 하는 경우 잔금을 송금하기 전에 B/L이 surrender 처리가 되어 있는지 확인한다면 이와 같은 피해를 방지할 수 있을 것이다.

〈 무역보험공사, 국외기업 신용조사 서비스 〉

한국무역보험공사의 해외지사 및 전 세계 신용조사기관과 연계하여 해외 소재 기업의 기본정보, 재무정보 등의 신용조사를 실시한 후 보고서 형태로 제공되는 것으로, 한국무역보험공사 홈페이지에서 확인이 가능합니다.

16

운임이 전부가 아니라고요? 운임부대비용 및 운송견적 요청하기

국제무역에 있어 운임결정을 위해서는 특수화물을 제외하고는 통상 중량과 부피를 기준으로 운임을 산출하는데 중량기준운임과 부피기준운임을 산출하여 더 큰 운임이 적용된다. 그렇기 때문에 운임 견적을 받기 위해서는 기본적으로 중량 및 부피정보가 필요한 것이다. 다음은 운임견적 요청을 위해 필요한 정보로 포워딩 회사에 견적 요청을 할 때 제공해야 하는 것이다. 여기서 알아둘 점은 한국에 화물이 도착한 후 발생하는 보세창고 비용은 미리 산출이 어렵다는 점이다. 그 이유는 각각의 화물마다 보관하는 일수나 화물의 종류, 포장개수 및 형태 등이 다르고, 보세창고마다 요율 산정에 있어서도 차이가 있을 수 있기 때문이다.

① **출발국가 및 항구** : 항구는 수출자에게 공장과 가장 근접한 항구를 물어 확인할 수 있다. 만약 EXW 거래를 하기로 되어 있다면, 수출국의 물품 수령지 주소 확인이 필요하다.

② **도착국가 및 항구** : 보통 한국으로 수입이 되겠지만 대금은 한국에서 지불하고 제3국으로 화물을 운송하는 경우 국가와 항구 정보가 필요하겠다. 또한 국내 최종 도착지에 따라 화물이 입항하는 항구가 달라질 수 있으므로 부산항, 인천항, 평택항 등 원하는 입항 항구를 기재하거나, 최종 도착지역에 대한 정보를 기재한다.

③ **운송조건 및 보험 부보여부** : 수출자와 협의한 Incoterms 거래조건과 화물보험 가입을 추가로 요청하는지 여부를 알리는 것이다. CIF나 CIP의 경우 화물보험가입이 수출자의 의무로 되어 있지만, 그 외의 규칙으로 거래하는 경우 보험가입 의무는 수출자와 수입자 그 누구에게도 없기 때문에 화물파손에 대비하고자 하는 경우 보험가입을 요청할 수 있다.

④ **총중량, 포장개수 및 CBM** : 수출자에게 거래하고자 하는 수량의 대략적인 총중량과 포장이 완료되었을 때의 포장개수, CBM 정보를 요청한다. 정확한 수치는 포장이 완료된 이후 확인할 수 있으나, 수입 전, 관련비용의 확인이 필요하므로 사전에 대략적인 수치를 확인하여 이를 통해 운임을 산출해 볼 수 있다.

⑤ **물품명세 및 물품가액** : 위험물, 귀금속 등의 고가화물, 냉동화물 등의 경우 일반 화물과 운임요율에 차이가 있을 수 있으므로 물품에 대한 정보를 제공하며, 이 때 금액정보도 함께 기재한다.

⑥ **기타 요청사항** : 통관 후 국내운송까지 함께 의뢰하는 경우 도착지 주소, 담당자명 및 연락처를 기재하며, 최종 도착지까지 진입하는 도로가 협소하거나 다른 어떤 사유로 일정 크기 이상의 화물차량 진입이 불가한 경우 이에 대한 내용을 기재한다. 컨테이너 단위로 수입을 하면서 수령은 컨테이너 차량이 아닌 일반차량으로 운송을 진행하는 경우도 있는데, 이 경우 국내 운송비용에 차이가 발생하므로 사전에 통지해야 하겠다. 이 밖에 특이점이나 다른 요청사항이 있는 경우 상세한 내용을 알리면 보다 정확한 견적을 받을 수 있다.

수출국에서 우리나라까지 국제운송을 할 때에 실제 운임 외에 발생하는 부대비용 및 수수료 등이 있는데, 다음은 주요 비용에 대한 설명이다. ①~⑨는 해상운임 부대비용이며, ⑩부터는 항공화물에서 발생하는 비용이다. 다음에서 설명하는 비용은 주요 부대비용으로 실제 운임청구서에는 포워더의 Handling Charge 등 다른 비용들이 추가될 수 있다.

① CCF (Container Cleaning Fee) : 컨테이너청소비용. 화물의 특성에 따라 적입 전 또는 적입 후에 컨테이너의 청소를 하게 되는데, 이때 발생하는 것으로 선사에서 부과하는 비용

② BAF (Bunker Adjustment Factor) : 유류할증료. 선박의 주원료인 벙커유의 가격변동에 따른 손실을 보전하기 위해 선사가 부과하는 것으로, 운임에 비례하여 부과하거나 일정액을 징수

③ EMERGENCY BUNKER SURCHARGE = EBS : 유가가 평상시 보다 급등했을 때 선사들이 협정을 맺어 부과하는 할증료. BAF는 고지기간이 필요하므로 갑작스러운 유가의 변동에 대처하기 위해 부과하는 긴급유류할증료

④ CAF (Currency Adjustment Factor) : 통화할증료, 국제적으로 해상 운임은 US 달러로 부과되고 있는데 각 국가의 통화별로 환차손이 발생될 수 있으므로 이를 보전하기 위하여 ocean freight의 일정비율로 부과되는 것

⑤ COST RECOVERY SUR-CHG = CRC : 선사에서 항로 운영상에 있어 여러 가지 비용에 대하여 보전하기 위해 부과하는 요금

⑥ THC (Terminal Handling Charge) : 컨테이너터미널화물처리비. 선측 - 터미널(CY) 간 화물이동에 소요되는 비용

⑦ W/F (Wharfage) : 부두사용료. 항구 운영인이 입출항하는 화물에 대한 화물취급 또는 부두의 이용과 관련하여 부과하는 비용

⑧ CFS Charge : CFS 작업료. LCL화물의 경우 CFS에서 화물의 분류작업을 하게 되는데 이때 발생하는 비용으로 하역, 검수, 화물정리 등의 작업비용

⑨ D/O Fee or DOC Fee (Document Fee) : 서류 발급비. 선사나 포워더가 화물인도지시서(D/O) 발급과 관련하여 청구하는 비용

⑩ SSC (Security Surcharge) : 보안할증료. 항공기 안전 점검, 위험지역 항해에 부과되는 요금

⑪ WRS (War Risk Surcharge) : 전쟁위험할증료. 전쟁 위험지역의 경우 추가적인 위험부담이 필요하기 때문에 부과되는 비용

⑫ CCF (Charge Collect Fee) : 착지불수수료. 항공운송 시 수입화물의 운임이 착지불 되는 경우, 운송인의 환리스크 등을 보존하기 위하여 부과하는 일종의 환가료 개념

⑬ EDI Charge : 항공화물의 경우 D/O가 전산화 되어 있는데, 운송인이 보세장치장에 D/O을 전송하면서 발생하는 EDI사용료

17

FTA 협정별 원산지증명서식

5장에서 설명한 바와 같이 원산지증명서는 특혜용인지 비특혜용인지, 그리고 특혜용인 경우 체결된 무역협정에 따라 그 서식이 상이하다. 만약 내가 한-중FTA를 적용하고자 한다면 'Korea-China(China-Korea) FTA Certificate of Origin'을 수령해야 하며, 만약 다른 양식의 원산지증명서를 수령한다면 FTA 협정세율을 적용할 수 없다. 따라서 원산지증명서를 요청하고 수령할 때에는 가장 먼저 서식의 적합여부를 확인하고, 이후 서류의 형식적 측면의 정합성을 확인해야 할 것이다.

FTA 적용에 있어서는 앞선 5장에서 설명한 바와 같이 제3국 송장이 인정된다. 따라서 원산지증명서의 1번 란(선적인) 정보는 인보이스와 상이

할 수 있다. 이 때 필수는 아니지만 인보이스에 선적인 정보(회사명과 주소)가 기재된다면 수입심사 과정에서 서류를 검토하는데 도움이 될 수 있다. 제3국 송장과 관련하여서는 한-중 FTA나 한-아세안 FTA, 한-호주 FTA 등과 같이 원산지증명서에 제3국 송장에 대한 표기를 하도록 정하고 있는 협정이 있으므로 이에 대한 표기여부를 확인해야 할 것이다. 또한 원산지증명서에 기재된 운송정보(출・도착항(구), 출항일, 선박(항공기)명 등)는 B/L상의 정보와 일치해야 하는데, 선박으로 운송되는 경우 기상상황이나 기타 부두상황에 따라 하루, 이틀 정도의 출항일 차이가 있을 수 있다. 원산지증명서에 기재되는 물품명세 및 수량은 인보이스와 일치해야 하며, 각 물품에 대한 HS CODE가 바르게 기재되어 있는지 확인할 필요가 있다. HS CODE가 상이하게 기재되었어도 원산지결정기준이 '완전생산기준'이 적용된 경우 등은 FTA 협정세율을 적용할 수 있으나 그 외의 결정기준이 적용된 경우라면 FTA 협정세율의 적용이 불가할 수 있기 때문이다. 마지막으로 원산지증명서 하단에는 기관발급의 경우 발급기관의 인장이, 자율발급의 경우 발급인의 서명이 반드시 있어야 하겠다(한-EU FTA 원산지인증수출자 등 협정에서 생략이 가능하도록 한 경우는 생략 가능).

한-호주 FTA의 경우 자율발급과 기관발급이 동시에 사용되고 있으며, 영국 및 EU의 경우 6,000유로를 초과하는 물품에 대해서는 수출자가 해당

국가에서 인증수출자로 인증되어 있고, 해당 인증번호가 원산지문구에 기재되어 있어야만 FTA의 적용이 가능하다는 점에 유의하여야 할 것이다.

또한 각 협정별로 일정 금액 이하인 경우 원산지증명서의 제출이 면제되기도 하는데, 기준 금액은 다음과 같다. 다만, 이 경우라도 금액에 대한 정확한 확인이 필요할 것이며, 수입관련 서류 및 물품에는 해당 물품의 실제 원산지가 표시되어 있어야 하겠다.

표 아래에 첨부한 원산지증명서 서식은 관세청 FTA포털 (https://customs.go.kr/ftaportalkor/main.do) 사이트에서 확인 가능하며, 영국, 인도네시아, 이스라엘, RCEP, 캄보디아, 필리핀과의 협정에 따른 원산지증명서 서식은 해당 사이트를 참고하길 바란다.

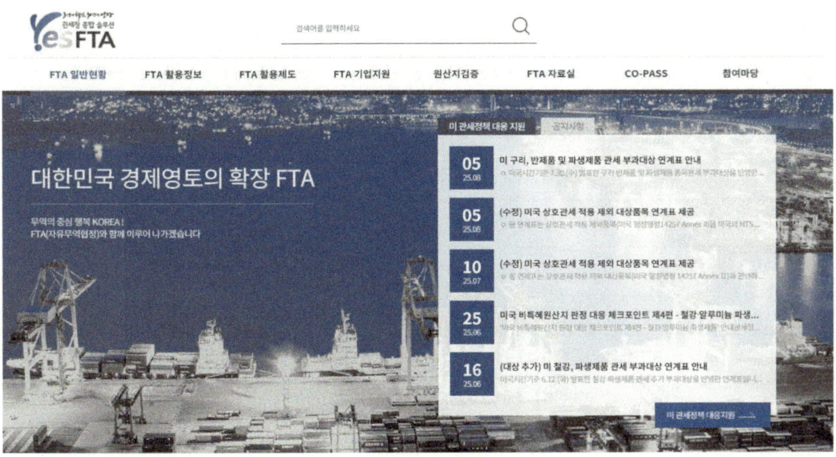

협정대상국	금액
칠레	1,000달러 이하
싱가포르	1,000달러 이하
EFTA	1,000달러 이하(EFTA로 반입 시 상이)
아세안	FOB 200달러 이하(상품 또는 우편물)
인도	개인소포, 여행자수화물(금액제한 없음)
EU	1,000달러 이하(EU로 반입 시 상이)
페루	1,000달러 이하
미국	1,000달러 이하
터키	1,000달러 이하
호주	한국(1,000달러 이하), 호주(1,000호주달러 이하)
캐나다	1,000달러 이하
중국	700달러 이하
베트남	FOB 600달러 이하
뉴질랜드	1,000달러 이하
콜롬비아	1,000달러 이하
중미	1,000달러 이하
영국	1,000달러 이하(영국으로 반입 시 상이)
인도네시아	200달러 이하, 수입당사국 통화로 이에 상당하는 금액, 수입당사국이 설정 할 수 있는 금액을 초과하지 않는 금액, 수입당사국이 수입자에게 원산지 증명 제출을 요구하는 않는 상품
이스라엘	소포 및 여행자 수화물 1,000달러 이하
RCEP	200달러 이하, 수입국이 정한 금액 이하, 수입국에서 요건 면제한 상품
캄보디아	200달러 이하, 수입국이 정한 금액 이하, 수입국에서 요건 면제한 상품
필리핀	FOB 200달러 이하

출처 관세청 Yes FTA

칠레와의 협정에 따른 원산지증명서의 서식

KOREA-CHILE FREE TRADE AGREEMENT
CERTIFICATE OF ORIGIN

Issuing Number:

1: Exporter (Name and Address) Tax ID No.				
2: Producer (Name and Address) Tax ID No.		3: Importer (Name and Address)		
4. Description of Good(s)	5. HS No	6. Preference Criterion	7. Regional Value Content	8. Country of origin
9. Remarks:				

10: Certification of Origin

I certify that:

- The information on this document is true and accurate and I assume the responsibility for providing such representations.
  I understand that I am liable for any false statements or material omissions made on or in connection with this document
- I agree to maintain and present upon request, documentation necessary to support this certificate, and to inform, in writing, all persons to whom the certificate was given of any changes that could affect the accuracy or validity of this certificate.
- The goods originated in the territory of the Parties, and comply with the origin requirements specified for those goods in KOREA-CHILE FREE TRADE AGREEMENT, and there has been no further production or any other operation outside the territories of the Parties in accordance with Article 4.12 of the Agreement.

Authorized Signature	Company Name
Name (Print or Type)	Title
Date (MM/DD/YY)	Telephone / Fax / E-mail

210mm×297mm[백상지 80g/㎡(재활용품)]

칠레와의 협정에 따른 원산지증명서의 서식(을지)

KOREA-CHILE FREE TRADE AGREEMENT
CERTIFICATE OF ORIGIN
CONTINUATION SHEET

Issuing Number:

2. Producer	4. Description of Good(s)	5. HS No	6. Preference Criterion	7. Regional Value Content	8. Country of origin

210mm×297mm[백상지 80g/㎡(재활용품)]

작 성 방 법		
번호	**기재항목**	**기재요령**
	Issuing Number (발급번호)	• 원산지증명서 발급 일련번호 기재
1	Exporter (수출자)	• 수출자의 이름, 주소(국가포함), 사업자등록번호(칠레: Unique Tax Number) 기재.
2	Producer (생산자)	• 생산자 1명일 경우: 생산자 이름, 주소(국가, 전화번호, FAX, E-mail 포함), 사업자등록번호 기재 • 생산자 2명 이상일 경우: "VARIOUS"를 기재하고 모든 생산자의 리스트를 첨부(생산자 이름, 주소, 국가, 전화번호, FAX, E-mail, 사업자등록번호) • 생산자와 수출자와 같을 경우: "SAME" 기재 • 생산자를 모를 경우: "UNKNOWN" 기재 • 비밀로 할 경우: "Available to Customs upon request" 기재
3	Importer (수입자)	• 수입자 이름, 주소(국가포함) 기재 • 수입자를 알지 못할 경우: "UNKNOWN" 기재 • 수입자가 다수일 경우: "VARIOUS" 기재
4	Description of Good(s) (품명)	• HS 및 송품장과 관련시킬 수 있는 상세한 상품의 설명을 기재 • 송품장번호 기재 • 송품장번호를 모를 경우 shipping order, purchase order number 등 물품을 확인할 수 있는 관련번호 기재
5	HS No (품목번호)	• 항목4의 각 물품의 HS번호 6단위까지 기재
6	Preference Criterion (특혜기준)	• 항목4의 각 물품에 대하여 적용할 수 있는 특혜기준(A~D) 기재 A: 역내국에서만 완전하게 획득하거나 생산된 경우. B: 물품이 일방 또는 양 당사국의 영역내에서만 생산되고 해당 물품의 생산에 사용된 비원산지재료에 대해 부속서(annex 4)에 규정된 세번변경기준, 부가가치기준, 주요공정기준 및 협정 4장에 규정된 다른 적용가능한 기준을 충족한 경우 C: 물품이 협정 제4.2조 제1(a)부터 제1(d)의 기준에 의한 원산지요건을 충족한 원산지재료로만으로 일방 또는 양 당사국의 영역내에서만 생산된 경우 D: 물품이 일방 또는 양 당사국 영역내에서 생산되었으나 그 물품의 생산에 사용된 하나 이상의 비원산지재료가 협정 4.2.1 C(i, ii) 규정에 해당하여 세번변경은 이루어지지 않았으나, 부가가치 기준을 충족한 경우
7	Regional value Content (역내부가가치)	• 부가가치기준 적용대상 물품으로 - 공제법(build-down method)에 의해 계산한 경우: "BD" - 집적법(build-up method)에 의해 계산한 경우: "BU" 기재
8	Country of Origin (원산지국가)	• 원산지가 한국일 경우: "KR" • 원산지가 칠레일 경우: "CL" 기재
9	Remarks (비고)	• 송품장이 비당사국에서 작성되었을 경우 작성자 이름, 회사명 주소를 기재

■ 자유무역협정의 이행을 위한 관세법의 특례에 관한 법률 시행규칙 [별지 제9호서식]

싱가포르와의 협정에 따른 싱가포르 관세당국이 발급하는 원산지증명서

<table>
<tr><td colspan="2">1. Exporter:</td><td rowspan="3">REPUBLIC OF SINGAPORE

KOREA-SINGAPORE FREE TRADE AGREEMENT

PREFERENTIAL CERTIFICATE OF ORIGIN

NO.

NO UNAUTHORIZED ADDITION/ALTERATION MAY BE MADE TO THIS CERTIFICATE</td><td></td></tr>
<tr><td colspan="2">2. Consignee:</td><td></td></tr>
<tr><td colspan="2">3. Departure Date:</td><td></td></tr>
<tr><td colspan="2">4. Vessel's Name/Flight No.:</td><td colspan="2" rowspan="4">8 DECLARATION BY THE EXPORTER

We hereby declare that the details and statements provided in this Certificate are true and correct.

Signature:
Name:
Designation: Stamp
Date:</td></tr>
<tr><td colspan="2">5. Port of Discharge:</td></tr>
<tr><td colspan="2">6. Country of Final Destination:</td></tr>
<tr><td colspan="2">7. Country of Origin of Goods:</td></tr>
<tr><td>9. Marks & Numbers</td><td colspan="2">10. No. & Kind of Packages:

Description of Goods:
(include brand names if necessary)

HS Subheading:

Origin Criterion:</td><td>11. Quantity
& Unit</td></tr>
<tr><td colspan="4">12. CERTIFICATION BY THE COMPETENT AUTHORITY

We hereby certify that evidence has been produced to satisfy us that the goods specified above originate in the country shown in box 7.</td></tr>
</table>

210mm×297mm[백상지 80g/㎡(재활용품)]

작 성 요 령		
번호	기재항목	기재요령
1	Exporter(수출자)	수출자의 중앙등록번호(Central Registration Number), 성명, 주소를 적습니다. 중앙등록번호는 싱가포르 관세당국이 수출입업체에 발급한 고유번호를 말합니다.
2	Consignee(수하인)	수입자의 성명과 주소를 적습니다.
3	Departure Date(출항일)	선박이나 항공기가 항만이나 공항을 출항한 날짜를 적습니다.
4	Vessel's Name/Flight No. (선명/편명)	선박명이나 항공기의 편명을 적습니다.
5	Port of Discharge (양륙항)	물품이 하선이나 하기될 최종 목적(도착)항을 적습니다. 물품이 환적 되는 경우, 운송경로에 대한 추가 기재사항들은 10번란이나 별지에 적습니다.
6	Country of Final Destination (최종 목적국)	최종목적국은 "한국(Korea)"으로 적습니다.
7	Country of Origin of Goods (물품의 원산지)	원산지는 "싱가포르(Singapore)"로 적습니다.
8	Declaration by the Exporter (수출자 신고)	수출자의 서명을 적습니다.
9	Marks & Numbers (표시 및 일련번호)	물품에 대한 표시 및 일련번호를 적습니다. 분량이 많을 경우 별지에 적습니다.
10	Number & Kind of Packages; Description of Goods (포장 개수 및 종류, 품명)	다음 사항을 적습니다. - 물품의 품명(송품장에 기재된 품명과 일치하여야 합니다) - 물품에 대한 HS 6단위 품목번호 - 물품에 적용된 원산지결정의 기준
11	Quantity & Unit (수량 및 단위)	물품의 수량과 측정단위(Kg 등)를 적습니다.
12	Certification by the Competent Authority (증명서 발급기관)	싱가포르 관세당국의 원산지증명서 발급담당자가 서명하고, 싱가포르 관세당국의 인장을 날인합니다.
Certificate Reference Number (증명서 발급번호)		모든 증명서에는 싱가포르 관세당국에서 부여하는 원산지증명서 발급번호를 적습니다.

■ 자유무역협정의 이행을 위한 관세법의 특례에 관한 법률 시행규칙 [별지 제12호서식]

아세안회원국과의 협정에 따른 원산지증명서의 서식

(앞쪽)

Original(Duplicate/Triplicate)

1. Goods Consigned from(Exporter's business name, address, country)	Reference No. **KOREA-ASEAN FREE TRADE AREA PREFERENTIAL TARIFF CERTIFICATE OF ORIGIN** (Combined Declaration and Certificate) FORM AK Issued in ________ (country) See Notes Overleaf
2. Goods Consigned to(Consignee's name, address, country)	
3. Means of transport and route(as far as known) Departure date: Vessel's name/Aircraft etc.: Port of Discharge	4. For Official Use ☐ Preferential Treatment Given Under KOREA-ASEAN Free Trade Area Preferential Tariff ________ ☐ Preferential Treatment Not Given (Please state reason/s) ________ .... Signature of Authorised Signatory of the Importing Country

5. Item number	6. Marks and numbers on packages	7. Number and type of packages, description of goods(including quantity where appropriate and HS number of the importing country)	8. Origin Criterion (See Notes overleaf)	9. Gross weight or other quantity and Value (FOB only when RVC criterion is used)	10. Number and date of Invoices

11. Declaration by the exporter The undersigned hereby declares that the above details and statement are correct; that all goods were produced in .... (Country) and that they comply with the origin requirements specified for these goods in the KOREA-ASEAN Free Trade Area Preferential Tariff for the goods exported to .... (Importing Country) .... Place and date, signature of authorised signatory	12. Certification It is hereby certified, on the basis of control carried out, that the declaration by the exporter is correct .... Place and date, signature and stamp of certifying authority
13. ☐ Third Country Invoicing ☐ Exhibition ☐ Back-to-Back CO	

210㎜×297㎜[백상지 80g/㎡(재활용품)]

(뒤쪽)

작 성 방 법

※ 이 서식은 영문으로 작성합니다.

1. 아세안회원국과의 협정에 따른 원산지증명서의 서식은 다음 국가에 적용됩니다.
   브루나이 다루살람, 캄보디아, 인도네시아, 대한민국, 라오스, 말레이시아, 미얀마, 필리핀, 싱가포르, 태국, 베트남
2. 모든 물품은 각 해당 물품별로 아세안회원국과의 협정에 따른 협정관세를 적용받기 위해서 다음 각 호의 요건을 충족하여야 합니다.
   가. 협정관세 적용 대상 물품의 품명과 일치하여야 합니다.
   나. 아세안회원국과의 협정 부속서 3 제9조에 따른 직접운송요건을 충족하여야 합니다.
   다. 아세안회원국과의 협정 부속서 3의 원산지규정을 준수하여야 합니다.
3. 제1란에는 수출자의 성명(상호), 주소, 수출국을 적습니다.
4. 제2란에는 수입자의 성명(상호), 주소, 수입국을 적습니다.
5. 제3란에는 물품을 운송하는 선박(항공기)의 출항일, 선박명(편명), 양륙항 등 운송수단 및 운송경로를 알고 있는 범위에서 적습니다.
6. 제4란에는 수입당사국의 세관공무원이 해당 물품의 협정관세 적용여부를 "√" 표시한 후 서명합니다.
7. 제5란에는 품목번호가 다른 물품들은 같은 종류별로 구분하여 일련번호를 부여합니다.
8. 제6란에는 물품에 대한 표시 및 일련번호를 적습니다.
9. 제7란에는 포장개수 · 포장형태 · 품명 · 수량 · 품목번호 등을 적습니다.
   가. 품명은 해당 물품을 검사하는 세관공무원이 확인할 수 있도록 상세하게 적고, 상표도 적습니다.
   나. 품목번호(HS No.)는 수입당사국의 「통일상품명 및 부호체계에 관한 국제협약」에 따른 품목번호를 적습니다.
10. 제8란에는 수출자(제조자 및 생산자 포함)가 해당 물품에 대한 원산지결정기준을 아래 표에 정한 방법으로 적습니다.

구분	표시
가. 수출당사국의 영역에서 완전생산된 물품	WO
나. 수출당사국의 영역에서 해당 물품을 생산할 때 「통일상품명 및 부호체계에 관한 협약」(HS)상 4단위 세번변경이 발생하였거나, 역내가치포함비율이 40% 이상인 물품	CTH 또는 RVC 40%
다. 품목별 원산지결정기준을 충족하는 물품 (1) 세번변경기준을 충족하는 물품 (2) 체약당사국의 영역에서 완전생산된 물품 (3) 일정 역내가치포함비율을 충족하는 물품 (예: 역내가치포함비율이 45% 이상인 물품) (4) 세번변경기준과 역내가치포함비율을 동시에 충족하는 물품 (5) 특정 공정을 수행한 물품(예: 재단 및 봉제공정)	 CTC WO-AK RVC % (예: RVC 45%) CTH + RVC % Specific Process
라. 아세안회원국과의 협정 부속서 3 제6조를 충족하는 물품(개성공업지구에서 생산된 물품)	Rule 6

11. 제9란에는 해당 물품의 총중량과 역내가치포함비율 기준이 사용된 경우로 한정하여 본선인도가격(FOB가격)을 적습니다.
12. 제10란에는 송장의 일련번호 및 발급일자를 적습니다.
13. 제11란에는 수출자(제조자 및 생산자 포함)가 원산지증명서 수출국, 수입국, 신청일자, 장소를 적은 후 서명합니다.
14. 제12란에는 원산지증명서 발급담당자가 원산지증명서의 발급일자 및 발급장소를 적고, 서명한 후 발급기관의 인장을 날인합니다.
15. 제13란은 다음 구분에 따라 "√"표시를 합니다.
   가. 수출당사국이 아닌 제3국에서 송품장이 발급된 경우 "제3국 송품장(Third country invoicing)"란에 "√" 표시를 합니다. 이 경우 제7란에는 송장을 발행한 회사의 상호 및 국가명을 적습니다.
   나. 수출당사국이 아닌 제3국에서의 전시를 위해 수출당사국에서 제3국으로 송부된 물품으로서 제3국에서 전시 도중 또는 전시 후에 수입당사국으로의 수입을 위해 판매된 경우 "전시(Exhibition)"란에 "√" 표시를 합니다.
   다. 연결원산지증명서인 경우 "연결원산지증명서(Back-to-Back CO)"란에 "√"표시를 합니다.

■ 자유무역협정의 이행을 위한 관세법의 특례에 관한 법률 시행규칙 [별지 제14호서식]

인도와의 협정에 따른 원산지증명서의 서식

Certificate of Origin

Korea-India Comprehensive Economic Partnership Agreement

Original (Duplicate/Triplicate/Quadruplicate)

<table>
<tr><td colspan="2">1. Exporter (name, address, country, e-mail address, telephone number, fax number)</td><td colspan="3" rowspan="2">Reference No.:
KOREA-INDIA COMPREHENSIVE ECONOMIC PARTNERSHIP AGREEMENT
PREFERENTIAL CERTIFICATE OF ORIGIN
(Combined Declaration and Certificate)

Issued in ________(Country) _____</td></tr>
<tr><td colspan="2">2. Producer (name, address, country) (optional)</td></tr>
<tr><td colspan="2">3. Importer (name, address, country) (optional)</td><td colspan="3">5. For Official Use</td></tr>
<tr><td colspan="2">4. Means of transport and route (optional)
Departure date:
Vessel's name/Aircraft etc.:
Port of Discharge</td><td colspan="3">6. Remarks</td></tr>
<tr><td>7. HS Code (6 digit)</td><td>8. Description of goods, including quantity</td><td>9. Gross weight and value (FOB)</td><td>10. Origin criterion</td><td>11. Number and date of Invoices</td></tr>
<tr><td></td><td></td><td></td><td></td><td></td></tr>
<tr><td colspan="2">12. Declaration by the exporter
The undersigned hereby declares that the above details and statement are correct; that all goods were produced in
.... (Country) ...
and that they comply with the origin requirements specified for these goods in the KOREA-INDIA Comprehensive Economic Partnership Agreement for the goods exported to

.... (Importing Country)...................
....
Place and date, signature of authorised signatory</td><td colspan="3">13. Certification
It is hereby certified, on the basis of control out, that the declaration by the exporter is correct.

....
Place and date, signature and stamp of issuing authority</td></tr>
<tr><td colspan="5">14. □Third country invoicing(name, address, country)</td></tr>
</table>

210mm× 297mm[백상지 80g/㎡(재활용품)]

작 성 방 법

※ 이 서식은 영문으로 작성합니다.

1. 모든 물품은 각 해당 물품별로 인도와의 협정에 따른 협정관세를 적용받기 위해서 다음 각 호의 요건을 충족하여야 합니다.

가. 협정관세 적용 대상 물품의 품명과 일치하여야 합니다.

나. 인도와의 협정 제3.15조에 따른 직접운송요건을 충족하여야 합니다.

다. 인도와의 협정 제3장의 원산지규정을 준수하여야 합니다.

2. 제1란에는 수출자의 성명, 주소, 수출국, 전화번호를 적습니다.
3. 제2란에는 생산자의 성명, 주소, 수출국을 적습니다.
4. 제3란에는 수입자의 성명, 주소, 수입국을 적습니다.
5. 제4란에는 물품을 운송하는 선박(항공기)의 출항일, 선박명(편명), 양륙항 등 운송수단 및 운송 경로를 알고 있는 범위에서 적습니다.
6. 제5란에는 수입당사국의 세관공무원이 해당 물품의 협정관세 적용여부를 "√" 표시한 후 서명합니다.
7. 제6란에는 원산지증명서 발급담당자가 원산지증명서를 소급발급한 경우에는 "소급발급", 재발급한 경우에는 "진정등본" 표시를 합니다.
8. 제7란에는 품목번호는 「통일상품명 및 부호체계에 관한 국제협약」에 따른 품목번호를 적습니다.
9. 제8란의 품명은 그 해당 물품을 검사하는 세관공무원이 확인할 수 있도록 상세하게 적습니다.
10. 제9란에는 해당 물품의 총중량 및 본선인도가격을 적습니다.
11. 제10란에는 수출자(제조자 및 생산자 포함)가 해당 물품에 대한 원산지결정기준을 아래 표에 정한 방법으로 적습니다.

가. 수출당사국의 영역에서 완전생산된 물품	WO
나. 인도와의 협정 제3.4제1항제나호를 충족하는 물품	CTSH + RVC 35%
다. 품목별 원산지결정기준을 충족하는 물품 (1) 세번변경기준을 충족하는 물품 (2) 역내가치포함비율을 충족하는 물품 (3) 세번변경기준 또는 역내가치포함비율을 충족하는 물품 (4) 세번변경기준과 역내부가가치비율을 동시에 충족하는 물품 (5) 특정 공정을 수행한 물품 (6) 기타	CC, CTH, CTSH RVC % CC, CTH, CTSH 또는 RVC % CC, CTH, CTSH + RVC % SP Others
라. 인도와의 협정 3.14조를 충족하는 물품(개성공업지구에서 생산된 물품)	OP

12. 제11란에는 송장의 일련번호 및 발급일자를 적습니다.
13. 제12란에는 수출자가 원산지증명서 수출국, 수입국, 신청일자, 장소를 적은 후 서명합니다.
14. 제13란에는 원산지증명서 발급담당자가 원산지증명서의 발급일자 및 발급장소를 적고, 서명한 후 발급기관의 인장을 날인합니다.
15. 제14란에는 수출당사국이 아닌 제3국에서 송품장이 발급된 경우 "제3국 송품장(Third country invoicing)"란에 "√" 표시를 합니다. 이 경우 송장을 발행한 회사의 상호, 주소 및 국가명을 적습니다.

■ 자유무역협정의 이행을 위한 관세법의 특례에 관한 법률 시행규칙 [별지 제16호서식]

페루와의 협정 부속서 4-나에 따른 원산지증명서의 서식

(앞쪽)

<table>
<tr><td colspan="6">KOREA-PERU FREE TRADE AGREEMENT</td></tr>
<tr><td>1. Exporter's Name and Address:
Telephone: Fax:
E-Mail</td><td colspan="5">2. Blanket Period:
From: YYYY / MM / DD / To: YYYY / MM / DD /</td></tr>
<tr><td>3. Producer's Name and Address:
Telephone (optional):
E-Mail (optional):</td><td colspan="5">4. Importer's Name and Address:
Telephone: Fax:
E-Mail:</td></tr>
<tr><td>5. Description of Good(s)</td><td>6. HS Tariff Classification#</td><td>7. Origin Criterion</td><td>8. Producer</td><td>9. Value Test</td><td>10. Country of Origin</td></tr>
<tr><td></td><td></td><td></td><td></td><td></td><td></td></tr>
<tr><td colspan="6">11. Remarks:</td></tr>
<tr><td colspan="6">I certify that:
- The information in this document is true and accurate and I assume the responsibility for proving such representations. I understand that I am liable for any false statements or material omissions made on or in connection with this document.
- I agree to maintain, and present upon request, documentation necessary to support this Certificate, and to inform, in writing, all persons to whom the Certificate was given of any changes that would affect the accuracy or validity of this Certificate.
- The goods originate in the territory of one or both Parties and comply with the origin requirements specified for those goods in the Korea - Peru Free Trade Agreement.
This Certificate consists of ________ pages, including all attachments.</td></tr>
<tr><td>12. Authorized signature:</td><td colspan="5">Company:</td></tr>
<tr><td>Name:</td><td colspan="5">Title:</td></tr>
<tr><td>Date: YYYY / MM / DD /</td><td colspan="5">Telephone: Fax:</td></tr>
</table>

210mm× 297mm[백상지 80g/㎡(재활용품)]

(뒤쪽)

작 성 방 법

※ 이 서식은 수출자, 생산자가 명료하고 충분하게 작성해야 하며 협정관세의 적용을 신청할 때에 수입자가 갖추고 있어야 합니다. 이 서식은 영문으로 작성되어야 하며 타자로 치거나 인쇄체로 기재해야 합니다.

<table>
<tr><th>항목</th><th>기 재 내 용</th></tr>
<tr><td>1.수출자 정보</td><td>o 수출자의 법적이름과 주소(국가 및 도시를 포함합니다), 전화번호, 팩스번호 및 전자우편주소를 기재합니다.</td></tr>
<tr><td>2.포괄확인기간</td><td>o 이 증명서가 12개월(포괄확인기간)까지의 특정 기간 동일한 수입자에 의해 대한민국 또는 페루로 수입되는 제5란에 기술된 바와 같은 동일 물품이 여러 번에 거쳐 반복하여 선적되는 경우 작성합니다.
o "부터"는 증명서가 포괄 증명서의 적용을 받는 물품에 적용가능한 날이며(증명서 서명일 보다 이전일 수 있음),
"까지"는 포괄확인기간이 만료되는 날입니다. 이 증명서를 근거로 특혜관세 대우를 신청하고자 하는 물품의 선적은 이 기간 동안 선적되어야 합니다.</td></tr>
<tr><td>3.생산자 정보</td><td>o 단일의 생산자일 경우, 해당 생산자의 법적 이름, 주소(국가 및 도시를 포함합니다), 전화번호(선택) 및 전자우편주소(선택)를 기재합니다.
o 다수의 생산자일 경우, "VARIOUS"로 기재하며, 제5란에 기재된 상품(들)과 상호 참조된 모든 생산자의 법적이름, 주소(국가 및 도시를 포함한다), 전화번호(선택), 전자우편주소(선택)를 포함하여 모든 생산자의 목록을 첨부하여야 합니다. 이 정보를 비밀로 유지하기를 희망하는 경우, "AVAILABLE UPON REQUEST"이라고 기재할 수 있습니다.</td></tr>
<tr><td>4.수입자 정보</td><td>o 수입자의 법적이름, 주소(국가 및 도시를 포함한다), 전화번호, 팩스번호 및 전자우편 주소를 기재합니다.</td></tr>
<tr><td>5.물품명세</td><td>o 각 물품의 물품명세를 기재합니다. 물품명세는 송품장상의 품명 및 물품의 품목번호(HS No.)와 연계할 수 있게 충분히 자세히 기재해야 합니다.
o 증명서가 단일 선적 분에만 한정되는 경우, 해당 선적분의 각 물품 수량, 일련번호를 기재합니다.
다만, 송품장번호(선택) 및 단위(선택)는 기재 가능한 경우에 기재합니다.
※ 다만, 송품장번호를 알 수 없는 경우, 배송주문번호, 구매주문번호 또는 각 물품을 구분할 수 있는 그 밖의 다른 양식의 번호와 같은 고유의 번호를 기재해야 합니다.</td></tr>
<tr><td>6.품목번호(HS No.)</td><td>o 제5란에 기재된 각 상품에 대해 품목번호(HS No.)를 6단위(6-digit)까지 기재합니다.</td></tr>
<tr><td>7.원산지 결정기준</td><td>o 제5란의 기재된 각 물품에 대해, 아래 표를 참고하여 기준(A부터 D까지)중 어떤 기준이 적용되는 지를 확인하여 하나의 코드를 기재합니다. 원산지 결정기준은 협정 제3장(원산지 규정) 및 부속서 3가(품목별 원산지 규정)에 규정되어 있습니다.
o 원산지결정기준 표
<table>
<tr><th>원산지결정기준</th><th>기재방법</th></tr>
<tr><td>o 해당 물품이 협정 제3.1조제1항가호에 언급된 바와 같이 어느 한 쪽 또는 양 당사국의 영역에서 "완전하게 획득되거나 전적으로 생산된" 경우</td><td>A</td></tr>
<tr><td>o 해당 물품이 협정 제3.1조제1항나호에 언급된 바와 같이 원산지 재료로만 전적으로 어느 한 쪽 또는 양 당사국의 영역에서 생산된 경우</td><td>B</td></tr>
<tr><td>o 해당 물품이 협정 제3.1조제1항다호에 언급된 바와 같이 전적으로 어느 한 쪽 또는 양 당사국의 영역에서 생산되고 부속서3-가(품목별 원산지 규정)에 규정된 세부 원산지기준을 충족하는 경우</td><td>C</td></tr>
<tr><td>o 해당 물품이 협정 제3.15조(영역 원칙)의 적용을 받는 경우</td><td>D</td></tr>
</table></td></tr>
<tr><td>8.생산자</td><td>o 제5란에 기재된 각 물품에 대해, 작성자가 물품의 생산자인 경우 "YES"를 기재합니다.
o 작성자가 상품의 생산자가 아닌 경우, "NO"를 기재하고 이 증명서가 다음 중 어느 것에 해당하는지에 따라 (1), (2) 또는 (3)을 기재합니다.
(1) 물품이 원산지물품의 자격을 갖추었다는 작성자의 인지
(2) 물품이 원산지물품의 자격을 갖추었다는 생산자의 서면 진술(원산지 증명서 이외에)에 대한 작성자의 신뢰
(3) 생산자가 수출자에게 자발적으로 제공한, 그 물품을 위해 작성되고 서명된 원산지 증명서</td></tr>
<tr><td>9.부가가치 산출 기준</td><td>o 제5란에 기재된 각 물품에 대해, 해당 물품이 역내부가가치기준의 적용을 받는 경우, 역내부가가치비율이 공제법에 따라 산출된 경우에는 "BD"를, 집적법에 따라 계산된 경우에는 "BU"를 기재합니다.
[참조 : 협정제3.3조(역내가치포함비율)]</td></tr>
<tr><td>10.원산지</td><td>o 원산지 국가의 이름을 기재합니다.
※ 페루로 수출되는 원산지 물품에 대해서는 "KR", 대한민국으로 수출되는 모든 원산지 물품에 대해서는 "PE"를 기재합니다.</td></tr>
<tr><td>11.비고</td><td>o 제5란에 기재된 물품이 품목분류 또는 재료의 가치에 대한 사전심사를 받은 물품인 경우와 같이 이 증명서와 관련한 추가적인 사항이 있는 경우에 해당사항을 기재합니다.
예) - 사전심사 결정물품일 경우, 사전심사 결정문 발급 당국, 발급번호 및 발급일을 기재합니다.
- 협정 제3.7조 (최소허용수준)가 적용되는 경우</td></tr>
<tr><td>12.서명</td><td>o 수출자 또는 생산자가 작성 및 서명하고, 날짜를 기재합니다. 다만, 날짜는 해당 증명서가 작성·서명된 날입니다.</td></tr>
<tr><td>참조</td><td>o 작성방법은 원산지 증명서를 작성하기 위한 참고용으로만 사용하며, 인쇄시 해당 증명서만 출력합니다.</td></tr>
</table>

■ 자유무역협정의 이행을 위한 관세법의 특례에 관한 법률 시행규칙 [별지 제17호서식]

미합중국과의 협정에 따른 원산지증명서의 서식

Certificate of Origin
Korea-US Free Trade Agreement

1.Exporter (수출자)		2. Blanket Period (원산지포괄증명기간)
	Name (성명)	YYYY MM DD (년) (월) (일) — YYYY MM DD (년) (월) (일)
	Address(주소)	From ___/___/___ (부터)
	Telephone (전화)	To ___/___/___ (까지)
	Fax (팩스)	
	E-mail (전자주소)	

3.Producer (생산자)			4.Importer (수입자)		
	Name (성명)			Name (성명)	
	Address(주소)			Address(주소)	
	Telephone (전화)			Telephone (전화)	
	Fax (팩스)			Fax (팩스)	
	E-mail (전자주소)			E-mail (전자주소)	

5. 원 산 지 증 명 대 상 물 품 내 역

Serial No. (연번)	Description of Good(s) (품명·규격)	Quantity & Unit (수량 및 단위)	HS No. (품목번호 HS 6단위)	Preference Criterion[1] (원산지결정기준)	Country of Origin (원산지 국가)

6. Observations:
(특이사항)

I certify that:
본인은 다음 사항을 확인합니다.

- The information in this document is true and accurate and I assume the responsibility for proving such representations. I understand that I am liable for any false statements or material omissions made on or in connection with this document.
  상기 서식에 기재된 내용은 사실이고 정확하며, 기재된 사항에 대한 책임은 본인에게 있습니다. 이 증명서 또는 이와 관련한 허위 진술 또는 중대한 사실 누락에 대해서는 본인에게 책임이 있음을 확인합니다.
- I agree to maintain, and present upon request, documentation necessary to support this Certificate, and to inform, in writing, all persons to whom the Certificate was given of any changes that would affect the accuracy or validity of this Certificate.
  본인은 이 증명서를 입증하는데 필요한 문서를 보관하며, 요청이 있을 경우 이를 제출할 뿐 아니라, 이 증명서의 정확성이나 유효기간에 영향을 미치는 여타 변동사항에 대해서 이 증명서를 받은 관계자들에게 서면으로 통보할 것에 동의합니다.
- The goods originate in the territory of one or both Parties and comply with the origin requirements specified for those goods in the Korea -United State of America Free Trade Agreement.
  해당 물품은 대한민국과 미합중국간의 자유무역협정에 따른 원산지결정기준을 충족하고 있음을 확인합니다.
  This Certificate consists of ______ pages, including all attachments.
  이 증명서는 첨부서류를 포함하여 총___장으로 구성되어 있습니다.

7. Authorized Signature (서명권자의 서명)	Company (회사명)	
Name: (작성자 성명)	Title (직위)	
YYYY MM DD (년) (월) (일) ___/___/___	Telephone : (전화번호)	Fax: (팩스번호)

1) Originating goods in accordance with Article 6.1(a) of the Agreement(미합중국과의 협정 제6.1조 가호에 따른 원산지물품): WO
Originating goods in accordance with Article 6.1(b) of the Agreement(미합중국과의 협정 제6.1조 나호에 따른 원산지물품): PSR
Originating goods in accordance with Article 6.1(c) of the Agreement(미합중국과의 협정 제6.1조 다호에 따른 원산지물품): PE

· 수입자, 생산자 란은 기재 생략 가능하며, 한글본과 영문을 선택하여 사용할 수 있습니다.

`210mm× 297mm[백상지 80g/m²(재활용품)]

■ 자유무역협정의 이행을 위한 관세법의 특례에 관한 법률 시행규칙 [별지 제18호서식]

콜롬비아와의 협정에 따른 원산지증명서의 서식 (앞쪽)

CERTIFICATE OF ORIGIN
KOREA-COLOMBIA FREE TRADE AGREEMENT

1. Exporter's Name and Address: Telephone: FAX: E-Mail:	2. Blanket Period: YYYY MM DD YYYY MM DD From: ____/__/__/ To: ____/__/__/
3. Producer's Name and Address: Telephone (optional): E-Mail (optional):	4. Importer's Name and Address: Telephone: FAX: E-Mail:

5. Description of Good(s)	6. HS Tariff Classification #	7. Origin Criterion	8. Producer	9. Value Test	10. Country of Origin

11. Remarks:

I certify that:

- The information in this document is true and accurate and I assume the responsibility for proving such representations. I understand that I am liable for any false statements or material omissions made on or in connection with this document.

- I agree to maintain, and present upon request, documentation necessary to support this Certificate, and to inform, in writing, all persons to whom the Certificate was given of any changes that would affect the accuracy or validity of this Certificate.

- The goods originate in the territory of one or both Parties and comply with the origin requirements specified for those goods in the Korea-Colombia Free Trade Agreement.

This Certificate consist of _____ pages, including all attachments.

12. Authorized signature:	Company:
Name:	Title:
YYYY MM DD Date: ____/__/__	Telephone: Fax:

210mm× 297mm[백상지 80g/㎡(재활용품)]

(뒤쪽)

작 성 방 법

※ 이 서식은 수출자에 의해 명료하고 충분하게 작성되어야 하며 협정관세의 적용을 신청할 때에 수입자가 갖추고 있어야 합니다. 이 서식은 수출자에게 사용될 목적으로 생산자에 의해 자발적으로 작성될 수도 있습니다. 이 서식은 영문으로 작성되어야 하며 타자로 치거나 인쇄되어야 합니다. 작성을 위한 추가 공간이 필요한 경우 별지를 사용하십시오.

1. 제1란에는 수출자의 성명, 주소(도시 및 국가를 포함한다), 전화번호, 팩스번호, 이메일주소, 그리고 사업자등록번호 등의 식별번호(선택기재)를 적습니다.
2. 제2란은 이 증명서가 제5란의 물품과 동일한 물품의 복수 선적에 적용될 경우 12개월을 넘지 않는 포괄증명기간을 적습니다. "FROM"은 증명서가 포괄증명물품에 적용 가능하게 되는 날이며(이 증명서의 서명일보다 앞설 수도 있습니다), "TO"는 포괄증명기간이 종료되는 날입니다. 이 증명서를 근거로 협정관세 적용의 신청이 이루어지는 물품의 수입은 두 날짜 사이에 이루어져야 합니다.
3. 제3란에는 생산자의 성명, 주소(도시 및 국가를 포함한다), 전화번호, 팩스번호, 이메일 주소, 그리고 사업자등록번호 등의 식별번호(선택기재)를 적습니다. 둘 이상의 생산자가 증명서에 포함될 경우에는 "VARIOUS"로 적고, 제5란의 증명물품과 관련된 모든 생산자의 성명, 주소(도시 및 국가를 포함한다), 전화번호, 팩스번호, 이메일 주소, 그리고 사업자등록번호 등의 식별번호(선택기재)가 적힌 생산자 목록을 첨부합니다. 수출자가 생산자에 대한 정보를 비밀로 유지하기를 원하는 경우에는 "AVAILABLE TO CUSTOMS UPON REQUEST"로 적습니다.
4. 제4란에는 제1란에 정의된 수입자의 성명, 주소(도시 및 국가를 포함한다), 전화번호, 팩스번호, 이메일주소를 적습니다.
5. 제5란에는 각 물품에 대한 상세한 품명을 적습니다. 품명은 송품장 및 HS(국제통일상품분류체계)상의 품명과 연계할 수 있도록 충분한 세부내역을 포함해야 합니다. 이 증명서가 물품의 단일 선적에 적용될 경우에는 각 물품의 수량, 측정단위 및 고유의 참조번호(송품장번호, 배송주문번호, 구매주문번호 또는 물품을 식별하는 데 사용될 수 있는 번호 등)를 적습니다.
6. 제6란에는 제5란의 각 물품에 대한 HS 품목번호를 6단위까지 적습니다.
7. 제7란에는 제5란의 각 물품에 적용되는 원산지결정기준을 아래의 표에 따라 적습니다. 원산지결정기준은 콜롬비아와의 협정(이하 "협정") 제3장(원산지규정) 및 부속서3-가(품목별 원산지기준)에 규정되어 있습니다.

기재 문구	원산지결정기준
A	협정 제3.1조가호에 따라 체약당사국의 영역에서 완전생산된 경우
B	협정 제3.1조나호에 따라 체약당사국의 영역에서 전적으로 생산되고 품목별 원산지결정기준을 충족하는 경우
C	협정 제3.1조다호에 따라 체약당사국의 영역에서 전적으로 원산지재료로만 생산된 경우
D	협정 제3.16조(영역원칙)의 적용을 받는 경우

8. 제8란에는 제5란의 각 물품에 대해 본인이 생산자일 경우 'YES'를 적습니다. 본인이 생산자가 아닐 경우 'NO'를 적고, 이 증명서의 작성 근거를 아래의 표에 따라 적습니다.

기재 문구	증명서 작성 근거
(1)	물품이 원산지물품으로의 자격을 갖추었다는 본인의 인지
(2)	물품이 원산지물품으로의 자격을 갖추었다는 생산자의 서면 진술(원산지증명서는 제외한다)에 대한 본인의 신뢰
(3)	생산자가 수출자에게 자발적으로 제공한, 그 물품을 위해 작성되고 서명된 원산지증명서

9. 제9란에는 제5란의 각 물품에 대한 원산지결정기준으로 역내부가가치비율 기준이 적용되는 경우에, 역내부가가치가 공제법에 의해 계산되었다면 'BD', 집적법에 의해 계산되었다면 'BU'를 적습니다.(협정 제3.3조 참조)
10. 제10란에는 원산지 국가명을 적습니다. 콜롬비아로 수출되는 원산지물품에 대해서는 'KR', 대한민국으로 수출되는 원산지물품에 대해서는 'CO'를 적습니다.
11. 제11란에는 제5란의 물품에 대해 품목분류나 원산지에 대한 사전심사를 받은 경우 등 이 증명서와 관련된 다른 참고사항이 있는 경우에 그 발급기관, 사업자등록번호 등의 식별번호 및 발급일자를 적습니다.
12. 제12란은 수출자가 작성, 서명하고 날짜를 적어야 합니다. 수출자에게 사용될 목적으로 생산자가 증명서를 작성하는 경우에는 생산자가 작성, 서명하고 날짜를 적어야 합니다. 날짜는 이 증명서가 작성되고 서명된 날이어야 합니다.

■ 자유무역협정의 이행을 위한 관세법의 특례에 관한 법률 시행규칙 [별지 제19호서식]

호주와의 협정에 따른 원산지증명서의 서식

(앞쪽)

Korea-Australia Free Trade Agreement Certificate of Origin

<table>
<tr><td colspan="3">1. Issuing Number:</td></tr>
<tr><td>2. Exporter- Name and contact details:</td><td colspan="2">3. Blanket Period for multiple shipments:

From: (DD/MM/YYYY) To: (DD/MM/YYYY)</td></tr>
<tr><td>4. Producer- Name and contact details (optional field):</td><td colspan="2">5. Importer- Name and contact details (optional field):</td></tr>
<tr><td>6. Description of good(s)

(including quantity, invoice number or other unique reference number where appropriate):</td><td>7. Harmonized System code(six digits):</td><td>8. Preference criterion:</td></tr>
<tr><td></td><td></td><td></td></tr>
<tr><td colspan="3">9. Observations (optional field):</td></tr>
<tr><td colspan="3">10. Declaration:

I certify that:

- The information in this document is true and accurate and I assume the responsibility for proving such representations. I understand that I am liable for any false statements or material omissions made on or in connection with this document.

- I agree to maintain, and present upon request, documentation necessary to support this Certificate, and to inform, in writing, all persons to whom the Certificate was given of any changes that would affect the accuracy or validity of this Certificate.

- The goods originate in the territory of one or both Parties and comply with the origin requirements specified for those goods in the Korea - Australia Free Trade Agreement.

This Certificate consist of ______ pages, including all attachments.</td></tr>
<tr><td>11. Signature:</td><td colspan="2">Company or Authorised Body</td></tr>
<tr><td>Name:</td><td colspan="2">Title:</td></tr>
<tr><td>Date:</td><td colspan="2">Contact details:</td></tr>
</table>

210mm×297mm[백상지 80g/m²(재활용품)]

(뒤쪽)

작성방법

※ 이 서식은 수출자, 생산자 또는 원산지증명서발급기관(호주의 발급권한이 있는 기관에 한정한다)이 명료하고 충분하게 작성해야 하며 협정관세의 적용을 신청할 때에 수입자가 갖추고 있어야 합니다. 이 서식은 영문으로 작성되어야 하며 타자로 치거나 인쇄체로 기재해야 합니다. 작성을 위한 추가 공간이 필요한 경우 별지를 사용하십시오.

1. 제1란에는 증명서의 고유번호(발급 일련번호)를 적습니다.
2. 제2란에는 수출자의 성명과 연락처(주소, 전화번호, 팩스번호, 이메일주소를 포함한다)를 적습니다.
3. 제3란은 이 증명서가 제6란의 물품과 동일한 물품의 복수 선적에 적용될 경우 포괄증명기간을 적습니다. "FROM" 은 증명서가 포괄증명물품에 적용 가능하게 되는 날이며(이 증명서의 서명일보다 앞설 수도 있습니다), "TO" 는 포괄증명기간이 종료되는 날입니다. 이 증명서를 근거로 협정관세 적용의 신청이 이루어지는 물품의 수입은 두 날짜 사이에 이루어져야 합니다.
4. 제4란의 기재는 선택사항으로 생산자의 성명, 연락처(주소, 전화번호, 팩스번호, 이메일주소를 포함한다)를 적습니다.
5. 제5란의 기재는 선택사항으로 수입자의 성명, 연락처(주소, 전화번호, 팩스번호, 이메일주소를 포함한다)를 적습니다.
6. 제6란에는 각 물품에 대한 상세한 품명을 적습니다. 품명은 송품장 및 HS(국제통일상품분류체계)상의 품명과 연계할 수 있도록 충분한 세부명세를 포함해야 합니다. 이 증명서가 물품의 단일 선적에 적용될 경우에는 각 물품의 수량, 측정단위(가능한 경우 일련번호를 포함한다)와 상업 송품장에 표시된 송품장번호를 적습니다. 송품장 번호를 알 수 없는 경우 고유의 참조번호(배송주문번호, 구매주문번호 또는 물품을 식별하는 데 사용될 수 있는 번호 등)를 적습니다.
7. 제7란에는 제6란의 각 물품에 대한 HS 품목번호를 6단위까지 적습니다.
8. 제8란에는 제6란의 각 물품에 적용되는 원산지결정기준을 아래의 표에 따라 적습니다. 원산지결정기준은 호주와의 협정(이하 "협정") 제3장(원산지규정) 및 부속서3-가(품목별 원산지기준)에 규정되어 있습니다.

기재 문구	원산지결정기준
WO	협정 제3.1조 가호에 따라 체약당사국의 영역에서 완전생산된 경우
PE	협정 제3.1조 나호에 따라 체약당사국의 영역에서 전적으로 원산지재료로만 생산된 경우
PSR	협정 제3.1조 다호에 따라 체약당사국의 영역에서 전적으로 생산되고 품목별 원산지기준을 충족하는 경우
Other	협정 제3장(원산지규정)에 따라 원산지 물품으로 인정되는 경우

9. 제9란에는 제6란의 각 물품에 대해 사전심사를 받거나 비당사국에서 송품장이 발급되는 경우 등 이 증명서와 관련된 다른 참고사항이 있는 경우에 적습니다.
10. 제11란에는 수출자가 작성, 서명하고 날짜를 적어야 합니다. 수출자에게 사용될 목적으로 생산자가 증명서를 작성하는 경우에는 생산자가 작성, 서명하고 날짜를 적어야 합니다. 호주의 경우 수출자 또는 생산자가 서면 신청서를 제출하면 권한 있는 기관이 증명서를 발급할 수 있으며 권한 있는 기관은 이 란을 작성, 서명하고, 날짜를 적고, 관인을 날인해야 합니다. 이 란의 날짜는 이 증명서가 작성되고 서명된 날이어야 합니다.

■ 자유무역협정의 이행을 위한 관세법의 특례에 관한 법률 시행규칙 [별지 제20호서식]

캐나다와의 협정에 따른 원산지증명서의 서식

(앞쪽)

Certificate of Origin
Korea-Canada Free Trade Agreement

<table>
<tr><td colspan="2">1. Exporter' s Name and Address:

Telephone: Fax:

E-mail:

Reference No.</td><td colspan="5">2. Blanket Period:

From: ____/__/__
YYYY MM DD

To: ____/__/__
YYYY MM DD</td></tr>
<tr><td colspan="2">3. Producers' s Name and Address:

Telephone: Fax:

E-mail:

Reference No.</td><td colspan="5">4. Importer' s Name and Address:

Telephone: Fax:

E-mail:

Reference No.</td></tr>
<tr><td colspan="2">5. Description of Good(s)</td><td>6.
HS Tariff Classification #</td><td>7.
Preference Criterion</td><td>8.
Producer</td><td>9.
Value Test</td><td>10.
Country of Origin</td></tr>
<tr><td colspan="2"></td><td></td><td></td><td></td><td></td><td></td></tr>
<tr><td colspan="7">I certify that:

• the information in this document is true and accurate and I assume the responsibility for proving such representations. I understand that I am liable for any false statements or material omissions made on or in connection with this document.

• I agree to maintain, and present upon request, documentation necessary to support this Certificate, and to inform, in writing, all persons to whom the Certificate was given of any changes that would affect the accuracy or validity of this Certificate.

• The goods originate in the territory of one or both Parties and comply with the origin requirements specified for those goods in the Korea Canada Free Trade Agreement.

• This Certificate consists of ______pages, including all attachments.</td></tr>
<tr><td colspan="2">11. Authorized signature:</td><td colspan="5">Company:</td></tr>
<tr><td colspan="2">Name:</td><td colspan="5">Title:</td></tr>
<tr><td colspan="2">Date: ____/__/__
YYYY MM DD</td><td colspan="5">Telephone: Fax:</td></tr>
</table>

210㎜×297㎜[백상지 80g/㎡(재활용품)]

(뒤쪽)

작 성 방 법

※ 이 서식은 수출자가 명료하고 충분하게 작성하여야 하며 협정관세의 적용을 신청할 때에 수입자가 갖추고 있어야 합니다. 이 서식은 수출자에게 사용될 목적으로 생산자가 자발적으로 작성할 수도 있습니다. 이 서식은 영문으로 작성되어야 하며 타자로 치거나 인쇄체로 기재해야 합니다. 작성을 위한 추가 공간이 필요한 경우 별지를 사용하십시오.

1. 제1란에는 수출자의 성명, 주소(도시 및 국가를 포함한다), 전화번호, 팩스번호, 이메일주소 및 참조번호(선택기재사항)를 적습니다.
2. 제2란은 이 증명서가 제5란의 물품과 동일한 물품의 복수 선적에 적용될 경우 12개월을 넘지 않는 포괄증명기간을 적습니다. "FROM"은 증명서가 포괄증명물품에 적용 가능하게 되는 날이며(이 증명서의 서명일보다 앞설 수도 있습니다), "TO"는 포괄증명기간이 종료되는 날입니다. 이 증명서를 근거로 협정관세 적용의 신청이 이루어지는 물품의 수입은 두 날짜 사이에 이루어져야 합니다.
3. 제3란에는 생산자의 성명, 주소(도시 및 국가를 포함한다), 전화번호, 팩스번호, 이메일주소 및 참조번호(선택기재사항)를 적습니다. 둘 이상의 생산자가 증명서에 포함될 경우에는 "VARIOUS"라고 적고, 제5란의 증명물품과 상호 참조된 모든 생산자의 성명, 주소(도시 및 국가를 포함한다), 전화번호, 팩스번호, 이메일주소 및 참조번호(선택기재사항)가 적힌 생산자 목록을 첨부합니다. 수출자가 생산자에 대한 정보를 비밀로 유지하기를 원하는 경우에는 "AVAILABLE TO CUSTOMS UPON REQUEST"라고 적어야 합니다.
4. 제4란에는 수입자의 성명, 주소(도시 및 국가를 포함한다), 전화번호, 팩스번호, 이메일주소를 적습니다.
5. 제5란에는 각 물품에 대한 상세한 품명을 적습니다. 품명은 송품장 및 HS(국제통일상품분류체계)상의 품명과 연계할 수 있도록 충분한 세부내역을 포함해야 합니다. 이 증명서가 물품의 단일 선적에 적용될 경우에는 각 물품의 수량, 측정단위(가능한 경우 일련번호를 포함한다) 및 상업 송품장에 표시된 송품장번호를 적습니다. 송품장 번호를 알 수 없는 경우 고유의 참조번호(배송주문번호, 구매주문번호 또는 물품을 식별하는 데 사용될 수 있는 번호 등)를 적습니다.
6. 제6란에는 제5란의 각 물품에 대한 HS 품목번호를 6단위까지 적습니다.
7. 제7란에는 제5란의 각 물품에 적용되는 원산지결정기준을 아래의 표에 따라 적습니다. 원산지결정기준은 캐나다와의 협정(이하 "협정") 제3장(원산지규정) 및 부속서3-가(품목별 원산지기준)에 규정되어 있습니다.

기재 문구	원산지결정기준
A	협정 제3.2조에 따라 체약당사국의 영역에서 완전생산된 경우
B	협정 제3.1조 가호 1목·2목·3목에 따라 체약당사국의 영역에서 전적으로 원산지재료로만 생산된 경우
C	협정 제3장, 제3.1조 나호, 부속서3-가에 따라 체약당사국의 영역에서 전적으로 생산되고 품목별 원산지기준을 충족하는 경우
D	부속서3-가의 세번변경기준을 충족하지 않더라도 협정 제3.3조 제2항 및 제3.4조에 해당하는 경우

8. 제8란에는 제5란의 각 물품에 대해 본인이 생산자일 경우에는"YES"를 적습니다. 본인이 생산자가 아닐 경우에는 "NO"를 적고, 이 증명서의 작성 근거를 아래의 표에 따라 적습니다.[예시: NO(1)]

기재 문구	증명서 작성근거
(1)	물품이 원산지물품으로서의 자격을 갖추었다는 본인의 인지
(2)	물품이 원산지물품으로서의 자격을 갖추었다는 생산자의 서면 진술(원산지증명서를 제외한다)에 대한 본인의 신뢰
(3)	생산자가 수출자에게 자발적으로 제공한, 그 물품을 위해 작성하고 서명한 원산지증명서

9. 제9란에는 제5란의 각 물품이 부가가치계산방법으로 순원가를 기준으로 적용하는 경우에는 "NC" 또는 거래가격이나 공장도가격을 기준으로 적용하는 경우에는 "TV"로 적습니다. 일정 기간에 걸쳐 순원가법으로 계산하는 경우에는 그 계산기간의 시작일과 종료일(YYYY/MM/DD~YYYY/MM/DD)을 적어야 합니다.
10. 제10란에는 캐나다로 수출되는 모든 원산지물품의 경우에는 "KR"을 적고, 한국으로 수출되는 모든 원산지물품의 경우에는 "CA"를 적습니다.
11. 제11란은 수출자가 작성, 서명하고 날짜를 적어야 합니다. 수출자에게 사용될 목적으로 생산자가 증명서를 작성하는 경우에는 생산자가 작성, 서명하고 날짜를 적어야 합니다. 날짜는 이 증명서가 작성되고 서명된 날이어야 합니다.

■ 자유무역협정의 이행을 위한 관세법의 특례에 관한 법률 시행규칙[별지 제21호서식]

뉴질랜드와의 협정에 따른 원산지증명서의 서식

(앞쪽)

Origin Declaration
Korea-New Zealand Free Trade Agreement

1. Exporter's Name and Address: Telephone: Fax: E-Mail: Reference No.	2. Blanket Period: YYYY MM DD YYYY MM DD From: / / / To: / / /
3. Producer's Name and Address: Telephone: Fax: E-Mail: Reference No.	4. Importer's Name and Address: Telephone: Fax: E-Mail:

5. Description of good(s)	6. HS Tariff Classification	7. Preference Criterion	8. Producer	9. Value Test	10. Country of origin

11. Observations:

I certify that:

- The information in this document is true and accurate and I assume the responsibility for proving such representations. I understand that I am liable for any false statements or material omissions made on or in connection with this document.
- I agree to maintain, and present upon request, documentation necessary to support this declaration, and to inform, in writing, all persons to whom the declaration was given of any changes that would affect the accuracy or validity of this declaration.
- The goods originate in the territory of one or both of the Parties and comply with the origin requirements specified for those goods in the Korea-New Zealand Free Trade Agreement.

This declaration consists of ______ pages, including all attachments.

12. Authorized signature:	Company:
Name:	Title:
YYYY MM DD Date: / / /	Telephone: Fax:

210mm×297mm[백상지 80g/m²(재활용품)]

(뒤쪽)

작 성 방 법

※ 이 서식은 수출자 또는 생산자(이하 '작성자')가 원산지신고서를 송품장 등에 기재방식이 아닌 신고서 방식으로 작성하고자 할 경우 사용할 수 있습니다. 작성자는 이 서식을 명료하게 빠짐없이 작성하여야 하며 협정관세의 적용을 신청할 때에 수입자가 갖추고 있어야 합니다. 이 서식은 영문으로 작성되어야 하며 타자로 치거나 인쇄체로 기재하여야 합니다. 작성을 위한 추가 공간이 필요한 경우 별지를 사용하십시오.

1. 제1란에는 수출자의 법적 이름, 주소(도시 및 국가 포함), 전화번호, 팩스번호, 이메일 주소, 참조번호(선택사항)를 적습니다.
2. 제2란은 이 증명서가 제5란의 물품과 동일한 물품의 복수 선적에 적용될 경우 포괄증명기간(최대 12개월)을 적습니다. "FROM"은 증명서가 포괄증명물품에 적용 가능하게 되는 날이며(이 증명서의 서명일보다 앞설 수도 있습니다), "TO"는 포괄증명기간이 종료되는 날입니다. 이 증명서를 근거로 협정관세 적용의 신청이 이루어지는 물품의 수입은 두 날짜 사이에 이루어져야 합니다.
3. 제3란의 생산자가 한 명인 경우에는, 제1란에서 정의한 바와 같이, 그 생산자의 법적 이름과 주소(도시 및 국가 포함), 전화번호, 팩스번호, 이메일 주소 및 참조번호(선택사항)를 적습니다. 둘 이상의 생산자가 신고서에 포함되는 경우에는, "다수"로 기재하고 제5란의 물품과 상호 참조되는, 모든 생산자의 법적 이름, 주소(도시 및 국가 포함), 전화번호, 팩스번호, 이메일 주소 및 참조 번호(선택사항)를 포함하여 모든 생산자의 목록을 첨부합니다. 이러한 정보의 비밀 유지를 희망하는 경우, 'AVAILABLE TO CUSTOMS UPON REQUEST' 라고 기재할 수 있습니다.
4. 제4란에는 수입자의 법적 이름과 주소(도시 및 국가 포함), 전화번호, 팩스번호 및 이메일 주소를 적습니다.
5. 제5란에는 각 물품에 대한 상세한 품명을 적습니다. 품명은 송품장 및 HS(국제통일상품분류체계)상의 품명과 연계할 수 있도록 충분한 세부내역을 포함해야 합니다. 이 증명서가 물품의 단일 선적에 적용될 경우에는 각 물품의 수량, 측정단위(가능한 경우 일련번호를 포함한다) 및 상업 송품장에 표시된 송품장번호를 적습니다. 송품장 번호를 알 수 없는 경우 고유의 참조번호(배송주문번호, 구매주문번호 또는 물품을 식별하는 데 사용될 수 있는 번호 등)를 적습니다.
6. 제6란에는 제5란의 각 물품에 대한 HS 품목번호를 6단위까지 적습니다.
7. 제7란에는 제5란의 각 물품에 적용되는 원산지결정기준을 아래의 표에 따라 적습니다. 원산지결정기준은 뉴질랜드와의 협정(이하 "협정") 제3장(원산지규정 및 원산지절차) 및 부속서3-가(품목별원산지기준)에 규정되어 있습니다.

기재 문구	원산지결정기준
A	협정 제3.2조 가호에 따라 체약당사국의 영역에서 완전생산된 경우
B	협정 제3.2조 다호에 따라 체약당사국의 영역에서 전적으로 원산지재료로만 생산된 경우
C	협정 제3.2조 나호에 따라 체약당사국의 영역에서 전적으로 생산되고 품목별원산지기준을 충족하는 경우
D	체약당사국의 영역에서 전적으로 생산되지만 특정 비원산지 재료가 필요한 세번변경을 거치지 않아 품목별원산지기준을 충족하지 않는 경우
E	협정 부속서 3-나(한반도역외가공지역 위원회)에 근거하여 역외가공지역에서 생산된 경우

8. 제8란에는 제5란의 물품을 작성자가 생산한 경우 'YES' 라고 적습니다. 작성자가 생산하지 아니한 경우 'NO' 를 적고 그 옆에 아래의 표에 따라 (1), (2), (3) 중 해당하는 것을 적습니다.

기재 문구	원산지증명서 작성근거
(1)	물품이 원산지물품 자격을 갖추었는지에 대한 작성자의 인지
(2)	물품이 원산지물품 자격을 갖추었다는 생산자의 서면진술(원산지신고서를 제외한다)에 대한 작성자의 신뢰
(3)	생산자가 수출자에게 자발적으로 제공한 원산지신고서(해당 물품에 대하여 작성되고 서명)

9. 제9란에는 제5란의 물품이 역내부가가치 기준을 적용받는 경우에 한정하여, 협정 제3.4조의 공제법에 따라 계산된 경우 'BD', 집적법에 따라 계산된 경우 'BU' 를 적습니다.
10. 제10란에는 해당 물품의 원산지국가('KR' 또는 'NZ')를 기재합니다.
11. 제11란에는 제5란의 각 물품에 대해 사전심사, 품목분류 및 역내부가가치 등에 대한 판정를 받은 경우 이 증명서와 관련된 다른 참고사항이 있는 경우에 적습니다.(발급당국, 참조번호 및 발급날짜 포함)
12. 제12란에는 수출자가 작성, 서명하고 날짜를 적어야 합니다. 수출자의 사용을 위하여 생산자가 증명서를 작성하는 경우에는 생산자가 작성, 서명하고 날짜를 적어야 합니다. 이 란의 날짜는 이 증명서가 작성되고 서명된 날이어야 합니다.

■ 자유무역협정의 이행을 위한 관세법의 특례에 관한 법률 시행규칙[별지 제22호서식]

베트남과의 협정에 따른 원산지증명서의 서식

(앞쪽)

Original(Duplicate/Triplicate)

<table>
<tr><td colspan="3">1. Goods Consigned from(Exporter's business name, address, country)</td><td colspan="3" rowspan="2">Reference No.

KOREA-VIETNAM FREE TRADE AGREEMENT PREFERENTIAL TARIFF CERTIFICATE OF ORIGIN

(Combined Declaration and Certificate)
FORM KV

Issued in _____________ (country)

See Notes Overleaf</td></tr>
<tr><td colspan="3">2. Goods Consigned to(Consignee's name, address, country)</td></tr>
<tr><td colspan="3">3. Means of transport and route(as far as known)

Departure date

Vessel's name/Aircraft etc.

Port of Discharge</td><td colspan="3">4. For Official Use

☐ Preferential Treatment Given Under Korea-Viet Nam Free Trade Agreement
____

☐ Preferential Treatment Not Given (Please state reason/s)
____

....
Signature of Authorized Signatory of the Importing Country</td></tr>
<tr><td>5. Item number</td><td>6. Marks and numbers on packages</td><td>7. Number and type of packages, description of goods (including quantity where appropriate and HS code of the good in the importing country)</td><td>8. Origin Criterion (See Overleaf Notes)</td><td>9. Gross weight or other quantity and Value(FOB only when RVC criterion is used)</td><td>10. Number and date of Invoices</td></tr>
<tr><td></td><td></td><td></td><td></td><td></td><td></td></tr>
<tr><td colspan="3">11. Declaration by the exporter
The undersigned hereby declares that the above details and statement are correct, that all goods were produced in

....
(Country)

and that they comply with the origin requirements specified for these goods in the Korea-Viet Nam Free Trade Agreement for the goods exported to

....
(Importing Country)

....
Place and date, signature of authorized signatory</td><td colspan="3">12. Certification
It is hereby certified, on the basis of control carried out, that the declaration by the exporter is correct.

....
Place and date, signature and stamp of certifying authority</td></tr>
<tr><td colspan="6">13. Remarks</td></tr>
</table>

210mm× 297mm[백상지 80g/㎡(재활용품)]

(뒤쪽)

작 성 방 법

※ 이 서식은 영문으로 작성합니다.

1. 베트남과의 협정에 따른 원산지증명서의 서식은 다음 국가에 적용됩니다.
대한민국, 베트남사회주의공화국
2. 모든 물품은 각 해당 물품별로 베트남과의 협정에 따른 협정관세를 적용받기 위해서 다음 각 호의 요건을 충족하여야 합니다.
가. 협정관세 적용 대상 물품의 품명과 일치하여야 합니다.
나. 베트남과의 협정 제3.8조에 따른 직접운송요건을 충족하여야 합니다.
다. 베트남과의 협정 제3장의 원산지규정 및 절차를 준수하여야 합니다.
3. 제1란에는 수출자의 성명(상호), 주소, 수출국을 적습니다.
4. 제2란에는 수입자의 성명(상호), 주소, 수입국을 적습니다.
5. 제3란에는 물품을 운송하는 선박(항공기)의 출항일, 선박명(편명), 양륙항 등 운송수단 및 운송경로를 알고 있는 범위에서 적습니다.
6. 제4란에는 수입당사국의 세관공무원이 해당 물품의 협정관세 적용여부를 "√" 표시한 후 서명합니다.
7. 제5란에는 품목번호가 다른 물품들은 같은 종류별로 구분하여 일련번호를 부여합니다.
8. 제6란에는 물품에 대한 표시 및 일련번호를 적습니다.
9. 제7란에는 포장개수 · 포장형태 · 품명 · 수량 · 품목번호 등을 적습니다.
가. 품명은 해당 물품을 검사하는 세관공무원이 확인할 수 있도록 상세하게 적고, 상표도 적습니다.
나. 품목번호(HS)는 수입당사국의 「통일상품명 및 부호체계에 관한 국제협약」에 따른 품목번호를 적습니다.
10. 제8란에는 수출자(제조자 및 생산자 포함)가 해당 물품에 대한 원산지결정기준을 아래 표에 정한 방법으로 적습니다.

제11란에 기재된 수출당사국의 생산 또는 제조환경	**제8란 기입사항**
가. 수출당사국의 영역에서 완전생산된 물품	"WO"
나. 품목별 원산지결정기준을 충족하는 물품 (1) 세번변경기준을 충족하는 물품 (2) 역내부가가치기준을 충족하는 물품 (3) 세번변경기준+역내부가가치기준 등 결합기준을 충족하는 물품 (4) 특정공정기준을 충족한 물품	 "CTC" "RVC %"(예: RVC 45%) "CTH+RVC 40%" 등 "Specific Processes"
다. 원산지재료로만 전적으로 수출당사국의 영역에서 생산된 물품	"PE"
라. 베트남과의 협정 제3.5조를 충족하는 물품(개성공업지구 생산물품)	"Article 3.5"

11. 제9란에는 해당 물품의 총중량을 기재하고 물품의 원산지결정기준으로 역내부가가치기준이 사용된 경우로 한정하여 FOB가격까지 적습니다.
12. 제10란에는 송장의 일련번호 및 발급일자를 적습니다.
13. 제11란에는 수출자(제조자 및 생산자 포함)가 원산지, 수입국, 신청일자, 장소를 적은 후 서명합니다.
14. 제12란에는 원산지증명서 발급담당자가 원산지증명서의 발급일자 및 발급장소를 적고, 서명한 후 발급기관 인장을 날인합니다.
15. 제13란에는 필요 시 그 밖의 비고사항들을 적습니다. 특히, 체약당사국이 아닌 비당사국에서 송장이 발급된 경우 반드시 "비당사국송장(Non-Party Invoicing)"이라 적고 송장을 발행한 회사의 상호 및 국가명을 기재하여야 합니다.

■ 자유무역협정의 이행을 위한 관세법의 특례에 관한 법률 시행규칙[별지 제24호서식]

중국과의 협정에 따른 원산지증명서의 서식

(앞쪽)

ORIGINAL

1. Exporter's name and address, country:	Certificate No.:
2. Producer's name and address, country:	**CERTIFICATE OF ORIGIN** **Form for Korea-China FTA** Issued in __________ (see Overleaf Instruction)
3. Consignee's name and address, country:	
4. Means of transport and route(as far as known): Departure Date: Vessel/Flight/Train/Vehicle No.: Port of loading: Port of discharge:	5. Remarks:

6. Item number (Max 20)	7. Marks and Numbers on packages	8. Number and kind of packages; description of goods	9. HS code (Six-digit code)	10. Origin criterion	11. Gross weight, quantity (Quantity Unit) or other measures (liters, m^3, etc.)	12. Number and date of invoice

13. Declaration by the exporter: The undersigned hereby declares that the above details and statement are correct, that all the goods were produced in (Country) and that they comply with the origin requirements specified in the FTA for the goods exported to (Importing country) Place and date, signature of authorized signatory	14. Certification: On the basis of control carried out, it is hereby certified that the information herein is correct and that the goods described comply with the origin requirements specified in the Korea-China FTA. Place and date, signature and stamp of authorized body

210mm×297mm[백상지 80g/m²(재활용품)]

(뒤쪽)

작 성 방 법

※ 이 서식은 영문으로 작성합니다.

1. 제1란에는 수출자의 법적 이름과 주소(국가를 포함)를 적습니다.
2. 제2란에는 생산자의 법적 이름과 주소(국가를 포함)를 적습니다. 둘 이상의 생산자의 물품이 증명서에 포함되는 경우에는 추가적인 생산자의 법적 이름과 주소(국가를 포함)를 적습니다. 수출자 또는 생산자가 이러한 정보의 비밀 유지를 희망하는 경우에는 'AVAILABLE TO CUSTOMS UPON REQUEST' 라고 기재할 수 있으며, 생산자와 수출자가 동일한 경우에는 'SAME' 이라고 적습니다.
3. 제3란에는 한국 또는 중국에 거주하는 수하인의 법적 이름과 주소(국가를 포함)를 적습니다.
4. 제4란에는 운송수단 및 경로, 출발일자, 운송수단의 번호, 선적항 및 하역항을 적습니다.
5. 제5란에는 비당사국의 운영인에 의하여 송품장이 발행되는 경우, 비당사국 운영인의 법적이름을 적습니다. 또한, 증명서가 소급 발급된 경우에는 'ISSUED RETROACTIVELY', 인증된 진본의 경우에는 'CERTIFIED TRUE COPY of the original Certificate of Origin number (발행번호) dated (날짜)' 를 적습니다.
6. 제6란에는 물품의 연번(최대 20개)을 적습니다.
7. 제7란에는 물품의 포장에 표시된 화인(shipping marks) 및 번호를 적습니다. 화인이 문자나 숫자가 아닌 이미지나 기호인 경우에는 'IMAGE OR SYMBOL(I/S)' 를 기재하며, 그 외에는 'NO MARKS AND NUMBERS(N/M)' 를 적습니다.
8. 제8란에는 포장의 수량 및 종류를 적습니다. 품명은 송품장 및 HS(국제통일상품분류체계)상의 품명과 연계할 수 있도록 충분한 세부내역을 포함해야 합니다. 물품이 포장되지 아니한 경우 'IN BULK' 라고 적습니다.
9. 제9란에는 제8란의 각 물품에 대한 HS 품목번호를 6단위까지 적습니다.
10. 제10란에는 제8란의 각 물품에 적용되는 원산지결정기준을 아래의 표에 따라 적습니다. 원산지결정기준은 중국과의 협정(이하 "협정") 제3장(원산지규정 및 원산지이행절차) 및 부속서3-가(품목별원산지기준)에 규정되어 있습니다.

기재 문구	원산지결정기준
WO	협정 제3.4조 및 부속서3-가(품목별원산지기준)에 따라 체약당사국의 영역에서 완전생산된 경우
WP	체약당사국의 영역에서 협정 제3장에 부합하는 원산지재료로만 생산된 경우
PSR	체약당사국의 영역에서 비원산지재료를 사용하여 세번변경, 역내부가가치비율, 특정공정요건 또는 부속서3-가에 명시된 그 밖의 요건을 충족하여 생산된 경우
OP	협정 제3.3조(특정상품의 취급)을 적용받는 경우

11. 제11란에는 킬로그램(Kg)으로 표시된 총중량을 적습니다. 관례적으로 정확한 수량을 표시하는 그 밖의 측정단위(예: 물품의 부피 또는 개수)를 기재할 수도 있습니다.
12. 제12란에는 송품장의 번호 및 발행일을 적습니다. 비당사국의 운영인에 의하여 송품장이 발행되어 송품장의 번호 및 발행일을 알 수 없는 경우, 수출당사국에서 발행된 원본 송품장의 번호 및 발행일을 적습니다.
13. 제13란은 수출자가 작성, 서명하고 날짜를 적어야 합니다.
14. 제14란에는 원산지증명서의 발급 권한이 있는 기관의 권한 있는 발급담당자가 작성, 서명, 날짜를 기재하고 발급인장을 날인합니다.

■ 자유무역협정의 이행을 위한 관세법의 특례에 관한 법률 시행규칙 [별지 제24호의2서식] <신설 2019. 2. 8.>
[시행일:2019. 11. 1.] 코스타리카공화국에 해당하는 부분
[시행일:2020. 1. 1.] 엘살바도르공화국에 해당하는 부분
[시행일 미지정] 파나마공화국과의 협정이 발효되는 날

중미 공화국들과의 협정에 따른 원산지증명서의 서식

(앞쪽)

FREE TRADE AGREEMENT BETWEEN THE REPUBLIC OF KOREA AND THE REPUBLICS OF CENTRAL AMERICA

1. Exporter's Name and Address: Telephone: Fax (optional): E-Mail:					2. Blanket Period: YYYY MM DD YYYY MM DD From: _ _ _ _/_ _/_ _/ To: _ _ _ _/_ _/_ _/
3. Producer's Name and Address: Telephone: E-Mail:					4. Importer's Name and Address: Telephone: Fax (optional): E-Mail:
5. Description of Good(s)	6. HS Tariff Classification#	7. Origin Criterion	8. Producer	9. RVC	10. Country of Origin
11. Remarks:					

I certify that:

- The information in this document is true and accurate and I assume the responsibility for proving such representations. I understand that I am liable for any false statements or material omissions made on or in connection with this document.
- I agree to maintain, and present upon request, documentation necessary to support this Certificate, and to inform, in writing, all persons to whom the Certificate was given of any changes that would affect the accuracy or validity of this Certificate.
- The goods originate in the territory of one Party and comply with the origin requirements specified for those goods in the Free Trade Agreement between the Republic of Korea and the Republics of Central America.

This Certificate consists of ________ pages, including all attachments.

12. Authorized signature:	Company:
Name:	Title:
YYYY MM DD Date: _ _ _ _/_ _/_ _/	Telephone: Fax(optional):

(뒤쪽)

작성방법

제1란: 수출자의 법적 이름, 주소(도시 및 국가를 포함한다), 전화번호, 팩스번호(선택) 및 이메일 주소를 적습니다.

제2란: 이 증명서가 제5란의 물품과 동일한 물품의 복수 선적에 적용될 경우 1년을 넘지 않는 포괄증명기간을 적습니다. "FROM"은 증명서가 포괄증명물품에 적용 가능하게 되는 날이며(이 증명서가 서명된 날보다 빠를 수 있습니다), "TO"는 포괄증명기간이 종료되는 날입니다. 이 증명서를 근거로 협정관세 적용의 신청이 이루어지는 물품의 선적은 두 날짜 사이에 이루어져야 합니다.

제3란: 생산자의 법적 이름, 주소(도시 및 국가를 포함한다), 전화번호 및 이메일 주소를 적습니다. 둘 이상의 생산자가 증명서에 포함되는 경우에는 "VARIOUS"로 적고, 제5란의 증명물품과 관련된 모든 생산자의 법적 이름, 주소(도시 및 국가를 포함한다), 전화번호 및 이메일 주소가 적힌 생산자 목록을 첨부합니다. 수출자가 생산자에 대한 정보를 비밀로 유지하기를 원하는 경우에는 "AVAILABLE TO CUSTOMS UPON REQUEST"로 적습니다.

제4란: 수입자의 법적 이름, 주소(도시 및 국가를 포함한다), 전화번호, 팩스번호(선택) 및 이메일 주소를 적습니다.

제5란: 각 물품에 대한 상세한 품명을 적습니다. 품명은 송품장 및 HS(통일상품명 및 부호체계)상의 품명과 연계할 수 있도록 충분한 세부사항을 포함해야 합니다. 이 증명서가 물품의 단일 선적에 적용될 경우에는 상업송장에 기재된 송장번호를 적고, 이를 알 수 없는 경우 배송주문번호, 구매주문번호 또는 물품을 식별하는 데 사용할 수 있는 번호 등을 적습니다. 다만, 그 물품에 대하여 수출 당사국의 영역 밖에 소재하는 인에 의하여 송장이 발부된 경우, 이전 정보의 포함은 선택사항입니다.

제6란: 제5란의 각 물품에 대하여 통일상품명 및 부호체계(HS) 세번 6단위까지 적습니다.

제7란: 제5란에 기술된 각 물품에 대하여 아래 기준(A부터 D까지) 중 어떤 기준이 적용되는지를 적습니다(택일한다). 원산지 규정은 제3장(원산지 규정 및 원산지 절차)과 부속서 3-가(품목별 원산지 규정)에 규정되어 있습니다.

기재문구	원산지 기준
A	협정 제3.1조에 언급된 바와 같이 한쪽 당사국의 영역에서 "완전하게 획득되거나 전적으로 생산된" 경우
B	협정 제3.1조에 언급된 바와 같이 전적으로 원산지 재료로만 한쪽 당사국의 영역에서 생산된 경우
C	협정 제3.1조에 언급된 바와 같이 전적으로 한쪽 당사국의 영역에서 생산되고, 부속서 3-가(품목별 원산지 규정)에 규정된 세부 원산지 규정을 충족하는 경우
D	협정 제3.15조(역외가공)의 적용을 받는 경우

제8란: 제5란의 각 물품에 대하여 본인이 생산자인 경우 "YES"를 적습니다. 본인이 생산자가 아닌 경우, "NO"를 적고 이 증명서의 작성 근거를 아래 표에 따라 적습니다.

기재문구	증명서 작성 근거
(1)	물품이 원산지 물품 자격을 갖추었는지에 대한 본인의 인지
(2)	물품이 원산지 물품 자격을 갖추었다는 생산자의 서면 진술(원산지증명서는 제외한다)에 대한 본인의 신뢰
(3)	생산자가 수출자에게 자발적으로 제공한, 그 물품을 위해 작성되고 서명된 원산지증명서

제9란: 제5란의 각 물품에 대한 원산지결정기준으로 역내부가가치포함비율 기준이 적용되는 경우에 역내부가가치포함비율이 공제법에 의해 계산되었다면 "BD", 집적법에 의해 계산되었다면 "BU"를 적습니다. [참조: 협정 제3.3조(역내가치포함비율(RVC))]

제10란: 모든 원산지 물품에 대하여 원산지 국가의 이름을 적습니다: 한국(KR), 코스타리카(CR), 엘살바도르(SV), 온두라스(HN), 니카라과(NI), 파나마(PA).

제11란: 제5란의 각 물품에 대한 품목분류 또는 재료가치에 대한 사전심사 또는 심사를 받은 경우 등 이 증명서에 관하여 추가 사항이 있는 경우에 발급 당국, 참조 번호 및 발급 날짜를 적습니다. 또한, 제3.6조(누적), 제3.7조(최소허용수준), 제3.8조(대체가능 상품 또는 재료) 또는 제3.9조(세트)가 적용되는 경우, 또는 그 물품에 대하여 제3국에서 송장이 발부된 경우, 이 란에 기재할 수 있습니다.

제12란: 수출자 또는 생산자가 작성, 서명하고, 날짜를 적어야 합니다. 날짜는 이 증명서가 작성되고 서명된 날이어야 합니다.

참조: 이 작성방법은 원산지 증명서를 작성하기 위한 참고용으로만 사용되므로, 뒤쪽에 기재되거나 인쇄될 필요는 없습니다.

210mm× 297mm[백상지(80g/m²)]

※ **APTA 원산지증명서 작성요령**

Ⅰ. 일반조건

특혜수혜를 위하여 상품은 다음 조건을 충족한다.

가. 목적지인 아시아 · 태평양 무역협정 국가의 양허표상 특혜품목에 해당한다.

나. 아시아 · 태평양 무역협정 원산지 규칙을 충족한다. 탁송품내 개별상품은 개별적으로 자격을 취득한다.

다. 아시아 · 태평양 무역협정상 원산지 규칙의 운송조건을 충족한다. 일반적으로 상품은 제5조의 규정에 따라 수출국에서 수입국으로 직접 운송한다.

Ⅱ. "란" 기재방법

1란 : 수출자

수출자의 성명, 주소, 국가명을 기입한다. 성명은 송품장에 기재된 수출자와 동일하다.

2란 : 수입자

수입자의 성명, 주소, 국가명을 기입한다. 성명은 송품장에 기재된 수입자와 동일하다. 제3자 무역일 경우, "주문용"을 기입할 수 있다.

3란 : 공용란

증명기관의 사용을 위하여 공란으로 남겨둔다.

4란 : 운송 수단 및 경로

수출품의 운송수단 및 경로를 상세히 기입한다. 신용장의 조건 등이 세부사항을 요하지 아니하는 경우 "비행기로" 또는 "선박으로"라고 기입한다. 생산품이 제3국을 경유하는 경우, 예를 들어 "비행기로", "방콕 경유 라오스부터 인도까지"라고 기입한다.

5란 : 세번

개별품목의 통일체계 6단위를 표기한다.

6란 : 포장기호 및 번호

원산지 증명서에 포함된 포장의 기호와 번호를 기입한다. 기입사항은 포장에 표기된 기호 및 번호와 일치한다.

7란 : 포장 수량 및 종류, 품명

수출품의 품명을 정확하게 기입한다. 송품장에 기재된 상품의 품명과 일치한다. 정확한 품명은 목적지 세관당국이 신속히 상품을 분류하는데 도움이 된다.

8란 : 원산지 기준

특혜상품은 「아시아 · 태평양 무역협정」 제2조의 규정에 따라 수출 참가국에서 완전히 생산 또는 획득된 물품이어야 한다. 수출국에서 완전히 생산 또는 획득되지 아니한 상품은 제3조 또는 제4조를 충족해야 한다.

가. 완전 생산 또는 획득물품 : 8란에 "A"를 기재한다.

나. 불완전 생산 또는 획득물품 : 8란에 다음과 같이 기재한다.

1. 제3조의 원산지 기준을 충족하는 경우 8란에 "B"를 기재한다. "B" 다음에는 비참가국에서 생산되거나 원산지를 알 수 없는 원료, 부품 또는 제품의 총가격을 생산품의 본선인도가격에 대한 백분율로 기재한다(예 : "B" 50퍼센트).
2. 제4조의 원산지 기준을 충족하는 경우 8란에 "C"를 기입한다. "C" 다음에는 수출국의 영역에서 생산된 원자재의 총가격을 수출품의 본선인도가격에 대한 백분율로 기재한다(예 : "C" 60퍼센트).
3. 제10조의 특별원산지 기준을 충족하는 상품은 8란에 "D"를 기입한다.
4. 제3조 나의 원산지 기준을 충족하는 경우 8란에 "E"를 기재한다. "E"뒤에는 원산지 기준을 기재한다.(예 : "E" CTH)

9란 : 총중량 또는 그 밖의 수량

원산지 증명서 상의 상품의 총중량 또는 그 밖의 수량(개수, Kg 등)을 기입한다.

10란 : 송품장 번호 및 일자

해당 송품장의 번호와 일자를 기입한다. 신고서에 첨부된 송품장의 일자는 원산지 증명서의 승인일자보다 늦지 아니해야 한다.

11란 : 수출자 신고

"수출자"는 무역업자 또는 제조자인 선적자를 의미한다. 생산국명 · 수입국명 및 신고장소 · 신고일자를 기입한다. 본란은 회사의 공인된 서명자에 의하여 서명되어야 한다.

12란 : 증명

증명기관이 본란에 증명한다.

[대한민국과 유럽자유무역연합회원국간의 자유무역협정]

The exporter of the products covered by this document (customs authorization No ....1)) declares that, except where otherwise clearly indicated, these products are of ....2) preferential origin.

......................................(Place and date)...................................3)

....4)

(Signature of the exporter, in addition the name of the person signing the declaration has to be indicated in clear script)

....5)

(Remarks)

[영국, 터키 및 EU 자유무역협정]

The exporter of the products covered by this document (customs authorization No ....1)) declares that, except where otherwise clearly indicated, these products are of ....2) preferential origin.

.....................................(Place and date)..................................3)

....4)

(Signature of the exporter, in addition the name of the person signing the declaration has to be indicated in clear script)

18

아이템 선정부터 통관 완료 후 물건을 받기까지 수입무역의 전체적인 흐름

각각의 장에서 나름 필요한 내용을 쉽게 설명하고자 노력 하였으나 3쇄 발간을 앞두고 일부 내용을 수정하면서 이런 의문이 들었다. '과연 무역을 처음 접하는 사람에게 이 책이 수입무역 첫 시도를 하는데 얼마나 도움이 될까?' 도움이 전혀 되지 않는다고는 말할 수 없겠지만 그럼에도 불구하고 여전히 망설임과 두려움이 작지 않을 것 같았다. 각 장의 내용을 이해했다고 할지라도 그래서 어디서부터 어떻게 시작해야 할지, 만약 내가 무역을 처음 접한다면 혼란스러울 수 있겠다는 생각이 들었기 때문이다. 그래서 본 장을 추가하게 되었다. 이번 파트에서는 전체적인 수입무역의 흐름을 설명하고, 이 흐름을 보면서 따라할 수 있도록 가이드를 제공하고자 한다.

전체적인 수입의 흐름을 총 4단계로 구분하였으며, 각 단계별로 어떠한 절차가 어떻게 진행되는지를 설명하였다. 아래의 흐름과 절차가 100%라고는 할 수 없겠지만, 분명 초보 수입자 분들께는 도움이 될 것이다. 중요한 점은 같은 물건을 수입하는 경우라도 각각의 경우에 따라 다른 이슈가 발생할 수 있으므로 스스로 검토한 사항을 맹신하지 말고, 최종적으로 관세사 등의 도움을 받아야 한다는 점에 유의해야 한다.

> 인증 대상 가능성 및 관세율 검토 → 해외 수출자와 협상 → 국제운송 → 입항 후 수입통관 등

1단계) 인증 대상 가능성 및 관세율 검토

아마 무작정 뭔가 수입을 해보겠다고 생각하는 경우는 흔치 않을 것이다. 대부분의 경우 'OO같은 제품을 수입해 볼까?'하는 생각을 가지고 있거나, 현재 자신이 취급하고 있는 종류의 제품을 수입하려고 하는 경우에 해당될 것이다. 이 때 실제 수입하게 되는 제품이 어떠한 인증 대상에 해당이 될 가능성은 없는지와 관세율을 미리 한 번 살펴볼 필요가 있다.

인증 대상 여부의 경우 먼저 폭넓게 카테고리별로 어떠한 인증에 해당이 될 수 있을지를 확인한 후에 다음의 단계로 넘어갈 수 있다. 카테고리 검토를 했다면 각각의 법 규정을 검토하여 실제 해당여부를 살펴보거나 관련 인증/시험 기관에 수입하고자 하는 것과 같거나 유사한 제품의 상세설명과 함께 인증 필요여부를 알아보는 방법이 이에 해당될 것이다. 보다 편리한 방법으로는 수입하고자 하는 제품의 HS CODE를 확인한 후, 해당 HS CODE로 인증 대상여부를 검토해 보는 방법도 있는데, HS CODE를 확인하는 방법은 4장에서 설명한 방법을 참조할 수 있다. 중요한 점은 인증 대상에 해당이 된다고 판단되는 경우 시험검사소에 서면으로 실제 대상이 맞는지, 비용과 기간, 필요서류는 무엇인지를 꼭 질의해야 한다는 점이다. 이 비용과 기간이 만만치 않은 경우가 많고, 상세 규정에서 추가적인 대상이나 비대상 제품을 지정하는 경우도 있기 때문이다. 카테고리별로 먼저 예측하는 방법을 사용할 경우 참고할 수 있도록 국내 온라인 마켓 카테고리를 기준으로 아래 표에 적용될 수 있는 법을 정리하였다. 다시 한 번 강조하지만, 이는 상당히 넓은 범위에서 작성된 것으로 실제 제품이 해당되는지는 각각의 개별법을 검토하거나 관련 인증/시험 기관 등에 문의하는 절차가 반드시 필요하다.

카테고리	적용 가능성이 있는 규정			
패션잡화	어린이제품안전특별법	전기용품및생활용품안전관리법		
의류	어린이제품안전특별법	전기용품및생활용품안전관리법		
주방용품	위생용품관리법	수입식품안전관리특별법	식물방역법	
신발	어린이제품안전특별법			
휴대폰/카메라	전파법	전기용품및생활용품안전관리법	통신비밀보호법	
화장품/미용	화장품법			
신선식품	식물방역법	수입식품안전관리특별법	가축전염병예방법	수산생물질병관리법
가공식품	수입식품안전관리특별법	가축전염병예방법		
건강식품	수입식품안전관리특별법			
유아동	어린이제품안전특별법	전파법	전기용품및생활용품안전관리법	
반려동물용품	사료관리법	가축전염병예방법	약사법	의료기기법
가전	전파법	전기용품및생활용품안전관리법		
PC/주변기기	전파법	전기용품및생활용품안전관리법		
가구	전기용품및생활용품안전관리법			
조명/인테리어	전파법	전기용품및생활용품안전관리법		
패브릭/홈데코	어린이제품안전특별법	전기용품및생활용품안전관리법		
생활용품	어린이제품안전특별법	전기용품및생활용품안전관리법	전파법	생활화학제품 KC
스포츠/레저	전파법	전기용품및생활용품안전관리법	어린이제품안전특별법	
자동차/오토바이	전기용품및생활용품안전관리법			
키덜트/취미	어린이제품안전특별법	전기용품및생활용품안전관리법		
건강/의료용품	약사법	의료기기법		
악기/문구	어린이제품안전특별법			
공구	전기용품및생활용품안전관리법			

예를 들어 수입하고자 하는 제품이 캐시미어 재질의 비니(모자)라고 하는 경우, 4장에서 설명한 관세법령정보포털의 품목분류 국내사례에서 '비니'로 관련 분류사례를 찾을 수 있다. 해당 사례에서는 수영모자를 HS CODE 제6505.00-9011호로 분류하였으며, 그 이유를 아래와 같이 설명하였다.

o 관세율표 제6505호에 "모자[메리야스 편물이나 뜨개질 편물의 것과 원단 상태(스트립 모양은 제외한다)인 레이스 · 펠트(felt)나 그 밖의 방직용 섬유의 직물류로 만든 것으로 한정하며, 안을 댄 것인지 또는 장식한 것인지에 상관없다], 각종 재료로 만든 헤어네트(hair-net)(안을 대거나 장식한 것인지에 상관없다)"가 분류되며,

- 같은 호 해설서에서 "이 호에는 메리야스 편물이나 뜨개질 편물[올이 총총히 하였거나 펠트(felt)한 것인지에 상관없다]에 의하여 직접 만들어졌거나 원단 상태인 레이스 · 펠트(felt)나 그 밖의 방직용 섬유의 직물로 만든 모자류(안을 댄 것이거나 장식한 것인지에 상관없다)를 분류하며 직물류를 기름 · 왁스 · 고무 · 그 밖의 재료로 침투 · 피복한 것인지에 상관없다."라고 설명하고 있고,
- "이 호에는 '(8) 방수모자(sou'wester)'의 것을 포함한다."라고 설명하고 있음

o 따라서, 본 물품은 합성섬유제 편물로 만든 모자이므로 관세율표의 해석에 관한 통칙 제1호에 따라 제6505.00-9011호에 분류함

위 HS CODE를 부여한 이유가 내가 수입하고자 하는 제품에도 동일하게 적용되는 경우, 같은 HS CODE로 분류될 확률이 높다. 필요한 경우 전문가 질의 등의 추가적인 확인을 거쳐 HS CODE를 확인하고 관세법령정보포털, 관세율표에서 해당 HS CODE를 찾아서 클릭한 후, 페이지 하단의 '세관장확인사항 및 통합공고' 부분을 확인한다.

6505.00-90

6505.00-901

00	90	기타	Other		
00	901	메리야스나 뜨개질 모자	Knitted or crocheted headgear		
00	9011	합성섬유로 만든 것	Of synthetic fibres	8%	C 13%
00	9019	그 밖의 섬유로 만든 것	Of other fibres	8%	C 13%

이 사례의 경우 제6505.00-9011호의 경우 합성섬유로 만든 것으로 확인이 되는데, 합성섬유에 해당하지 않으므로 제6505.00-9019호의 그 밖의 섬유로 만든 것이 해당하는 HS CODE를 클릭해야 할 것이다. 페이지 하단에서 다음과 같이 세관장확인사항과 통합공고 부분을 확인할 수 있다.

| 요건사항

· 수입

세관장확인	
수출입공고	
통합공고	다음의 것은 제2장제11절제82조의 5에 따라 안전기준에 적합한 제품을 수입 하여야 함 ① 가정용 섬유제품 **[전기용품 및 생활용품 안전관리법]** 다음의 것은 제2장제38절제206조에 따른 공급자적합성확인의 표시를 하여야 함 ① 아동용 섬유제품 **[어린이제품안전특별법]**

실제 수입통관 시점에 세관에서 확인하는 인증요건은 '세관장확인' 부분에 기재된 인증이다. 그럼에도 불구하고 '통합공고' 부분까지 살펴봐야 하는 이유는 실제 인증을 받아야 하는 제품이지만 세관장확인 고시에 올라오지 않은 경우도 있고, 통합공고의 규정은 유통과정에 적용될 가능성이 매우 높기 때문이다. 이 제품의 경우 세관장확인은 공란으로 되어 있으나 통합공고 부분을 보면 전기용품 및 생활용품 안전관리법과 어린이제품안전특별법이 확인된다. 만약 이 비니가 만 13세 이하의 어린이나 유아동이 사용하는 것이라면 어린이제품안전특별법에서 정한 인증과 표시가 반드시 있어야 한다. 또한 전기용품 및 생활용품 안전관리법에서는 '안전기준에 적합한 제품을 수입하여야 한다'고 정하고 있는데, 이는 통관 시에 인증여부를 확인하지는 않지만 원칙적으로 안전기준이 정해져 있고, 이 기준에 적합한 것인지를 스스로 확인한 후에 정해진 표시를 해야 하는 것으로 이해하면 된다.

세율 세율적용 우선순위

구분기호	2025년	관세구분
A	8%	기본세율
C	13%	WTO협정세율
R	0%	최빈국특혜관세
U	0%	북한산
FAS1	0%	한 · 아세안 FTA협정세율(선택1)

HS CODE를 클릭하고 수입요건 부분을 확인하기 전에 먼저 보이는 것은 위 그림과 같은 세율 부분이다. 대부분의 경우 A로 표시된 기본세율과 C로 표시된 WTO협정세율 중 낮은 세율이 적용된다고 볼 수 있다. 농수산물이나 국내 물가안정이나 산업보호가 필요한 품목의 경우, 또는 덤핑이 의심되는 경우는 매우 높은 다른 세율이나 더 낮은 세율이 적용되는 경우도 있지만, 많은 공산품의 경우는 A와 C 중 낮은 관세율이 적용된다. 비니의 HS CODE를 클릭한 결과 나오는 위 그림에서는 8%에 해당하는 기본세율이 적용될 것이다. 관세법에서는 기본세율이나 WTO 협정세율보다 FTA협정세율이 더 낮은 경우 FTA 원산지증명서를 갖추고, 운송요건 등을 충족했다면 FTA협정세율이 먼저 적용되도록 정하고 있다. 만약 이 비니가 아세안 국가에서 제조 및 수출되고, FTA 원산지증명서까지 구비한 경우라면 한-아세안 FTA협정세율도 적용될 수 있다. 위 그림에서 확인되는 바와 같이 한-아세안 FTA협정세율은 0%의 관세율이 적용되므로, 가능하다면 FTA를 적용할 수 있는 제품과 거래상대방을 찾는 것이 경제적으로 훨씬 효율적일 것이다.

2단계) 해외 수출자와 협상하기

많은 초보 수입자들이 하는 고민 중 하나로 '해외 수출자와 협상할 때 초보라 만만하게 보이지는 않을까?'가 있다. 해외 수출자가 나를 초보자로 보는 것은 상관이 없지만, 그로 인해 내가 챙길 수 있는 것을 챙기지 못하거나 다른 경험 많은 수입자에 비해 불이익을 당하지는 않을지 걱정이 생긴다. 1단계에서 인증요건과 관세율까지 확인한 후 아이템을 선정했다면 동일 아이템을 판매하는 여러 해외 수출자들과 협상을 하고, 가장 만족스러운 대화가 이루어진 상대방과 거래를 해야 하는데, 협상과정이 고민되는 것이다. 2단계에서는 어떤 것들을 어떤 순서로 요구하고 협상하면 좋을지에 대해 설명하고자 한다.

기본적으로 수출자와 협상이 필요한 사항은 가격과 리드타임이 될 것이다. 이 외에도 품질, 포장, 서류, 운송, 라벨 부착, 결제 시기와 방법 등 수입하고자 하는 물품의 종류에 따라 많은 것들에 대한 대화와 합의가 필요하다. 그러나 경험이 많지 않은 경우, 모든 것들을 처음부터 챙기는 것은 쉽지 않다. 경험이 많다고 하더라도 현실적으로 발생할 수 있는 모든 변수에 대해 미리 대비하는 것은 어려운 것이 사실이다. 그럼에도 불구하고 협상이 필요한 사항들은 어떠한 것들이 있으며, 어떤 순서로 어떻게 협상을 하면 좋을지 여러 수입 사례들을 봐 왔던 경험을 떠올리며 설명해 보고자 한다.

당연히 가장 먼저 확인해야 하는 것은 가격이 될 것이다. 아무리 좋은 제품이라 하더라도 가격이 맞지 않으면 판매량이 아무리 많아도 내 손에 남는 게 없거나 적을 수 있기 때문이다. 수출자에게 가격을 물어보고 싶다면 다음과 같이 질문해 보자. “당신이 판매하는 OO제품에 관심이 있습니다. 초도 물량은 약 △△개로 시작하려고 하는데요. EXW, FOB, CIF, DAP가격이 궁금합니다.” 이 때 수량을 500개~1,000개 등과 같이 범위로 제시하거나 수량별 리스트가 있다면 함께 제공해 줄 것을 요청할 수도 있다. 답변을 받았다면 EXW의 경우 제품 픽업 주소지가 어떻게 되는지, FOB의 경우 선적하게 되는 항구/공항은 어디인지, CIF의 경우 우리나라 공항/항구에서 발생할 것으로 예상되는 freight other charge는 대략 얼마나 되는지를 확인할 필요가 있다. freight other charge는 수출자가 거래하는 포워딩에 확인하여 알려달라고 부탁해야 한다. 이런 것들을 확인하는 이유는 다음 단계에서 진행하게 될 포워딩의 운임견적을 받을 때 필요하기도 하고, 포워딩의 운임 견적을 받은 후 가장 합리적인 가격을 선택하기 위함이다. 이 중 제품 픽업 주소지는 알려주지 않는 경우도 있다. 수출자 입장에서는 이 사람이 거래를 할지, 말지 모르는 상황에서 상세한 공장/창고 주소지 먼저 알려주는 것을 꺼리는 경우도 있기 때문이다. 만약 이런 경우라면 지역 정도만 파악하고, 거래 여부의 윤곽이 잡혔을 때 다시 확인을 할 수 있을 것이다.

수량별 가격을 확인한 결과 가격이 생각하는 기준에 맞다면 다른 사항들을 확인/협상하게 된다. 만약 시즌 상품이거나 현재 유행하고 있는 상품이라면 리드타임을 우선적으로 고려해야 할 것이다. 5월 가정의 달을 맞아 수입하려고 하는데, 지금 주문을 해도 4월 중순에야 생산이 완료되는 경우라면 판매시기를 놓칠 가능성도 있기 때문이다. 이후 상품이 한국에 도착했을 때 문제없이 통관이 완료되어서 정상 판매를 할 수 있어야 하는데, 이를 위해서는 인증 및 통관 요건/서류가 갖추어져야 할 것이다. 따라서 이 부분을 확인 또는 요청해야 하는데 다음과 같이 정리할 수 있다.

▷ 주문 시, Proforma Invoice 제공.

▷ 선금 결제 후 Commercial Invoice 제공.

▷ 생산완료 후 Packing List 제공.

▷ FTA Certificate Origin 제공 및 발급비용 발생 여부.

▷ 제품에 「Made in XXX」과 같은 원산지 표시 가능 여부.

〈 인증이 필요한 경우 추가 〉

▷ 시험검사소에서 요구한 서류 협조 가능여부.

▷ 시험검사소에서 요구한 부분품(유/무상) 제공 가능 여부.

▷ 수입자 : 한글표시사항 라벨 파일 제공 → 부착 가능 여부.

모든 서류의 경우 반드시 초안을 먼저 제공하고, 확인이 완료된 후에 최종본을 발행해야 함을 강조해야 한다. 특히, FTA원산지증명서의 경우 관세율을 낮추기 위한 서류로써 형식적인 부분이 상당히 중요하다. 잘못 발급된 후에 다시 수정을 하려고 하면 수출자가 수정이 어렵다고 발뺌하거나 추가적인 비용을 요구하는 경우도 있으므로 미리 강조할 필요가 있다. 만약 HS CODE가 다른 여러 아이템을 수입하는 경우라면 포장 상자별로 번호를 부착하고, Packing List에도 상자 번호별로 어떤 품목이 들어 있는지를 구분하여 기재해 달라고 요청해야 한다. 서류의 경우 이런 저런 요청을 한다 하더라도 수출자가 요청사항이 반영되지 않은 서류를 보내오는 경우가 상당히 많다. 그렇기 때문에 반드시 모든 서류는 초안을 먼저 제공하고, 확인 후에 최종 발행을 하도록 해야 한다.

많은 경우 물건을 직접 보지도 않고 수입을 하지는 않는다. 위에서 설명한 가격, 리드타임과 서류 부분의 협상이 긍정적으로 진행 되었다면 샘플을 받아서 품질과 포장상태를 확인해야 한다. 샘플은 해외 수출자에 따라서 무상으로 제공하는 경우도 있고, 유상으로 제공하는 경우도 있다. 유상으로 제공하는 경우 추후 거래를 할 때에 금액을 빼주겠다고 하기도 한다. 간혹 최초에 제시한 가격 보다 더 높은 단가를 요구하는 경우도 있는데, 이런 경우는 샘플로 제공할 제품이 현재 없어서 생산해야 하는 경우이다. 이 경우 하나만 생산을 할 수는 없으므로 생산라인을 한 번 돌릴 때 혹은 생산을 위해 필요한 원자재를 MOQ에 맞춰서 주문할 때 발생하는 비용을 고려해서 높은 비용을 요구하는 것이다. 너무 비용이 크다면 고민이 필요하겠지만 그렇지 않다면 샘플비용의 유상, 무상을 놓고 입씨름하기 보다는 수출자가 취급하는 유사한 품목들 여러 가지를 함께 보내 달라고 요청하는 것이 도움이 될 수 있다. 내가 미처 살펴보지 못했던 제품이 있을 수도 있고, 여러 제품들을 비교하면서 개선점, 보완점이 보이기도 하기 때문이다. 또 경우에 따라서는 하나의 인증으로 두 가지 제품을 수입할 수도 있고, MOQ가 있는 경우 2가지 제품을 묶어 MOQ를 충족할 수 있는 경우도 있을 수 있다.

샘플을 주문하고 받는 과정에서는 '수입통관'이라는 절차가 진행된다. 샘플 역시도 일반 소비자인 개인이 자신이 사용하기 위해 외국에서 한국으로 들어오는 것이 아니라 상거래를 목적으로 수입되는 것이기 때문에 원칙적으로 수입통관 절차가 필요한 것이다. 수입통관 과정에서는 수입세금이 부과된다. 이는 무료로 샘플을 받는 경우라고 해도 똑같이 적용된다. 무상 샘플의 경우 인보이스에 만약 실제 거래하게 된다면 얼마에 거래가 되는지 단가를 기재하고, 서류에 free of charge 등의 문구를 기재할 필요가 있다. 관세와 관련하여서는 관세법에서 과세가격 기준 미화 250

달러 이하이고, Not for Sale 등의 표시가 있어 샘플임이 명확하다면 면세 적용이 가능하다. 다만, 이 금액을 초과하는 경우 전체 금액에 대해 관세가 부과되므로 샘플 금액이 적지 않거나 FTA를 적용할 실익이 있다고 판단된다면 미리 원산지증명서를 수출자에게 요청하여 구비하는 것이 좋겠다. 샘플 중에서도 인증이 필요한 아이템이 있을 수 있다. 전기인증, 전파인증, 생활화학제품, 어린이제품, 화장품 등은 관련 기관의 면제승인이 필요하므로 미리 준비할 필요가 있다. 이 경우 시장조사용 샘플로 통관이 가능한 수량이 정해진 경우도 있으므로 이와 관련해서는 사전 확인 후 샘플이 발송될 수 있도록 해야 한다. 식품 등의 경우 소량이라면 사전 면제승인 없이 통관이 가능하지만, '소량'이라고 하는 명확한 기준이 없으므로 최소한의 수량을 준비하는 것이 좋겠다. 경험상으로는 품목별로 3~5개 이내는 샘플로 인정을 받고 있으며, 수출자 측에 요청하여 제품에 Not for Sale, Sample 등의 표시를 하는 것을 권유하고 있다.

간혹 물건이 그냥 도착해 버렸는데 어떻게 하면 좋겠냐는 질문을 하시는 분이 있다. 이를 방지하기 위해 수출자 측에는 Tax ID(사업자등록번호)와 영문상호를 알려주면서 운송장과 인보이스 등 서류의 Consignee(수하인)에 기재해 줄 것을 요청할 수 있다. 샘플 통관 시 납부한 부가세에 대해서는 사업자번호로 매입세금계산서가 발행되므로, 부가가치세 신고시 매입세액으로 공제가 된다는 점도 참고하기 바란다.

샘플을 무사히 받았다면 품질, 디자인을 체크하게 되는데, 이 때 꼭 같이 확인할 필요가 있는 부분이 바로 '포장'이다. 포장에서도 디자인이 아닌 포장의 상태를 확인하는 것이 중요하다. MOQ물량 이상을 주문한다면 포장 디자인을 바꾸는 것은 어렵지 않기 때문이다. 또 MOQ이상의 물량이 아닌 경우에도 추가비용을 지불하면 포장 디자인 변경요청은 가능한 경우가 상당히 많다. 포장상태를 살펴볼 때 특히, 파손 위험이 있는 유리, 도자기 등의 재질이라면 포장은 어떻게 되어 있는지, 포장상자가 찢어지거나 하지는 않았는지, 이상이 없다고 하더라도 너무 얇거나 코팅이 전혀 없는 재질이지는 않은지 등 포장 상태를 면밀히 살펴봐야 한다. 일부 경험이 많은 수입자들은 포장이 종이 상자로 되어 있고, 재질이 마음에 들지 않는 경우 'XXX재질 120gsm으로 포장상자를 바꾸면 추가비용이 있는지?'와 같이 확인하면서 포장 재질을 바꾸기도 한다. 해상운송 과정에서는 생각보다 많은 손상이 발생한다. 많은 경우 포장상자의 손상이다. 찌그러지거나 찢기거나 눌리거나 젖거나 하는 등의 손상이 적지 않은데, 외부 포장만 손상되었다면 괜찮겠지만, 그로 인해 내부 소매포장 상자나 제품에 손상이 생기는 경우, 책임소재를 따지기가 어려우므로 포장상태를 면밀히 체크해 봐야 하겠다. 포장 디자인을 변경하는 경우 가능하면 최종 인쇄 전에 글자가 겹친 부분은 없는지 등을 체크하는 것이 좋다. 같은 맥락에서 한글표시사항이나 원산지표시도 확인할 필요가 있다. 수출자에게 A4용지 등에 출력해서 휴대전화 등 크기를 짐작할 수 있는 물건위에 올려놓은 사진을 요청해서 확인한 후 진행하는 것이다. 외국 수출자가 한글을 알지 못하기 때문에 육안으로 식별이 불가능할 정도로 글자가 작게 인쇄되거나 겹치는 경우가 있고, 이로 인해서 물건이 한국에 도착한 후 다시 작업해야 하는 불상사를 미연에 방지할 수 있다. 그대로 인쇄를 하는 것 아니냐고 생각할 수 있지만, 우리 생각과 달리 인쇄되는 경우가 있으므로 수출자에게 최종 체크 후에 인쇄를 하도록 요청해야 하겠다.

제품과 포장까지 협의가 완료되었다고 하더라도 아직 중요한 사항들이 남아 있다. 바로 돈과 직·간접적으로 관련되는 사항으로 인도조건, 결제방법과 시기, 여분의 부품 및 포장 제공, 발생 가능한 부대비용 및 운송 중 손상과 관련된 협의이다.

먼저 인도조건의 경우 어떤 Incoterms 규칙을 선택하느냐 하는 사항이다. 이는 운송의 주체 즉, 포워딩을 누가 선택하고 비용을 지불할 것인가를 결정하는 것을 말한다. 이어질 3단계에서 국제운송과 관련한 부분에 대해 설명한 부분을 참고하여 나에게 가장 경쟁력있는 비용을 찾고, 내가 찾은 조건으로 거래를 요청하는 것이다. 1단계에서 수출자에게

EXW, FOB, CIF, DAP로 가격을 확인 하였다면 간단하게 수출자의 공장 또는 창고에서 항구나 공항까지 가는 물류비, 또 우리나라 항구나 공항까지 운송하는 국제물류비를 짐작해 볼 수 있을 것이다. FOB-EXW=수출국 국내 운송비, CIF-FOB=국제 운송비 및 보험료, DAP-CIF=통관 후 우리나라 국내 운송비가 산출되기 때문이다. 3단계에서 받게 되는 포워딩 물류비용 견적과 비교했을 때, 더 나은 비용을 선택하면 되고, CPT, CIP, CFR, CIF 중 하나의 규칙을 선택한 경우 16장을 참고하여 운임 부대비용까지 확인한 후 선택할 필요가 있다.

결제와 관련하여 거래대금 100%를 선입금해야 거래가 가능하다고 하는 경우가 있다. 특히 첫 거래에서 이와 같은 경우가 많이 발생하는데, 첫 거래의 위험은 수출자 뿐만 아니라 수입자에게도 있다. 100% 선입금을 요구받았다면 다음과 같이 제시해 보자. "제가 많은 해외 거래처들과 무역거래를 하고 있지만 100% 선입금을 하고 거래하는 경우는 없었습니다. 보통 처음 거래를 시작할 때는 30% 수준에서 먼저 결제를 하고, 생산이 완료되고 on board B/L(화물이 배에 선적완료된 후 발행되는 서류)이 나오거나 물건이 한국에 도착한 후에 잔금을 결제 했어요. 앞으로 거래할 일이 늘어날 텐데 이 점은 서로 조금씩 양보해서 결정했으면 합니다." 이렇게 결제시기를 조정할 수 있으며, 가능하다면 잔금을 물건이 한국에 도착한 후 지불하면 좋겠지만 B/L이 나온 후로 조금 양보할 수도 있다. B/L이 발행 되었다는 것은 포워딩 회사에서 화물을 인수했다는 뜻이고, 여기에 'on board date'가 인쇄되어 있다는 것은 화물이 선적되었다는 것이므로 높은 확률로 물건이 한국에 들어올 것을 예상할 수 있음을 뜻한다. 보통 선금은 수출에서나 수입에서나 30~40% 정도 수준에서 결정이 된다. 이는 제조원가에 약간의 비용을 더한 수준이라고 이해하면 쉽다. 즉, 제조자는 선금만으로도 어느 정도는 위험을 회피했다고 할 수 있는 것이다. 결제방법은 보통 송금 방식을 많이 선택하게 되는데, 꼭 주의해야 하는 사항이 있다. 송금계좌의 예금주명과 국가가 인보이스의 발행회사 및 국가와 일치해야 한다는 점이다. 다른 경우 원칙적으로 외국환거래은행 또는 한국은행에 제3자 신고를 하도록 하고 있는데, 수십 년 무역에 종사하셨던 분들도 이 사실을 모르는 경우가 적지 않다. 적발되는 경우 과태료, 과징금이 부과되거나 조사 대상이 될 수 있으므로 이 점에 유의해야 하겠다. 중국의 경우 예금주의 회사명과 인보이스 발행 회사명은 일치하는데 소재한 국가가 다른 경우가 있으므로 국가까지 확인해 보는 것이 좋다. 앞서 포장과 관련한 설명을 하면서 포장 손상이 많다고 하였는데, 이에 대비해서 여분의 소매용 포장상자를 미리 요청하면 좋겠다. 제품에는 문제가 없는데 소비자에게 발송해야 하는 포장상자에 손상이 있는 경우 그대로 판매하기 어렵다. 또 때로는 판매되었던 물건이 반품되고, 상자가 오염되었거나 손상된 경우도 있을 수 있다. 이에 대비해서 "여분 포장상자는 얼마나 제공이 되나요?" 등과 같이 유도해서 여분의 포장상자를 요구하는 방법도 있다. 포장상자 외에 USB충전선이 포함된 제품의 경우 불량이 있는 경우를 대비해 여분을 요청할 수도 있으며, 이는 각 제품의 특성에 맞게 협의가 필요하겠다.

처음 수입을 하시거나 경험이 많이 않으신 분들이 많이 겪는 경험 중 하나로 선금을 송금한 후에 전체 비용이 조금씩 증가하는 것이 있다. 그 이유는 다양한데 FTA원산지증명서를 발행한다는 이유로, 수출포장에 파레트를 사용한다는 이유로, 스티커를 부착한다는 이유로, 여분 상자를 제공한다는 이유 등이 있다. 따라서 선금을 송금하기 전에 위와 같은 이유 외에 추가 비용이 발생할 수 있는 부분은 무엇이 있는지 확인하는 것이 좋겠다.

또한 운송 중 발생할지 모르는 손상과 관련해서도 사전에 대화가 필요하다. 운송 중에 발생하는 손상 비율은 어느 정도 되는지 물어보자. 손상이 발생하느냐가 아니라 전체 제품 중 몇 %의 비율로 포장이나 제품에 손상이 발생하는지를 묻는 것이다. 그리고 손상에 대한 사내 대응 가이드가 있는지도 체크하자. 사실 내가 묻는다고 손상률을 알려주고, 자신들은 이렇게 대응을 한다고 순순히 답변하는 수출자가 많지는 않다. 그럼에도 불구하고 확인하는 이유는 손상이 발생하지 않도록 그만큼 신경 쓰라는 뜻도 있고, 한 가지를 요청하기 위해서이다. "해외 거래처들이랑 거래를 하다 보면, 물건이나 포장이 손상된 채로 도착하는 경우가 종종 있더라고요. 그럴 때 그 누구도 자기 책임은 아니라고 하고 답답한 경우가 많은데요. 보통 운송 과정에서 이런 일이 많이 생기던데, 물류 쪽에서는 수출자 쪽에 확인하라고 하는 경우가 많아서요, 그래서 물건 출고하시기 전에 이상이 없었다는 걸 확인할 수 있도록 사진이랑 동영상을 찍어서 보내주실 수 있을까요?" 혹시 모를 손상에 대비한 최소한의 준비는 이렇게라도 해 두는 것이 좋지 않을까? 의외로 받아 놓은 사진이나 동영상이 도움이 되는 경우가 생길 수 있으니 이 내용도 알아두면 좋겠다.

〈 협상 내용 및 순서 〉

1) 가격, 수량, 리드타임 확인, 서류 관련사항 확인
2) 샘플 수취 후 포장관련 사항, 제품 보완/교정 관련 사항이 있는 경우 관련 내용 협의
3) (3단계의 물류견적을 받은 후) 인도조건 협의, 기타 부대비용 발생여부 확인, 결제 방법과 시기 협의, 여분 소매포장 제공 요청, 운송 시 손상율 확인(대처 방법이 있는지?, 출고 전 사진 또는 동영상 촬영 요청)

※ 기타 제품의 특성에 따라 내가 판매자 입장에서 배 또는 비행기로 나의 물건을 제주도까지 배송한다고 생각했을 때 발생할 수 있는 사항을 가정하여 추가적인 사항을 요청할 수 있습니다.

3단계) 국제운송(물류비용 견적 요청 등)

수출자로부터 Incoterms 규칙별 가격을 확인하였다면, 포워더로부터 물류비용 견적을 받아야 한다. 포워더가 제시한 견적을 토대로 가장 합리적인 거래조건을 선택하고, 포워더도 선정할 수 있기 때문이다. 많은 초보 수입자들이 이른 걱정을 하는 것 중 하나로 수입을 하기로 마음먹었을 때, '포워더를 어느 회사로 정할 것인가'가 있다. 사실 포워더 컨택과 선정은 수출자와 거래에 대한 협의를 진행하고, 거래를 하기로 마음을 먹었을 때 시작해도 늦지 않다. 운임 견적을 요청할 때 필요한 정보는 다음과 같다. 아래 정보를 전달하면서 EXW, FOB, CIF, DAP로 진행할 때의 견적을 각각 달라고 요청하여 수출자로부터 받은 가격견적과 비교하면 될 것이다.

◇ 물품의 총중량 & CBM : 운임은 기본적으로 중량과 부피를 고려하여 결정된다.

◇ 포장개수 : 최종 포장 개수이다. 100개의 박스가 5개의 파레트 위에 올려졌다면, 포장개수는 5개 이다.

◇ 물품 픽업장소 : EXW 규칙 하에서의 물류비용을 확인하기 위해 필요하다. 때로는 해상운임보다 수출국 내륙운송비가 더 비싼 경우도 있으므로, 물품 픽업지의 주소가 필요하다.

◇ 물품 선적항/공항 : 한 지역 내에 2개 이상의 항구가 있는 경우도 있으므로 항구/공항명이 필요하다.

◇ 물품 도착항/공항 : 한국의 항구/공항을 말한다.

◇ 물품의 최종 도착지 : 수입통관 후 물건을 받아볼 최종 도착지 주소를 말한다. 사업자등록증 상의 주소지와 다를 수 있다.

◇ 물품가액 : 보험료 산출 등에 필요하다.

◇ 물품내역 : 배터리가 내장되어 있는 등 위험물의 경우 운임이 달라질 수 있으며, 물품 종류에 따라 선사에서 MSDS를 요구할 수 있다.

운임의 경우 매 달 비용이 달라질 수 있다. 따라서 이번 달에 운임견적을 요청했지만 생산완료는 다음달 중순으로 예상되는 경우라면 이번 달 말 즈음에 포워더에 다음 달 견적을 다시 요청하여 보다 실제에 가까운 비용을 확인할 수 있을 것이다.

거래 확정 후에 국제운송이 시작되기 전 쉬핑마크(shipping mark)를 어떻게 해야 하는지 궁금해 하시는 분들이 있다. 쉬핑마크는 필수도 아니고, 반드시 어떤 내용이 포함되어야 한다는 것도 없지만, 비슷비슷한 포장의 화물이 많은 항구에서 물건이 뒤바뀌는 것을 방지해 준다. 실제 보세창고에서 수입통관이 완료된 화물을 출고하여 운송한 후에 아직 수입신고도 되지 않은 다른 수입자의 화물이 오배송되는 사례도 있다. 쉬핑마크에 권장하는 표시사항에는 다음과 같은 것들이 있다. 원산지, 수입회사명, 물건, 취급주의 표시가 필요한 경우 이를 문자나 그림(도안)으로 표시하고, 여러 종류의 물건을 수입하는 경우 상자별로 어떤 물건이 얼마나 들어있는지를 각 상자에 표시하는 것이 좋겠다. 상자별 표시는 세관의 검사가 진행되는 경우 원활한 통관에 도움이 된다.

국제운송과 관련한 2가지 클레임 사례가 있다. 첫 번째 사례는 물건이 파손된 사례이다. 수입자 A는 유리병으로 소매포장된 소스류를 수입하였고, 통관 후 일부 제품이 손상된 것을 발견했다. B역시도 유리병으로 소매포장된 주스를 수입하였으며 비슷한 손상을 발견하였다. A와 B는 모두 보험에 가입이 되어 있었다. 그렇지만 A는 제품 손상분에 대해 상당한 보상을 받은 반면, B는 그렇지 못했다. 그 이유가 무엇일까? 앞서 설명한 것처럼 국제운송이 진행되는 동안에는 크고 작은 손상이 발생한다. 특히 해상운송의 경우 포장 손상이 매우 빈번한 편이다. 포장상자만 손상을 입었다면 괜찮겠지만 물건까지도 손상을 입은 경우 누구의 책임인지를 가리기가 쉽지 않다. 수출자는 정상품을 발송했다고 할 것이고, 운송인도 운송과정에 문제가 없었다고 할 것이며, 보세창고에서도 보관하는 동안 전혀 문제가 없었다고 혹은 이미 손상이 발생한 상태였다고 주장할 것이다. 또한 통관 후 운송을 하는 운송인은 자신은 이미 손상된 물건을 인수했을 뿐이라고 말하면 그만이다. 결국에는 그 누구도 책임을 지지 않으려고 하며, 수출자와 손상분에 대한 어떤 합의가 안되는 경우 이에 대한 손실은 수입자가 모두 부담하게 되는 것이다. 이를 위해 존재하는 것이 적하보험이다. 거래물품의 손상으로 인해 경제적 손실이 발생하는 경우 보험사에 보험금을 청구할 수 있도록 보험에 가입하는 것이다. Incoterms에서는 CIF 및 CIP의 경우에만 수출자가 수입자를 위해 보험에 가입하도록 의무를 부여하고 있으며, 그 외의 경우에는 필요한 경우 필요한 자가 보험에 가입해야 한다. CIF규칙으로 거래를 한다고 하더라도 Incoterms는 강제적으로 적용되는 것이 아니기 때문에 당사자간 합의에 따라 수출자가 보험에 가입을 하지 않을 수도 있다. 따라서 보험이 필요하다고 생각되는 경우에는 수입자가 스스로 적하보험에 가입해야 한다. 적하보험이라고 하면 일단은 낯설다. 그리고 보험료가 상당히 비쌀 것 같다고 많은 사람들이 생각한다. 상황, 운송거리 및 운송수단, 물품가액 등에 따라 다르겠지만 사실 적하보험료는 생각만큼 아주 비싸지는 않다. 미화 1~2만불 정도의 유리병에 담긴 주스를 동남아에서 운송하는데 2만원이 채 되지 않는 비용이 보험료로 청구된다. 따라서 보험료가 비쌀 것 같다는 예상은 잠시 접어두고, 필요하다고 생각되면 포워더에 운임 견적을 요청할 때 보험료도 포함시켜 줄 것을 요청하는 것이 좋다. 생각보다 비싸다면 견적에서 보험은 제외해 달라고 하면 될 일이다. 보험을 가입할 경우 꼭 알아두었으면 하는 것 한 가지가 있는데 바로 보험 조건이다. 적하보험은 모든 위험에 대해 보험사가 보상하는지, 보험금 청구를 위해서 입증이 필요한지 등에 따라 크게 ICC(A), ICC(B), ICC(C)로 구분할 수 있다. 보통 해상운송에서는 ICC(C)로 항공운송에서는 ICC(A)로 부보하는 경우가 대부분이다. ICC(A)의 A는 All Risk를 말한다. 가장 보상범위가 넓은 반면 ICC(B), ICC(C)에 비해 보험료가 비쌀 수 있다. 그럼에도 불구하고 보험을 추가하려 한다면 (그리고 보험료 차이가 부담될 정도가 아니라면) 필자는 ICC(A)를 선택할 것을 권유하곤 한다. 그 이유는 ICC(A)의 경우 보험사가 보험금 청구를 받은 경우 자신들의 책임이 면제되는 사유로 사고가 발생했음을 입증하지 못하면 보험금을 지급해야 하기 때문이다. 반면 ICC(B), ICC(C)의 경우 입증 책임은 청구인에게 있고, 보험사와 청구인 그 어느 쪽도 입증을 하는 것은 쉬운 일이 아니기 때문이다. 두 번째 사례는 배송지연으로 인해 상당히 곤란한 상황에 처했던 C의 경우이다. C는 중국에서 어떤 물건을 수입하기로 되어 있었고, 포워더로부터 운임 견적과 함께 인천항 입항이 9월 3일로 예상된다는 통지를 받았다. C는 이에 맞춰서 물건 배송일자를 지정하였으나 일주일 이상 배송이 지연되면서 곤란한 상황에 처하게 됐다. 이렇게 입항일자가 지연되는 경우는 상당히 흔하다. 이유는 여러 가지가 있는데 출발항구의 날씨, 운항경로의 기상상황, 수출국에서의 세관 검사, 입항지의 기상상황, 세관검사 지연 등이 이에 해당된다. 중요한 점은 포워더에서 안내하는 최초의 입항 예정일은 언제든지 변동될 수 있으며, 이는 포워더가 결정하거나 좌지우지 할 수 있는 부분이 아니라는 것이다. 따라서 포워더에게 입항일정에 변동이 없는지 수시로 체크하여 안내해 줄 것을 요청하고, 납품/배송일자도 가능한 한 넉넉하게 기간을 설정할 필요가 있겠다.

4단계) 입항 후 통관

수입통관이라고 하는 것을 이해하기 위해서는 외국에서 배나 비행기에 실린 물건이 우리나라에 들어오는 과정부터 살펴보는 것이 도움이 된다. 우리 수입자들은 사실 수입통관에 관심이 있는 것이 아니라 물건을 '빨리' 받는 것에 관심이 있기 때문이다. 수입통관을 하면서 세관에서 검사를 하든, 뭘 하든 사실 나는 내가 외국에 주문한 물건을 사업에 지장이 없는 기간 이내에 받기만 하면 그만인 것이다.

외국에서 물건을 싣고 출항한 배나 비행기(외국무역선)는 마음대로 우리나라에 들어오거나 짐을 내려놓을 수 없다. 만약 그것이 가능하다면 해외에서 무서운 범죄자가 총기류, 마약 등 위험한 물건을 가지고 우리나라로 들어오는 일이 얼마든지 가능할 것이다. 결국 외국무역선(기)이 우리나라에 짐을 싣고 들어오기 위해서는 사전에 한국으로 들어가도 되냐는 확인과 짐을 한국의 땅에 내려놓아도 되는지에 대한 확인 절차가 필요하다. 관세법에서는 외국무역선(기) 입항 및 물품의 하역에 대해 다음과 같이 규정하고 있다.

> 제135조(입항절차) ① 국제무역선이나 국제무역기가 국제항에 입항하려는 때에는 선장이나 기장은 대통령령으로 정하는 사항이 적힌 선박용품 또는 항공기용품의 목록, 여객명부, 승무원명부, 승무원 휴대품목록과 적재화물목록을 첨부하여 관세청장이 정하는 바에 따라 세관장에게 입항보고를 하여야 하며...
>
> 제140조(물품의 하역) ① 국제무역선이나 국제무역기는 제135조에 따른 입항절차를 마친 후가 아니면 물품을 하역하거나 환적할 수 없다.

위 규정에 따라 배나 비행기가 우리나라에 도착하기 전에 선장이나 기장은 적재화물목록(적하목록)을 제출하며, 세관에서는 이 목록을 받아 심사한다. 우리나라에 이 물건들이 들어와서 육지에 내려지게(하역)될 경우 위해요소나 우범 가능성은 없는지를 살펴보고, 하역 후에 세관의 화물관리과에서 확인이 필요한 것과 그렇지 않은 것을 선별하는데, 확인이 필요한 물건을 '관리대상화물'이라고 한다. 관리대상화물로 선별된 경우 세관의 검사절차를 거치게 되는데, 적하목록에 제출된 물품상세와 일치하는지, 우리나라 규정에 맞게 원산지 표시 등은 되어 있는지, 숨겨진 다른 화물은 없는지, 지적재산권을 침해하는 물건은 아닌지 등을 확인하고, 그 결과를 통보하게 되는 것이다. 이 검사는 세관의 수입과에서 실시하는 통관검사와는 다른 개념으로 적하목록 심사 결과에 따라 관리대상 화물로 지정되어 검사를 받고도 수입통관 과정에서 세관 수입과의 검사가 한번 더 진행되는 경우도 있다. 관리대상화물의 검사는 보세구역에 해당 화물이 반입된 후에 진행되는데, FCL이라면 CY(컨테이너 터미널)에서 LCL이라면 보세창고에서 검사가 진행된다. FCL은 컨테이너에 들어있는 화물 전체의 주인이 1명(하나의 회사)인 경우로 통상 한 개의 B/L로 묶여 있다. LCL화물은 컨테이너에 화물의 주인(화주)이 여러 명인 경우로 우선 CY에 반입된 후에 CFS(보세창고)로 컨테이너를 옮겨 창고에 화물들을 풀어놓게 된다. 즉, FCL은 CY, LCL은 CFS가 최종 반입 보세구역이 되는 것이다. CY와 항공사 창고의 경우 365일 24시간 계속해서 운영이 되지만, 항구 CFS의 경우 월요일부터 금요일 09시부터 18시까지 운영이 되며, 토요일에 운영을 하는 창고의 경우 오전시간만 운영되는 경우가 대부분이다. 화물의 출고는 위 영업시간이 종료되기 1시간 전까지 가능한 경우가 많고, 무료장치기간이 부여된 경우가 아니라면 당일 반입 및 출고를 하더라도 1일분에 해당하는 창고료가 발생하게 되며, 토요일 영업시간 종료 전 창고 반입 후에 월요일에 출고할 경우 주말 동안의 창고 보관료가 발생된다. 입항 후 보세구역에 장치된 화물은 수입통관이 완료된 후에 보세구역(CY, CFS)를 떠날 수 있으며, 통관 완료 전 보세구역에서 화물을 몰래 꺼내오는 경우 밀수입으로 처벌받을 수 있다. 왜냐하면 보세구역의 경우 물리적으로는 한국의 영토 내에 있지만, 관세선 밖의 구역으로 수입통관이 완료되기 전의 외국화물은 이 곳을 벗어날 수 없기 때문이다. 비슷한 경우로 공항 면세점을 들 수 있는데, 면세점에서 판매되는 물건들은 외국물건이다. 이 외국 물건들에는 관부가세가 없기 때문에 상대적으로 저렴한 것으로, 면세점 직원이 판매되는 물건 또는 샘플 등을 퇴근하면서 몰래 가지고 나오는 경우도 밀수입으로 볼 수 있다. 수입통관 절차와 관련해서는 앞선 여러 장에서 설명하고 있으므로 앞 장을 참고하기 바란다. 수입통관이 완료된 물건은 외국물건에서 내국물건으로 바뀌고, 비로소 관세선을 벗어날 수 있다. 즉, 보세구역을 떠날 수 있는 것이다. 이 때 국내운송을 의뢰하게 되는데, 보통은 관세사무소나 관세법인에서 수입자의 편의를 위해 국내 운송을 대신해서 요청하고 있다. 그렇지만 수입자가 알고 있거나 거래하는 국내 운송사가 있다면 수입자가 직접 운송을 운송사에 요청할 수도 있으므로, 꼭 포워딩이나 관세사에 국내운송을 맡길 필요는 없다. 그렇다면 수입자는 이 과정에서 무엇을 해야 하는 걸까? 관세사에게 미리 수입과 관련된 서류를 전달해 두었다면 특별히 해야 하는 일은 없다. 전체적인 과정을 관세사에서 확인하고 행정절차를 진행하므로 수입통관 진행상황에 대한 안내를 해줄 것을 요청하면 그만이다. 이 요청은 포워딩으로부터 입항통지 등을 받은 경우 해당 메일을 그대로 전달하거나 유선상으로 전달하면서 할 수 있으며, 수입세금 등 경비내역을 받으면 해당 금액을 입금하는 것이 사실 수입자가 하는 일의 전부라고 할 수 있다. 수입통관 후 화물을 받았다면 손상여부 등을 체크하고, 수입 관련 서류를 보관할 필요가 있다. 서류는 B/L, 인보이스 등 수출자로부터 받은 서류, 수입신고필증, 외환거래증명서류이며, 5년간 보관하는 것이 원칙이다. 수입무역은 시작이 어려울 뿐이다. 낯설기 때문에 어렵게 느껴지지만 몇 번 반복하다 보면 익숙해질 것이다. 마지막으로 한 가지 당부하고 싶은 것은 익숙해진 후에 사전에 체크해야 하는 점들을 소홀히 하지 않기를 바란다. 이슈는 익숙한 것에서, 항상 하던 것에서, 그래서 주의를 기울이지 않는 것에서 발생한다.

> 선장/기장의 적하목록 제출 → 세관심사 → 관리대상화물 선별 → 화물관리과 검사(관리대상 화물로 선별된 경우) → 보세구역 반입(FCL : CY반입, LCL : CY를 거쳐서 CFS 반입) → 수입통관(수입신고서 제출–세관심사 → 세관수입과 검사(검사대상으로 선별된 경우) → 세금납부–수입신고수리) → 보세구역에서 반출(국내운송사에 운송 의뢰)

여기까지 함께 한 모든 분들의 건승을 진심으로 기원합니다.

▶

책을 마치며...

나는 새로운 것을 시도하는 것을 좋아하는 편이다. 나에게 있어 새로운 것이란 무언가를 배우는 것이기도 하고, 새롭게 시도하는 일이기도 하다. 내가 관세사가 된 이후 새롭게 시작한 것은 직접 무역현장에 뛰어든 것, 유튜브 채널을 개설한 것, 물류경영학을 공부한 것, 운동을 시작한 것(정말 나는 살면서 운동을 제대로 해 본 적이 없다) 등이다. 배움의 과정에서는 재미를 느끼고 스스로를 뿌듯하게 여기게 되어 삶의 질이 향상되는 것을 느낀다. 물류경영학 공부는 내가 관세사로 활동함에 있어 좀 더 폭넓은 시야를 가질 수 있도록 해주었고, 비록 전문 트레이너에게 코칭을 받거나 하는 대단한 것은 아니지만 내 삶에 추가된 운동은 나의 하루가 무려 한 시간 이상 길어지는 마법을 선물해 줬다. 운동을 하면서 '나도 할 수 있구나' 라는 자신감이 정말 많이 생겼다. 그리고 보다 긍정적으로 변하기 시작했다. 그러다 보니 운동에 더욱 재미를 붙이게 되었고, 어떻게 하면 운동하는 시간을 확보할 수 있을까 고민하는 사이 시간을 좀 더 효율적으로 사용하는 방법을 조금씩 깨달아가고 있다.

새로운 일을 시도할 때에는 처음에는 설레지만 그 과정에서 많은 한계와 어려움에 부딪치게 된다. 그럼에도 불구하고 새로운 일에 도전하는 이유는 내가 부딪치는 한계와 어려움을 극복하는 과정에서 배우는 것들이 너무나도 많고, 극복과정에서 느끼는 그 짜릿함은 다른 어디에서도 느끼기 어려운 것이기 때문이다. 그렇지만 한편으로 한계와 어려움은 정말 달갑지 않은 장애물이다. 만약에 내가 도전하는 일에 내 생계가 걸려있다거나 큰 자원이 투입된다면 그 '새로운 도전'은 나에게 설레임이 아닌 두려움으로 다가올 것이다. 수입을 처음 시도했을 때, 무역에 대해 아무것도 모르는 초보 수입자보다는 그 크기가 작았겠지만 나에게도 그런 두려움은 있었다. 이 수출회사가 직접 생산을 하는 것이 맞을까? 불량제품이 도착하지는 않을까? 인증은 제대로 나올까? 적시에 납품은 할 수 있을까? 등등 수많은 걱정과 고민이 있었다. 그 때 내가 했던 생각은 '걱정만 하지 말고 부딪쳐 보자, 시도하지 않을 거라면 고민조차 하지말자'였다. 그 때부터 아이템을 정하고, 여러 공장을 컨택하고, 샘플을 받고, 지인에게 부탁하여 공장을 직접 찾아가고, 국내 유통업자들과 미팅을 하는 일들을 몇 개월간 계속했다. 결국 인증심사 결과 불합격 처리가 되어 적지 않은 손해를 입었지만 첫 수입의 경험은 나에게 많은 교훈을 남겨 주었다. 또 이 과정에서 처음 수입을 시작하는 사람들에게는 셀 수 없이 많은 어려움이 있을 것이라는 것을 진심으로 느낄 수 있었고, 이러한 이유로 초보수입자들을 대상으로 한 유튜브 영상들을 이후에 많이 제작하고자 노력하였다. 그렇지만 영상으로 전할 수 있는 정보에는 한계가 있었다. 그래서 이 책을 집필하게 되었고, 초보수입자들이 고민할 만한 내용들과 미처 생각하지 못하는 부분들은 무엇이 있을지 짧지 않은 기간 동안 고민하였다. 이 책을 통해 정리한 나의 경험과 지식이 많은 초보수입자와 수입실무자 분들에게 조금이나마 도움이 되기를 바라며, 응원의 말을 남기고 싶다.

"응원하겠습니다. 지금 이 순간이 멀지않은 미래에서 웃는 당신을 만나게 해 줄 것입니다. 항상 행운의 기운이 가득하기를!"

김진욱 드림

부 록

수입통관 사무처리에 관한 고시

[시행 2024. 9. 10.] [관세청고시 제2024-43호, 2024. 9. 10., 일부개정]

관세청(통관물류정책과), 042-481-7733
관세청(수출입안전검사과), 042-481-7838

제1장 총 칙

제1조(목적) 이 고시는 수입물품의 통관을 적정히 하기 위하여 수입물품의 통관에 관한 처리지침을 정함을 목적으로 한다.

제2조(이 고시의 해석ㆍ적용에 관한 원칙) ① 이 고시의 해석ㆍ적용에 있어서는 수입신고 제도의 시행목적이 수입통관 단계에서의 세관의 통제와 규제를 최소한으로 축소하고, 적법ㆍ정당한 수입신고는 지체 없이 이를 수리하여 물품이 반출될 수 있도록 함으로써 통관 소요시간을 줄이고 기업의 물류비용을 절감하여 국가경쟁력을 제고하는데 있으므로, 규정이 명백하지 아니하거나 미비된 경우에는 수입자에게 유리하게 해석ㆍ적용하여야 한다.

② 수입신고 수리 후에 위법ㆍ부당한 사실이 발견된 경우에는 원칙적으로 수입한 화주에게 그 책임을 묻고, 신고내용을 그대로 인정하여 신고를 수리한 세관공무원에 대하여는 고의나 중대한 과실이 없으면 신고수리에 관한 책임을 묻지 아니한다.

③ 이 고시는 수입통관 사무처리에 관한 일반적인 사항을 규정한 것이므로 다른 특별한 규정이 있는 경우에는 그 규정을 적용한다.

제3조(정의) 이 고시에서 사용하는 용어의 뜻은 다음과 같다.

1. "출항전신고"라 함은 항공기로 수입되는 물품이나 일본, 중국, 대만, 홍콩으로부터 선박으로 수입되는 물품을 선(기)적한 선박과 항공기(이하 "선박 등" 이라 한다)가 해당물품을 적재한 항구나 공항에서 출항하기 전에 수입신고하는 것을 말한다.
2. "입항전신고"라 함은 수입물품을 선(기)적한 선박 등이 물품을 적재한 항구나 공항에서 출항한 후 입항(「관세법」(이하 "법"이라 한다) 제135조에 따라 최종 입항보고를 한 후 하선(기) 신고하는 시점을 기준으로 한다. 다만, 입항보고를 하기 전에 하선(기) 신고하는 경우에는 최종 입항보고 시점을 기준으로 한다. 이하 같다)하기 전에 수입신고하는 것을 말한다.
3. "보세구역 도착전신고"라 함은 수입물품을 선(기)적한 선박 등이 입항하여 해당물품을 통관하기 위하여 반입하려는 보세구역(부두 밖 컨테이너 보세창고와 컨테이너 내륙통관기지를 포함한다. 이하 같다)에 도착하기 전에 수입신고하는 것을 말한다.
4. "보세구역 장치후신고"라 함은 수입물품을 보세구역에 장치한 후 수입신고하는 것을 말한다.
5. "심사"라 함은 신고 된 세번ㆍ세율과 과세가격 등 신고사항의 적정여부와 법령에 따른 수입요건의 충족여부 등을 확인하기 위하여 관련 서류나 분석결과를 검토하는 것을 말한다.

6. "물품검사"라 함은 수입신고 된 물품이외에 은닉된 물품이 있는지 여부와 수입신고사항과 현품의 일치여부를 확인하는 것을 말한다.
7. "수입화주"라 함은 수입신고한 물품에 대하여 그 물품을 수입한 자를 말하며, 수입한 자가 불분명한 경우에는 다음 각 목의 어느 하나에 해당하는 자를 말한다.
   가. 물품의 수입을 위탁받아 수입업자가 대행 수입한 물품인 경우에는 그 물품의 수입을 위탁한 자
   나. 수입을 위탁받아 수입업체가 대행수입한 물품이 아닌 경우에는 송품장(송품장이 없을 때에는 선하증권이나 항공화물운송장)에 기재된 물품수신인
   다. 수입물품을 수입신고 전에 양도한 경우에는 그 양수인
   라. 조달물품은 실수요부처의 장이나 실수요자. 다만, 실수요부처나 실수요자가 결정되지 아니한 경우에는 수입 신고한 조달청장이나 현지 조달청 사무소장으로 하되 그 후 실수요부처나 실수요자가 결정되면 조달청장이나 현지 조달청 사무소장은 즉시 납세의무자 변경통보를 통관지세관장에게 하고 통관지세관장은 이에 의하여 납세의무자를 변경한다.
   마. 송품장상의 물품수신인이 부도 등으로 직접 통관하기 곤란한 경우에는 적법한 절차를 거쳐 수입물품의 양수인이 된 은행
   바. 법원 임의경매절차에 의하여 경락받은 물품은 그 물품의 경락자
8. "공급망"이란 물품의 수입, 수입신고, 운송, 보관과 관련된 수입업체, 관세사, 보세구역운영인, 보세운송업자, 화물운송주선업자, 선사, 항공사, 하역업자 등을 말한다.
9. "전자통관심사"란 일정한 기준에 해당하는 성실업체가 수입신고하는 위험도가 낮은 물품에 대하여 통관시스템에서 전자적 방식으로 심사하는 것을 말한다.
10. "부두직통관"이라 함은 화물 전부가 1명인 화주의 컨테이너로 반입된 화물로써 부두 내에서 통관절차 및 검사절차가 이루어지는 것을 말한다.
11. "부두통관장"이라 함은 부두직통관 하려는 화물을 컨테이너에 내장한 상태로 장치하기 위해 부두에 설치된 장소를 말한다.
12. "장치장소 관리인"이라 함은 특허보세구역은 운영인, 지정장치장은 화물관리인, 자유무역지역은 입주기업체 등 화물을 관리하는 자를 말한다.
13. "P/L신고"란 별지 제1호의2서식의 수입신고서 작성요령에 따라 기재한 수입신고서를 첨부 서류 없이 법 제327조제2항에 따라 전송하는 것을 말한다.
14. "통합선별심사"란 각 수입통관담당과(이하 "수입과"라 한다)로 접수된 "P/L신고"건을 심사하는 과(이하 "통관정보과"라 한다)에서 통합해 위험분석 및 신고사항을 심사하는 것을 말한다.

제4조(사무분장) ① 수입과는 수입신고물품에 대하여 다음 각 호의 업무를 담당한다. 다만, 제6호와 제7호의 사항에는 「관세법 시행규칙」(이하 "규칙"이라 한다) 제8조제2항에 따라 신고수리 후에 수행하는 감면·분할납부물품에 대한 과세가격과 세율 등의 심사와 관련된 것을 제외한다.

1. 수입신고서(별지 제1호서식, 이하 "신고서"라 한다), 제20조에 따른 가격신고서와 제131조에 따른 반출신고서의 접수, 심사, 물품검사와 신고수리에 관한 사항

2. 신고수리전 신고서의 수납확인
3. 신고수리전 신고서의 담보제공여부 확인
4. 법 제28조에 따른 잠정가격 적용결정과 확정가격 신고시기 결정 확인
5. 신고수리전 신고서의 수정・보정・경정・경정청구・정정, 신고취하의 승인, 신고각하에 관한 사항
6. 신고수리전 세액심사(이하 "사전세액심사"라 한다) 대상물품의 세액심사에 관한 사항
7. 사전세액심사 대상 신고건의 신고수리후 신고서의 보관・수정・보정・경정・경정청구・정정, 신고수리 취소에 관한 사항. 다만, 잠정가격신고 후 확정가격신고에 따른 수정은 제외한다.
8. 수입신고물품에 대한 관세 등 조세의 감면과 분할납부의 결정에 관한 사항
9. 재수출조건 면세물품의 사후관리등에 관한 사항. 다만, 담보의 제공과 관리에 관한 사항은 제외한다. ('00.6.29 신설)
10. 수입물품 분석의뢰에 관한 사항
11. 신고수리전 신고서에 대한 수입세금계산서의 교부와 정정에 관한 사항
12. 수입대체경비 등 세외수입의 전산등록과 고지서의 발행・교부에 관한 사항
13. 법 제226조에 따른 신고수리전 수입요건구비에 관한 사항
14. 법 제230조에 따른 원산지 표시에 관한 사항
15. 법 제230조2에 따른 품질 등 허위・오인표시에 관한 사항
16. 법 제235조에 따른 지식재산권 침해여부에 관한 사항
17. 법 제238조에 따른 보세구역 반입명령에 관한 사항 ('00.6.29 신설)
18. 신고수리 취소에 관한 사항
19. 그 밖에 신고수리전 수입통관에 관한 사항

② 납세심사담당과(이하 "심사과"라 한다)는 수입신고물품에 대하여 다음 각 호의 업무를 담당한다. 다만, 제6호, 제7호와 제15호의 사항에는 규칙 제8조제2항에 따라 신고수리후에 수행하는 감면・분할납부물품에 대한 과세가격과 세율 등의 심사와 관련된 것을 포함한다.

1. 수입신고물품에 대한 관세 등 조세의 징수에 관한 사항
2. 신고수리후 관세 등 제세 미납신고서의 체납관리
3. 담보의 제공과 관리에 관한 사항
4. 관세 등 제세 충당업무에 관한 사항
5. 법 제28조에 따른 잠정가격과 확정가격 차액의 확인
6. 사전세액심사 대상 신고건 이외의 신고수리후 신고서의 보관・수정・보정・경정・경정청구・정정승인에 관한 사항
7. 신고수리후 납세신고건별 세액심사에 관한 사항
8. 관세감면과 분할납부승인물품의 사후관리에 관한 사항
9. 사후분석대상 확인과 조치에 관한 사항
10. 신고수리후 신고서에 대한 수입세금계산서의 교부와 정정에 관한 사항

11. 수입대체경비 등 세외수입의 수납・충당・환급 등에 관한 사항
12. 법 제10조에 따른 납부기한 연장에 관한 사항
13. 과오납환급과 위약환급에 관한 사항
14. 범칙물품의 감정에 관한 사항
15. 신고수리후 제15조제4항에 따라 전자이미지화하여 제출한 첨부서류 등록에 관한 사항
16. 그 밖에 신고수리후 납세심사에 관한 사항

③ 통관정보과는 다음 각 호의 업무를 담당한다.

1. 수입신고서 정확도 향상에 관한 사항
2. 수입물품의 검사대상 선별 기준 수집 및 운영
3. 통합선별심사를 위한 위험분석 및 심사 기준 마련
4. P/L신고건에 대한 서류제출대상 및 검사대상으로 신고서 처리방법 변경에 관한 사항. 이 경우 변경된 신고서는 수입과에서 처리한다.
5. P/L신고건에 대한 제1항 각 호의 사항에 대한 통합선별심사. 다만, 심사 이후 업무(신고의 수리를 포함한다)는 '전자통관심사'에 준하여 수입과에서 처리한다.

④ 통관정보과가 없는 세관의 경우, 수입과에서 제3항에 따른 통관정보과의 업무를 담당하며, 수입과장은 통합선별심사 담당자의 업무 독립성을 최대한 보장해야 한다.

⑤ 세관장은 제1항과 제2항에도 불구하고 제2항제3호와 제10호의 업무에 대하여 세관의 특성과 민원인 편의를 고려하여 과별 분장업무를 조정할 수 있다.

⑥ 제1항부터 제3항에서 정하지 않은 사항은 신고서의 보관부서에서 처리한다.

제5조(과장 및 주무의 역할) 수입과 및 통관정보과 과장과 주무는 통관업무의 효율적 운영을 위하여 이 고시에 규정된 사항이외에 다음 각 호의 업무를 수행하여야 한다.

1. 수입신고서의 미결 건에 대한 관리
2. 서류제출대상 선별 관리
3. 검사대상 기준등록과 선별관리
4. 신고인별, 물품별 동향분석과 관리
5. 세관 내 통관관련 주요 쟁점에 대한 협의
6. 전자통관심사 통관현황 관리
7. 수입신고서의 효율적 배분을 위한 업무난이도 기준관리

제2장 일반통관 절차

제1절 수입신고

제6조(신고의 시기) 수입하려는 자는 출항전신고, 입항전신고, 보세구역 도착전신고, 보세구역 장치후신고 중에서 필요에 따라 신고방법을 선택하여 수입신고할 수 있다.

제7조(출항전신고 및 입항전신고의 요건) ① 출항전신고나 입항전신고는 해당물품을 적재한 선박 등이 우리나라에 입항하기 5일전(항공기에 의한 경우에는 1일전)부터 할 수 있다.

② 제1항에도 불구하고 다음 각 호의 물품은 해당 선박 등이 우리나라에 도착한 후에 신고하여야 한다. 다만, 제1호의 물품으로서 해당 선박 등이 우리나라에 도착하는 날이 해당 법령의 시행일보다 빠른 경우에는 그렇지 않다.

1. 세율이 인상되거나 새로운 수입요건을 갖추도록 요구하는 법령이 적용되거나 적용될 예정인 물품
2. 농・수・축산물이나 그 가공품으로서 수입신고하는 때와 입항하는 때의 물품의 관세율표 번호 10단위가 변경되는 물품
3. 농・수・축산물이나 그 가공품으로서 수입신고하는 때와 입항하는 때의 과세단위(수량이나 중량)가 변경되는 물품

③ 제1항에 따라 출항전신고나 입항전신고 수리된 물품을 적재한 선박 등이 기상악화 등 불가피한 사유로 수입신고 후 5일(항공기에 의한 경우에는 1일)을 경과하여 입항한 경우에도 해당 선박 등이 수입신고 후 5일(항공기에 의한 경우에는 1일)이내에 우리나라 영역에 도달한 것이 객관적인 증빙서류 등을 통해 입증되는 때에는 해당 수입신고는 유효한 것으로 본다.

제8조(신고세관) ① 출항전신고나 입항전신고는 수입물품을 적재한 선박 등의 입항예정지를 관할하는 세관장에게 하여야 한다.

② 보세구역 도착전신고는 해당물품이 도착할 보세구역을 관할하는 세관장에게 신고하여야 한다.

③ 보세구역 장치후신고는 해당물품이 장치된 보세구역을 관할하는 세관장에게 신고하여야 한다.

제9조(신고인) 수입신고나 제131조에 따른 반출신고는 관세사, 「관세사법」 제17조에 따른 관세법인, 「관세사법」 제19조에 따른 통관취급법인 등(이하 "관세사"라 한다)이나 수입화주의 명의로 하여야 한다.

제10조(수입신고 방법) 수입신고를 하려는 자는 「국가관세종합정보망의 이용 및 운영등에 관한 고시」에 따라 인터넷통관포탈서비스 이용신청을 하고 세관장의 승인을 받아야 한다.

제11조(신고의 효력발생시점) 수입신고의 효력발생시점은 전송된 신고자료가 통관시스템에 접수된 시점으로 한다. 다만, 제144조제1항에 따라 수작업에 의하여 신고하는 때에는 신고서가 통관지세관에 접수된 시점으로 한다.

제12조(수입신고) ① 수입신고는 P/L신고를 원칙으로 한다.

② 신고인이 전송한 제1항에 따른 수입신고서와 제15조에 따른 수입신고 시 제출서류(이하 "신고자료"라 한다)에 대하여 오류발생 사실을 전산 통보받은 경우에는 오류내용을 정정하여 동일한 신고번호로 다시 전송하여야 하며, 그 밖의 사유로 신고자료의 내용을 정정하려는 경우에는 접수결과를 통보받기 전까지 정정전과 동일한 신고번호를 다시 전송하여야 한다.

③ 세관장은 제1항과 제2항에 따라 이상 없이 전송된 신고자료에 대하여는 신고일에 다음 각 호의 사항을 신고인에게 통보한다. 다만, 제1항에 따른 P/L신고건의 경우에는 제4호의 사항을 통보하지 아니한다.

1. 접수여부와 서류제출대상 여부
2. 검사대상여부
3. 신고납부대상물품의 경우 납부서번호
4. 자동배부의 경우 신고서처리담당직원의 부호

제13조(서류제출대상 선별기준) ① 제12조제1항에도 불구하고 다음 각 호의 어느 하나에 해당하는 물품은 전산시스템에 의하여 서류(전자서류, 종이서류를 포함한다. 이하 같다) 제출대상으로 선별한다.

1. 법 제38조제2항 단서에 따른 사전세액심사 대상물품. 다만, 다음 각 목의 어느 하나에 해당하는 물품은 제외한다.
   가. 「부가가치세법」제27조제1호・제2호와 제15호(같은 법 시행령 제56조제22호 해당물품에 한한다) 해당물품
   나. 특급탁송물품으로서 규칙 제45조제2항제1호에 따른 소액면세대상물품
   다. 법 제89조에 따른 감면대상물품 중 감면추천서를 전자문서로 제출받은 물품
   라. 개성공업지구로부터 반입되는 임가공물품
   마. 법 제101조에 따른 해외임가공감세물품
   바. 법 제99조에 따른 감면대상물품 중 물품가격이 미화 150달러 이하인 전자상거래 물품으로서 수출업체가 반품 등의 사유로 재반입하는 물품
   사. 「조세특례제한법」제109조에 해당하는 환경친화적 자동차(신차에 한함)
   아. 그 밖에 관세청장 또는 세관장이 통관심사 시 서류제출이 필요하지 않다고 인정하는 물품
2. 법 제39조에 따른 부과고지대상물품
3. 법 제82조에 따른 합의세율 적용신청물품
4. 할당・양허관세 신청물품 중 세율추천기관으로부터 세율추천을 증명하는 서류를 통관시스템에서 전자문서로 전송받을 수 없는 물품
5. 법 제226조에 따른 세관장확인물품 중 요건확인기관으로부터 요건구비를 증명하는 서류를 통관시스템에서 전자문서로 전송받을 수 없는 물품
6. 법 제232조에 따른 원산지증명서류 제출대상물품. 다만, 개성공업지구로부터 반입되는 임가공물품과 체약상대국과의 원산지 전자자료교환시스템을 통해 원산지증명서의 내용을 확인 할 수 있는 경우에는 제외한다.
7. 제28조에 따라 검사대상으로 선별된 물품
8. 법 제250조에 따라 신고 취하되거나 신고 각하된 후 다시 수입신고하는 물품
9. 무역통계부호표상 수입 종류별 분류(코드)가 다음 각 목에 해당하는 경우
   가. 보세건설장에서의 수입물품(17, 20, 분할신고가 아닌 건 중 AEO업체가 수입하는 건은 제외)
   나. 신고수리전반출승인물품(22, 23)
   다. 보세판매장 반입물품(18, 24, 25, 30, 33)

9의2. 선박(항공기)용품 수입물품

10. 일시수입통관증서(A.T.A Carnet)에 의하여 수입하는 물품

11. 수입신고서 기재사항 중 품명・규격의 일부만 기재한 물품
12. 「지방세법 시행령」 제71조에 따른 담배소비세 납세담보확인서 제출대상물품과 같은 법 시행령 제134조의 2에 따른 자동차세 납세담보확인서 제출대상물품
13. 다이아몬드 원석(HS 7102.10, 7102.21, 7102.31)
14. 관리대상화물 검사결과 이상이 있는 물품
15. 같은 컨테이너에 화주가 다른 선하증권(B/L)이 혼재되어 있으나 부두직통관을 신청한 물품
16. 그 밖에 관세청장이나 세관장이 서류제출이 필요하다고 인정하는 물품

② 관세청장은 다음 각 호의 기준에 따라 서류제출대상으로 차등 선별할 수 있다.

1. 수입업체의 성실도
2. 수입신고인의 성실도
3. 최초 수입업체와 물품
4. 수입신고 되는 물품의 공급망에 속한 당사자의 성실도
5. 그 밖에 서류제출이 필요하다고 인정되는 경우

③ 제2항제1호의 수입업체의 성실도는 다음 각 호의 사항을 기초로 매월말까지 수입업체를 평가하여 "수입업체 평가등급 구분기준[별표 9]"에 따른 수입업체 평가등급을 기준으로 한다.

1. 최근 2년간 법, 「수출용원재료에 대한 관세환급에 관한 특례법」(이하 "환특법"이라 한다), 「외국환거래법」, 「대외무역법」, 「상표법」 등 위반 실적
2. 최근 2년간 관세 등 수입물품과 관련된 제세의 체납실적
3. 최근 3년간 수입통관실적
4. 평가 직전 3개월간의 수입통관실적・검사적발율・오류점수

④ 제2항제2호의 수입신고인의 성실도는 「수출입신고 오류방지에 관한 고시」에 따라 산정된 평균오류점수에 따라 매분기 다음 달 말까지 "관세사 평가등급 구분기준[별표 10]"에 따른 기준으로 한다.

⑤ 제2항제3호의 "최초수입업체"는 「통관고유부호 및 해외거래처부호 등록・관리에 관한 고시」에 따른 고유부호 등록일로부터 수입회수 10회 미만을 기준으로 하고, "최초수입물품(HS 6단위기준)"은 해당업체가 처음 수입하는 물품으로 수입신고회수가 10회 미만인 경우를 대상으로 한다.

⑥ 다음 각 호의 어느 하나의 전자문서가 통관시스템에 접수되지 아니하여 신고인이 서류로 제출하는 경우에는 이를 심사하여 통관시스템에 등록(종이서류를 PDF 등 전자문서로 변환하여 등록하는 것을 포함한다)하여 처리한다. 다만, 종이서류를 전자통관시스템에서 전자제출한 경우에는 이를 갈음한다.

1. 할당・양허관세신청물품 중 세율추천기관으로부터 세율추천을 증명하는 서류
2. 법 제226조에 따른 세관장확인대상물품 중 요건확인기관으로부터 요건구비를 증명 하는 서류

⑦ 제2항제4호의 "공급망에 속한 당사자의 성실도"는 법 제255조의2와 「수출입 안전관리 우수업체 공인 및 운영에 관한 고시」제4조에 따른 수출입안전관리우수업체(이하 "수출입안전관리우수업체"라 한다)를 공인하는 기준으로 한다.

⑧ 제1항부터 제6항까지의 규정에 따라 서류제출대상으로 선별되거나 변경된 경우에는 신고 자료를 서류로 세관장에게 제출하여야 한다. 다만, 신고수리 후 전자서류 제출대상으로 선별된 경우에는 다음 달 10일까지 일괄하

여 제출할 수 있다.

제14조(무역서류의 전자제출) ① 이 조에서 사용하는 용어의 정의는 다음과 같다. ('07.12.28 신설)

1. "무역서류" 란 다음 각 목의 서류를 말한다.

   가. 송품장

   나. 선하증권(항공화물운송장을 포함한다. 이하 같다)

   다. 원산지증명서

   라. 포장명세서

2. "전자서명"이라 함은「전자서명법」제2조제2호에 따른 전자서명을 말한다.

3. "인증서"라 함은「전자서명법」제2조제6호에 따른 인증서를 말한다.

② 수입신고 시 별지 제31호서식의 송품장은 법 제327조제1항과 같은 조 제2항에 따라 전산처리설비를 이용하여 전자적으로 제출할 수 있다.

③ 인터넷을 이용하여 전자적으로 제출하는 무역서류는 수입화주의 전자서명과 인증서를 첨부하여 제출하여야 한다. 다만, 외국의 정부기관이나 그가 지정한 자로부터 직접 제출받는 경우에는 그렇지 않다.

④ 수출입안전관리우수업체로 공인받은 수입업체가 ERP시스템(전사적 자원관리시스템을 말한다. 이하 같다)을 활용하여 수출입안전관리우수업체로 공인받은 신고인을 통하여 수입신고하는 때에는 무역서류를 전자적인 방법으로 제출할 수 있다.

⑤ 제4항에 따라 무역서류를 전자적인 방법으로 제출하려는 자는 별지 제34호서식의 무역서류 전자제출 신청(승인)서에 다음 각 호의 서류를 첨부하여 관세청장에게 제출하여야 한다.

1. 수출입안전관리우수업체임을 확인할 수 있는 서류
2. ERP시스템이 갖추어져 있음을 확인할 수 있는 서류

제15조(수입신고시 제출서류) ① 신고인은 제13조에 따라 서류제출대상으로 선별된 수입신고 건에 대하여는 수입신고서에 다음 각 호의 서류를 스캔 등의 방법으로 전자 이미지화하거나 제14조에 따른 무역서류의 전자제출을 이용하여 통관시스템에 전송하는 것을 원칙으로 한다.

1. 송품장. 다만, 잠정가격으로 수입신고 할 때 송품장이 해외에서 도착하지 아니한 경우에는 계약서(송품장은 확정가격신고 시 제출)
2. 가격신고서(해당물품에 한하며, 전산으로 확인 가능한 경우에는 서류제출대상에서 제외한다)
3. 선하증권(B/L)사본이나 항공화물운송장(AWB)사본
4. 포장명세서(포장박스별로 품명(규격)·수량을 기재해야 하며, 세관장이 필요 없다고 인정하는 경우는 제외한다)
5. 원산지증명서(해당물품에 한한다)
6. 「관세법 제226조에 따른 세관장 확인물품 및 확인방법 지정고시」제3조에 따른 수입요건 구비서류(해당물품에 한한다)
7. 관세감면(분납)/용도세율적용신청서(별지 제9호 서식)(해당물품에 한한다)

8. 합의에 의한 세율적용 승인(신청)서(별지 제29호 서식)
9. 「지방세법 시행령」제71조에 따른 담배소비세 납세담보확인서(해당물품에 한한다)
10. 할당・양허관세 및 세율추천 증명서류 및 종축(씨가축)・치어(어린 물고기)의 번식・양식용 해당세율 증명서류(동 내용을 전산으로 확인할 수 없는 경우에 한한다)
11. 「지방세법 시행령」제134조의2에 따른 자동차세 납세담보확인서(해당물품에 한한다)

② 제1항에도 불구하고 다음 각 호의 어느 하나에 해당하는 경우에는 종이서류를 제출하여야 한다.

1. 킴벌리프로세스증명서 제출대상물품(원본)
2. 일시수입통관증서(A.T.A Carnet)에 의한 일시수입물품(원본)
3. SOFA 협정 적용대상물품(원본 또는 주한미군에서 전자 서명하여 교부한 증명서)
4. 법 제38조제2항 단서에 따른 사전세액심사 대상물품. 다만, 다음 각 목의 어느 하나에 해당하는 물품은 제외한다.
   가. 「부가가치세법」제27조제1호・제2호와 제15호(같은 법 시행령 제56조제19호・제22호 해당물품에 한함) 해당물품
   나. 법 제94조에 따른 소액면세대상물품
   다. 법 제89조에 따른 감면대상 물품
   라. 법 제99조에 따른 재수입면세대상 물품
   마. 법 제97조에 따른 재수출면세대상 물품
   바. 개성공업지구로부터 반입되는 임가공물품
   사. 규칙 제8조제5호에 따라 관세청장이 정하는 물품 중 농축수산물을 제외한 물품
   아. 법 제107조에 따라 관세를 분할납부 하려는 물품
   자. 관세를 체납하고 있는 자가 신고하는 물품
   차. 「자유무역협정의 이행을 위한 관세법의 특례에 관한 법률」 제30조제1항제2호에 따른 재수입면세대상 물품
   카. 법 제92조에 따른 정부용품 면세대상물품
   타. 항공협정에 따른 감면대상 물품
5. 부과고지 대상물품(다만, 관세법 시행규칙 제48조의2제1항 본문에 규정된 자가 수입하는 자동차 이외의 이사화물은 제외한다)
6. 신고수리 전 반출대상물품(다만, 수출입 안전관리 우수업체(AEO)로 공인받은 수입업체가 수입하는 물품은 제외한다)
7. 제1호에서 제6호 이외의 경우로 첨부서류가 20매를 초과하는 경우. 다만 신고인이 원하는 경우 전자문서로 제출할 수 있다.
8. 전산장애 등으로 첨부서류 전송시스템을 이용할 수 없는 경우
9. 관세청장이나 세관장이 종이서류 제출이 필요하다고 인정하는 경우

③ 제2항에 따라 종이서류를 제출하는 경우에는 원본이나 수입화주가 원본대조필한 사본(원본 제출대상은 제외한다)을 제출하여야 한다. 다만, 세관장이 필요로 하는 경우 신고수리전이거나 신고수리 후 원본의 제출을 요구

할 수 있다.

④ 세관장은 제1항과 제2항에 따른 제출서류 중 신고수리 전까지 제출할 수 없는 부득이한 사유가 있거나 신고성실도 등을 고려하여 신고수리 후에 제출하여도 통관관리에 지장이 없다고 세관장이 인정하는 경우에는 신고수리 후에 제출하게 할 수 있다. 다만, 다음 각 호의 서류는 신고수리 전에 제출하여야 한다.

1. 킴벌리프로세스증명서
2. 수입요건 구비서류
3. 관세감면(분납)/용도세율 적용신청서
4. 「지방세법 시행령」제71조에 따른 담배소비세 납세담보확인서
5. 할당・양허관세 세율추천 증명서류 및 종축(씨가축)・치어(어린 물고기)의 번식・양식용 해당세율 증명서류

⑤ 전자서류는 원본으로 본다. 다만, 제출한 서류가 위변조된 것으로 확인될 때에는 원본으로서의 효력을 상실한다.

제16조(B/L분할신고 및 수리) ① 수입신고는 B/L 1건에 대하여 수입신고서 1건으로 한다. 다만, B/L을 분할하여도 물품검사와 과세가격 산출에 어려움이 없는 경우에는 B/L분할신고 및 수리를 할 수 있으며, 보세창고에 입고된 물품으로서 세관장이「보세화물관리에 관한 고시」에 따른 보세화물관리에 지장이 없다고 인정하는 경우에는 여러 건의 B/L에 관련되는 물품을 1건으로 수입신고할 수 있다.

② 제1항에도 불구하고 다음 각 호의 어느 하나에 해당하는 경우에는 B/L을 분할하여 신고할 수 없다.

1. 분할된 물품의 납부세액이 영 제37조제1항에 따른 징수금액 최저한인 1만원 미만이 되는 경우. 다만, 다음 각 목에 해당하는 경우에는 제외한다.
   가. 신고물품 중 일부만 통관이 허용되고 일부는 통관이 보류되는 경우
   나. 검사・검역결과 일부는 합격되고 일부는 불합격된 경우이거나 일부만 검사・검역 신청하여 통관하려는 경우
2. 법 제226조에 따른 의무를 회피하기 위한 경우
3. 법 제94조제4호에 따라 관세를 면제받기 위한 경우

③ 제1항 단서에 따른 수입물품이 물품검사 대상인 경우 처음 수입신고할 때 분할 전 B/L물품 전량에 대하여 물품검사를 하여야 하며 이후 분할 신고 되는 물품에 대하여는 물품검사를 생략할 수 있다.

제17조(신고서의 배부) ① 수입과장은 다음 각 호의 어느 하나의 기준을 주기적으로 변경하여 신고서 접수전에 통관시스템에 등록하여 신고서를 배부하여야 한다.

1. 세관공무원별 순차배부
2. 세번부호별 배부
3. 장치장소별 배부
4. 특송업체별 배부
5. 수입감정 직원의 업무 전문성, 서류 난이도 등을 고려한 배부

② 수입과장은 제1항에도 불구하고 다음 각 호의 경우에는 직원별 배부현황과 미결현황 등을 고려하여 신고서를 다시 배부(이하 "수작업배부"라 한다)할 수 있다.

1. 신고물품이 검사대상으로 선별된 경우
2. 신고서를 배부 받은 자(이하 "심사자"라 한다)의 퇴직・휴직・전보・출장・휴가 등으로 신고서를 처리할 수 없는 경우
3. 장치장소나 물품의 특성 등을 고려하여 수작업 배부하는 것이 효율적이라고 판단되는 경우

③ 통관정보과장은 P/L신고 건에 대하여 신속한 통합선별심사를 위하여 제1항 및 제2항에 준하여 신고서를 배부할 수 있다.

제18조(신고의 취하) ① 법 제250조제1항에 따라 수입신고를 취하하려는 자는 "별지 제6호의3서식의 수입신고취하승인(신청)서"에 수입신고 취하신청내용을 기재하여 통관지세관장에게 전송하여야 한다.

② 제1항에 따른 수입신고취하승인(신청)서를 접수한 세관장은 다음 각 호의 어느 하나에 해당하는 경우에 한하여 수입신고취하를 승인해야 하며, 접수일로부터 10일 이내에 승인 여부를 신청인에게 통지해야 한다.

1. 수입계약 내용과 상이한 물품, 오송물품, 변질・손상물품 등을 해외공급자 등에게 반송하기로 한 경우
2. 재해 그 밖의 부득이한 사유로 수입물품이 멸실되거나 세관의 승인을 얻어 폐기하려는 경우
3. 통관보류, 통관요건 불합격, 수입금지물품 등의 사유로 반송하거나 폐기하려는 경우
4. 그 밖에 제1호부터 제3호에 준하는 정당한 사유가 있다고 인정되는 경우

③ 제2항에 따른 수입신고취하 승인으로 수입신고나 수입신고 수리의 효력은 상실한다.

④ 세관장이 제2항에서 정한 기간 내에 승인 여부 또는 민원 처리 관련 법령에 따른 처리기간의 연장을 신청인에게 통지하지 아니하면 그 기간(민원 처리 관련 법령에 따라 처리기간이 연장 또는 재연장된 경우에는 해당 처리기간을 말한다)이 끝난 날의 다음 날에 승인을 한 것으로 본다.

제19조(신고의 각하) ① 세관장은 다음 각 호의 어느 하나에 해당하는 경우 법 제250조제3항에 따라 수입신고를 각하할 수 있다.

1. 거짓이나 그 밖의 기타 부정한 방법으로 신고한 경우
2. 폐기, 공매・경매낙찰, 몰수확정, 국고귀속이 결정된 경우
3. 제7조에 따른 출항전신고나 입항전신고의 요건을 갖추지 아니한 경우
4. 출항전신고나 입항전신고한 화물이 도착하지 아니한 경우
5. 기타 수입신고의 형식적 요건을 갖추지 못한 경우

② 세관장은 제1항에 따라 신고를 각하한 때에는 즉시 그 사실을 신고인에게 별지 제6호의5서식에 따라 통보하고 통관시스템에 등록하여야 한다.

제20조(가격신고) 제15조제1항제2호의 가격신고서의 서식・기재요령과 수입물품의 과세가격 신고 등에 관한 사항은「관세평가 운영에 관한 고시」에서 정하는 바에 따른다.

제2절 신고서의 처리방법 및 심사사항

제21조(신고서처리방법) ① 수입신고 된 물품에 대한 신고서의 처리방법은 다음 각 호의 구분에 따른다.

1. 물품검사와 심사
2. 심사
3. 전자통관심사

② 수입신고처리 주무나 담당과장은 제1항제1호와 제2호에 해당하는 신고서에 대하여 신고 물품에 대한 검사정보 등을 고려하여 신고서 처리방법을 변경할 수 있다.

③ 세관장은 P/L신고물품의 신고사항을 검토한 결과 신고서에 의한 심사나 물품검사가 필요하다고 판단되는 경우에는 제15조에 따른 서류의 제출을 요구할 수 있다. 이 경우 서류제출대상으로 변경된 사실을 신고인에게 통보한다.

제22조(심사방법) ① 수입과의 심사자는 다음 각 호의 사항을 심사한다.

1. 제15조제1항과 제2항에 따른 제출서류의 구비 및 신고서의 기재사항과 일치하는지 여부
2. 신고서를 별지 제1호의2서식의 수입신고서 작성요령에 따라 정확하게 작성하였는지 여부
3. 분석의뢰 필요성 유무
4. 사전세액심사 대상물품의 품목분류, 세율, 과세가격, 세액, 감면・분납신청의 적정여부
5. 법 제49조제3호의 관세율을 적용받는 물품의 품목분류 및 관세율 적용의 적정 여부
6. 법 제83조에 따른 용도세율 적용신청물품의 품목분류 및 용도세율 적용신청의 적정 여부
7. 법 제226조에 따라 세관장이 수입요건을 확인하는 물품의 품목분류의 적정여부, 용도의 신고여부 및 수입요건의 구비여부
8. 법 제230조에 따른 원산지표시와 법 제230조의2에 따른 품질 등 허위・오인표시 및 법 제235조에 따른 지식재산권 침해여부
9. 법령에 따른 감면신청서 및 세율적용추천서의 구비여부
10. 전산에서 제공하는 화물정보 및 C/S정보와 수입신고내용의 비교・확인
11. 검사대상물품의 품목분류 및 세율의 적정 여부
12. 제16조제2항에 따른 B/L분할신고를 할 수 없는 경우에 해당하는지 여부
13. 자유무역협정에 따른 협정세율 적용신청의 적정여부
14. 그 밖에 수입신고수리여부를 결정하기 위하여 필요한 사항

② 통관정보과의 심사자는 다음 각 호의 사항을 심사한다.

1. 제1항 각 호에 해당하는 사항 중 P/L신고 내용으로 심사할 수 있는 사항
2. 제1호의 심사결과에 따른 P/L신고 건에 대한 검사대상 및 서류제출대상으로 변경 여부

③ 수입과장은 신고인이나 화주의 법규준수도를 고려하여 필요한 경우에는 제1항의 심사를 생략하거나 간이한 방법으로 심사할 수 있다.

④ 수입과장은 사후세액심사대상물품에 대한 심사결과 다음 각 호의 어느 하나에 해당하는 경우에는 심사의견을 통관시스템에 등록한 후 심사부서에 즉시사후세액심사를 의뢰하여야 한다. 다만, 제48조제4항을 적용하는 경우에는 그렇지 않다.

1. 과세가격, 품목분류, 세율 등의 적용에 착오가 있다고 판단되는 경우
2. 신고서 심사결과 세액이 변동되는 신고사항의 정정을 안내하였으나 신고인이 신고수리 전까지 세액정정을 신청하지 아니한 경우

⑤ 수입과장은 제3항에 따라 세액신고 정정안내 후 신고인이 세액정정신청을 한 경우에도 수입통관 사실확인 결과 세액심사가 필요하다고 인정되는 경우에는 심사부서에 세액심사를 의뢰할 수 있다.

제23조(분석의뢰) ① 수입과장은 신고물품이 물리적, 화학적 실험에 의하여 그 내용을 확인하여야 하는 등 전문적인 지식과 기술이 필요한 경우에는 세관분석실에 분석의뢰하거나 해당물품에 관한 전문가의 의견을 받아 처리할 수 있다.

② 분석대상 시료는 담당직원이 직접 채취하고 봉인한 후 제출하도록 하여 시료의 임의교체와 분실 등이 일어나지 않도록 하여야 한다. 다만, 위험물 등 전문가의 취급이 필요한 시료는 담당직원이 채취과정에 입회하는 방법으로 담당직원의 직접채취를 대신할 수 있다.

③ 제1항에 따른 분석 의뢰 시에는 분석의뢰 사실을 통관시스템에 입력한다.

④ 제1항에 따른 분석은 신고수리 후 분석을 원칙으로 한다. 다만, 다음 각 호의 어느 하나에 해당하는 경우에는 신고수리 전에 분석한다.

1. 관세채권의 확보가 곤란할 것으로 예상되는 경우
2. 물품의 특성상 수입제한품목일 가능성이 있는 경우
3. 사전세액심사 대상물품으로서 세액심사를 위하여 분석이 필요한 경우

⑤ 신고수리 전 분석물품의 분석결과에 대한 처리는 수입담당부서에서, 신고수리후 분석물품의 분석결과에 대한 처리는「납세업무 처리에 관한 훈령」에 따라 심사부서에서 처리한다.

⑥ 제1항에 따른 분석의뢰 등에 관한 사항은 관세청장이 따로 정하는 바에 따른다.

⑦ 수입부서의 장은 수리 전 분석결과에 따라 결정한 품목번호를 수입자 또는 신고인에게 통지하여야 한다. 이 경우 통지는 전자우편, 팩스, 전자통관시스템(UNI-PASS) 등을 이용한 간이한 방법으로 할 수 있다.

제24조(사전세액심사) ① 사전세액심사 대상과 심사방법은「납세업무 처리에 관한 고시」에서 정하는 바에 따른다.

② 제1항에 따른 사전세액심사 대상물품은 납세신고사항에 대한 세액심사를 완료하고 수입신고서(세관보관분) 좌측 하단에 [별표 1]의 사전세액심사필의 도장을 찍어야 한다. 다만, 관세감면(분납)대상은 도장을 생략할 수 있다.

③ 통관지세관장은 규칙 제8조제1항제3호의 물품을 사전세액 심사하는 경우에는 해당 체납자의 체납액에 대한 체납처분을 하는 인천공항세관장, 서울세관장 또는 부산세관장(이하 "체납관리세관장"이라 한다)에게 즉시 수입신고사실을 통보(팩스나 전화)한다. 다만 납세자가 수입신고 후 10일 이내에 담보를 제공하지 않아 세관장이 납부고지한 것으로 보세구역으로부터 해당 물품이 반출되지 않은 체납(미통관 체납물품)인 경우에는 제외한다.

④ 제3항의 사실을 통보받은 체납관리세관장은 다음 각 호의 어느 하나의 절차에 따라 업무를 처리한다.

1. 체납자의 체납채권액이 해당 수입신고물품 이외의 물품으로 확보된 경우에는 즉시 통관지세관장에게 채권이 확보되었음을 통보한다.

2. 확보된 채권이 부족한 경우에는 통관지세관장에게 서류로써 통관보류를 요청하고 「체납정리 사무처리에 관한 훈령」에 따라 압류 등 체납처분을 하여야 한다.
3. 제2호에도 불구하고 해당 수입물품의 신고수리가 체납세액 조기정리에 유익하다고 인정되는 경우에는 통관지 세관장에게 그 의견을 통보할 수 있다.

제25조(보완요구) ① 수입과장 및 통관정보과장은 다음 각 호의 어느 하나와 같이 신고인이 제출한 서류와 자료에 의하여 심사사항의 확인이 곤란한 경우에는, 보완요구할 사항을 통관시스템에 입력하고 별지 제2호서식의 보완요구서를 신고인에게 전자문서로 통보하여야 한다.
1. 신고서 항목의 기재사항이 미비된 경우(정정보완 요구)
2. 신고서 심사결과 첨부서류가 누락되었거나 증빙자료의 보완이 필요한 경우(서류보완 요구)
3. P/L신고를 서류제출신고로 변경하려는 경우(서류제출 변경 요구)

② 제1항에 따른 보완요구를 하는 경우에는 보완요구서에 보완을 하여야 할 사항, 보완을 요구하는 이유와 보완기간 등을 구체적으로 기재하여야 한다.

③ 제1항에도 불구하고 보완하여야 할 사항이 경미한 것으로서 사후에 이를 보완하더라도 신고수리를 할 수 있다고 세관장이 인정한 때에는 신고인이나 수입화주의 신청을 받아 수리 후에 이를 보완하게 할 수 있으며, 이 경우 신고인이나 수입화주는 세관장이 지정한 기간 내에 관련서류를 제출하여야 한다.

④ 세관장은 신고인이나 수입화주가 제3항에 따른 지정기간 내에 제1항의 보완요구사항을 구비하지 아니한 경우에는 통관을 보류하거나 「납세업무 처리에 관한 훈령」에 따라 관세청장에게 사전세액심사 대상 신고인으로 지정하여 줄 것을 요청할 수 있다.

⑤ 세관장은 무상으로 반입되는 하자보수용 수리부품에 대하여는 최초 도입기계류의 수입신고필증 제출을 요구하여서는 아니 되며, 신고자가 수입신고서 신고인 기재란에 기재한 최초 수입신고번호를 전산시스템을 통하여 확인하여야 한다.

제26조(통관보류) ① 세관장은 심사결과 수입물품이 다음 각 호의 어느 하나에 해당하는 경우에는 해당 물품의 통관을 보류할 수 있으며 통관을 보류한 경우 이를 통관시스템에 입력하고 별지 제2호의2서식의 통관보류통지서를 신고인에게 전자문서로 통보하여야 한다.
1. 법 제241조 또는 제244조에 따른 수출・수입 또는 반송에 관한 신고서의 기재사항에 보완이 필요한 경우
2. 법 제245조에 따른 제출서류 등이 갖추어지지 아니하여 보완이 필요한 경우
3. 법에 따른 의무사항(대한민국이 체결한 조약 및 일반적으로 승인된 국제법규에 따른 의무를 포함한다)을 위반하거나 국민보건 등을 해칠 우려가 있는 경우
4. 법 제246조의3제1항에 따른 안전성 검사가 필요한 경우
5. 법 제246조의3제1항에 따른 안전성 검사 결과 불법・불량・유해 물품으로 확인된 경우
6. 「국세징수법」 제30조 및 「지방세징수법」 제39조의2에 따라 세관장에게 강제징수 또는 체납처분이 위탁된 해당 체납자가 수입하는 경우
7. 관세 관계 법령을 위반한 혐의로 고발되거나 조사를 받는 경우

8. 수출입 관계 법령에 따른 일시적 통관 제한・금지 또는 이에 따른 중앙행정기관의 장의 일시적 통관 제한・금지 요청이 있어 세관장이 그 해당 여부를 확인할 필요가 있는 경우

② 통관지세관장은 제1항제6호에 따라 통관보류하는 경우에는 수입 사실을 다음 각 호의 체납관리세관장에게 통보한다.

1. 인천공항세관 및 인천세관과 그 권역내 세관, 서울세관의 권역내 세관 및 평택직할세관으로 수입하는 경우(다만, 인천공항세관 및 인천세관으로 수입하는 휴대품과 특송물품은 제외한다.): 서울세관장
2. 부산세관의 권역내 세관, 대구세관 및 광주세관과 그 권역내 세관으로 수입하는 경우: 부산세관장

③ 세관장은 제1항에 따른 통관보류를 통보할 때에는 이행기간을 정하여 통관보류 해제에 필요한 조치를 요구할 수 있다.

④ 제1항에 따라 통관보류 사실을 통보받은 자는 세관장에게 제1항 각 호의 통관보류 사유에 해당하지 아니함을 소명하는 자료 또는 제3항에 따른 통관보류 해제에 필요한 조치를 이행한 사실을 증명하는 자료를 제출하고 해당 물품의 통관을 요청할 수 있다. 이 경우 세관장은 해당 물품의 통관 허용 여부(허용하지 아니하는 경우에는 그 사유를 포함한다)를 요청받은 날부터 30일 이내에 통지해야 한다.

제27조(신고사항의 정정) ① 신고인은 세액의 결정에 영향을 미치지 아니하는 신고사항을 정정하려는 때에는 정정신청내용을 기재한 별지 제6호서식의 수입・납세신고정정신청서를 통관시스템에 전송하고 그 증빙자료를 세관장에게 제출해야 한다. 다만, 세관장이 수입・납세신고정정신청서만으로 정정내용의 확인이 가능하다고 인정하는 경우에는 증빙자료의 제출을 생략하게 할 수 있다.

② 심사자는 제1항에 따라 정정신청을 받은 경우에는 신고사항 정정 전자통관시스템에서 수입・납세신고정정신청 내역을 승인한다.

③ 심사자는 제22조제1항에 따른 심사결과 신고서의 기재사항(과세표준, 세율, 납부세액을 제외한다) 중 신고사항과 신고물품이 일치되지 아니하는 경우 직권으로 정정할 수 있다. 이 경우 심사자는 직권으로 정정한 사항을 전자통관시스템에 수정 입력한다.

④ <삭제>

제3절 물품검사

제28조(검사대상) ① 수입신고물품 중 검사대상은 수입신고자료 접수 시 통관시스템에 의해 선별하거나, 제21조에 따른 신고서처리방법 결정시 세관공무원에 의해 선별한다. 다만, 제6장에 따라 수입신고전물품반출신고하는 물품은 제131조에 따른 반출신고 시 검사대상을 선별한다.

② 제1항을 운영함에 있어 다음 각 호의 어느 하나에 해당하는 경우에는 검사비율을 낮게 운영할 수 있다.

1. 관세청장이 따로 정하는 기준에 의하여 법규준수도가 높다고 인정된 업체가 수입하는 물품
2. 제13조제3항에서 정하는 수입업체 평가등급이 A이거나 B등급인 업체 중 검사적발실적이 없는 업체가 수입하는 물품

3. 최근 2년간 법 위반사실과 체납사실이 없는 「외국인투자촉진법」에 따른 외국인투자기업이 수입하는 물품

③ 제1항을 적용할 때에는 다음 각 호의 기준에 따라 검사비율을 차등 적용할 수 있다.

1. 수입신고되는 물품의 공급망에 속한 당사자의 성실도

2. 수입물품의 종류, 원산지, 적출국 등 수입신고물품과 관련된 특성

제29조(검사대상여부의 통보) ① 제12조제3항에 따라 검사대상여부가 통보된 수입신고 건에 대하여 세관장이 제28조에 따라 검사대상 여부를 변경한 때에는 즉시 이를 통관시스템에 입력하는 방법으로 신고인에게 통보하여야 한다. 다만, 출항전신고물품은 출항하였음을 입증하는 서류를 제출하는 때에 이를 통보한다.

② 신고인이 수입화주가 아닌 관세사인 경우 제1항과 제12조제3항에 따라 검사대상여부를 통보받은 때에는 이를 즉시 수입화주에게 통보하여야 한다.

제30조(선상검사) 출항전신고・입항전신고한 물품이거나 보세구역도착전 신고물품으로서 정부에서 직접 수입하는 군수품과 물자수급계획상 긴급도입 물품과 선상에서의 검사가 가능하다고 세관장이 인정하는 물품은 선상에 적재한 상태로 검사할 수 있다.

제30조의2(부두직통관 검사) ① 수입화주 또는 수입화주로부터 화물의 보관・관리를 위탁받은 부두운영사(이하 "부두운영사"라 한다) 등은 부두직통관 물품이 검사대상으로 선별된 경우 해당 컨테이너를 부두통관장에서 세관검사장 등 검사가 가능한 장소로 이송해야 한다.

② 세관장은 신속하고 효율적인 검사를 위해 부두운영사 등에게 컨테이너 개장 및 검사대상 화물 적출을 위한 작업자의 배치와 장비의 확보 등 검사준비를 요청할 수 있다. 이 경우 부두운영사 등은 세관장의 요청에 적극 협조해야 한다.

③ 부두운영사 등은 검사가 완료된 경우 세관장의 지시에 따라 적출된 화물을 컨테이너에 다시 적입하여 부두통관장으로 이송해야 한다.

제31조(검사절차 등) ① 세관장은 물품검사를 실시하기 전에 제4항에 따른 검사준비 사항이 포함된 검사계획을 신고인 및 장치장소 관리인에게 전자통관시스템으로 통보해야 한다.

② 제1항에 따라 검사계획을 통보받은 신고인은 검사참여를 신청할 수 있다. 이 경우 제15조제1항 각 호의 서류를 제출하는 때까지 별지 제32호서식의 검사참여신청(통보)서 2부를 작성하여 통관지 세관장에게 제출해야 한다
.

③ 제2항에 따라 검사참여를 신청 받은 세관장은 검사일시와 장소를 적은 같은 항에 따른 검사참여신청(통보)서를 신고인에게 발급해야 한다.

④ 세관장은 물품검사를 할 때 수입화주 또는 수입화주로부터 화물의 보관・관리를 위탁받은 장치장소 관리인(이하 "장치장소 관리인"이라 한다)에게 다음 각 호의 검사준비 사항을 요구할 수 있다. 이 경우 검사준비 완료 여부에 따라 검사의 순서를 조정하는 등 그 준비가 완료된 때에 검사를 실시할 수 있다.

1. 검사에 필요한 장소와 장비의 확보

2. 검사대상 물품의 포장을 열고 다시 포장하는 작업을 할 수 있는 사람의 배치

3. 그 밖에 검사에 필요한 사항

⑤ 세관장은 제4항에 따른 검사준비가 완료된 경우 장치장소의 관리인이나 그를 대리하는 소속종사자의 협조(물품의 포장상태 및 내용물품의 파손여부 등을 확인) 하에 검사를 실시한다. 다만, 장치장소의 관리인이나 그를 대리하는 소속종사자의 협조가 어려운 경우 수입화주나 신고인(그 소속 종사자를 포함한다)에게 검사참여하도록 검사일시와 장소 등을 통보할 수 있다.

⑥ 세관장은 제4항 및 제5항에도 불구하고 검사준비 또는 협조가 어려워 검사가 곤란하다고 인정되는 경우에는 다음 각 호의 어느 하나에 해당하는 방법으로 물품검사를 할 수 있다.

1. 지정보세구역 등 세관장이 지정하는 검사 가능 장소로 보세운송 등을 하여 검사
2. 신고취하 후 검사가 가능한 보세구역(화주 소재지 보세구역 외 장치장을 포함한다)으로 보세운송한 후 도착지 보세구역 관할세관에 다시 수입 신고하여 검사

⑦ 검사자는 장치장소 관리인의 제4항 및 제5항에 따른 검사준비 또는 협조 사항을 전자통관시스템에 등록한 후 화물담당부서에 통보한다.

⑧ 신고인은 물품을 검사할 때 특별한 주의를 기울이도록 세관장에게 요청할 수 있다.

⑨ 세관공무원의 적법한 물품검사로 인하여 물품에 손실이 발생한 경우 법 제246조의2에 따른다.

제32조(검사방법) ① 검사대상물품은 일반검사(전량검사, 발췌검사), 정밀검사(분석검사, 비파괴검사, 파괴검사), 안전성검사{협업검사, 방사능검사(표면방사선량률 측정), 안전성분석검사} 방법으로 검사를 실시한다.

② 다음 각 호의 어느 하나에 해당하는 물품에 대하여는 2인 이상의 검사자를 지정하여 검사를 실시할 수 있다.

1. 우범성 정보가 있는 물품
2. 전량검사 대상물품이거나 그 밖에 수량과다 등으로 과장이 복수검사를 지시한 경우

제33조(서류의 분산처리) ① 수입과장은 세관근무시간내에 접수된 신고서류 중 심사대상은 당일처리함을 원칙으로 하되, 물품검사 대상은 다음 각 호의 어느 하나에서 정하는 우선순위에 따라 물품검사를 실시한다.

1. 전일미결 처리건과 당일 오전 10시 이전에 신고서류가 접수된 건
2. 당일 오전 10시 이후에 신고서류가 접수된 건으로서 다음 각 목의 어느 하나에 해당하는 물품
   가. 당일 통관하지 않으면 부패・변질・손상의 우려가 있는 물품
   나. 원자재, 부분품, 하자보수품, 대체품으로서 생산공정에 긴급히 투입하기 위하여 수입하는 물품
   다. 특급탁송화물
   라. 그 밖에 물품으로서 업체의 긴급통관 요청(수입신고서 관세사기재란에 "긴급통관요청"과 그 사유를 기재해야 한다)이 있고 세관장이 당일처리 하더라도 물품검사 업무에 지장이 없다고 인정하는 물품

② 수입과장은 제1항의 원활한 운영을 위하여 수입신고서가 특정시간(16:00)이후에 집중되는 경우에는 특정시간 이후에 접수된 신고서는 당일 처리하지 않을 수 있다.

제34조(임시개청) ① 공휴일이나 세관의 개청시간외에 수입통관절차를 진행하려는 자는 부득이한 경우를 제외하고는 「국가공무원복무규정」에 따른 공무원의 근무시간 내에 사무의 종류 및 시간과 사유 등을 기재한 별지 제28호서식의 임시개청 신청(통보)서에 의하여 세관장에게 전자문서로 미리 통보해야 한다.

② 근무시간 내에 접수된 수입신고서는 당해 신고서 담당자가 처리해야 한다. 다만, 다음 각 호의 어느 하나에 해당하는 경우에는 임시개청담당자가 처리한다.

1. 근무시간이후에 접수된 경우
2. 출항전신고나 입항전신고건으로서 근무시간 내에 적재화물목록(하역신고 포함)이 전송되지 아니한 경우
3. 보세구역도착전 신고 건으로서 보세창고에 반입되지 아니하여 근무시간 내에 처리할 수 없는 경우
4. 수입요건확인서류를 근무시간 내에 구비하지 못한 경우

③ 수입과장 및 통관정보과장은 근무시간종료 30분전에 임시개청담당자를 지정한다.

제4절 수입신고수리

제35조(신고수리) ① 세관장은 수입신고한 내용을 심사한 후 법 제248조에 따라 신고수리하는 것을 원칙으로 한다. 다만, 출항전신고, 입항전신고, 보세구역 도착전신고 물품에 대하여는 다음 각 호에 따른 요건이 완료된 때 신고수리한다.

1. 출항전신고나 입항전신고 물품은 「보세화물 입출항 하선 하기 및 적재에 관한 고시」에 따른 적재화물목록 심사가 완료된 때. 다만, 수입신고 전에 적재화물목록 심사가 완료된 때에는 수입신고 심사가 완료된 때
2. 보세구역 도착전 신고물품은 법 제215조에 따라 보세운송 도착보고된 때(하역절차에 따라 하역장소로 반입되는 때에는 법 제157조에 따라 반입신고된 때)

② 제1항에도 불구하고 세관장이 제28조에 따라 검사대상으로 선별하거나 「보세화물 입출항 하선 하기 및 적재에 관한 고시」에 따라 관리대상화물로 선별한 경우에는 해당 물품검사가 종료된 후에 수리한다.

③ 신고서 처리기간은 다음 각 호의 어느 하나에서 정하는 시점부터 계산한다.

1. 출항전신고나 입항전신고 물품으로서 검사가 생략되는 물품은 적재화물목록심사완료일. 다만, 수입신고 전에 적재화물목록 심사완료 된 때에는 수입신고일
2. 출항전신고, 입항전신고, 보세구역 도착전신고물품으로서 검사대상으로 선별된 물품은 해당물품의 검사장소 반입일
3. 보세구역도착전신고물품으로서 검사생략물품은 반입하려는 보세구역 도착일
4. 보세구역 장치 후 신고물품은 수입신고일
5. 제30조에 따라 선상에 적재한 상태로 검사할 물품은 수입신고일

④ 신고수리의 효력발생시점은 통관시스템을 통하여 신고인에게 신고수리가 되었음을 통보한 시점으로 한다. 다만, 제144조제1항에 따라 수작업에 의하여 신고수리하는 때에는 신고인에게 신고필증을 교부한 시점으로 한다.

제36조(신고수리시 담보의 제공) ① 세관장은 법 제248조제2항과 「관세 등에 대한 담보제도 운영에 관한 고시」에 따라 관세 등에 상당하는 담보를 제공해야 하는 물품에 대하여는 담보가 제공된 경우에 수입신고를 수리한다.

② 관세 등의 수납여부 확인은 수납기관에서 전자문서로 전송한 영수필통지에 의한다. 다만, 전자문서로 전송할 수 없는 수납기관에 관세 등을 납부한 경우에는 수납기관에서 우편으로 보낸 영수필통지서에 의하여 확인하며, 이때 담당세관공무원은 통관시스템에 수납사항을 등록해야 한다.

제37조(신고필증교부) ① 세관장은 수입신고를 수리한 때에는 세관특수청인을 전자적으로 날인한 신고필증을 교부한다. 다만, 각 호의 사유가 있을 때에는 해당 각 호의 방법으로 교부한다.

1. 부득이한 사정으로 신고필증을 전자적으로 교부할 수 없는 경우: 수입신고서에 세관 특수청인을 직접 찍어서 교부
2. 신고물품의 규격수가 99개를 초과하여 전산으로 입력하지 않고 신고서와 신고필증에 상세내용을 별도의 붙임서류로 첨부하여 신고하는 경우: 세관특수청인을 전자적으로 찍은 신고필증과 붙임서류의 경계면에 별표 3의 신고서 처리담당자 도장을 찍어서 교부.

② 제27조 및 제47조부터 제50조까지의 규정에 따라 신고서를 정정하는 때에는 제1항에 따라 신고필증을 다시 교부한다. 이 경우 세관장은 제27조제1항에 따라 제출한 증빙자료를 별지 제6호서식의 수입・납세신고정정신청서와 함께 보관해야 한다.

③ 제1항부터 제2항까지에 따라 교부된 신고필증이 통관시스템에 보관된 전자문서의 내용과 상이한 경우에는 통관시스템에 보관된 전자문서의 내용을 원본으로 한다.

제38조(신고수리전 반출) ① 수입통관에 곤란한 사유가 없는 물품으로서 다음 각 호의 어느 하나에 해당하는 경우에는 법 제252조에 따라 세관장이 신고수리 전 반출을 승인할 수 있다.

1. 완성품의 세번으로 수입신고수리 받고자 하는 물품이 미조립상태로 분할선적 수입된 경우
2. 「조달사업에 관한 법률」에 따른 비축물자로 신고 된 물품으로서 실수요자가 결정되지 아니한 경우
3. 사전세액심사 대상물품(부과고지물품을 포함한다)으로서 세액결정에 오랜 시간이 걸리는 경우
4. 품목분류나 세율결정에 오랜 시간이 걸리는 경우
5. 수입신고 시 「관세법 시행령」(이하 "영"이라 한다) 제236조제1항제1호에 따라 원산지증명서를 세관장에게 제출하지 못한 경우
6. 「자유무역협정의 이행을 위한 관세법의 특례에 관한 법률」 제8조제4항 단서에 따른 수입신고수리 전 협정관세의 적정 여부 심사물품으로서 원산지 등의 결정에 오랜 시간이 걸리는 경우

② 제1항에 따른 신고수리 전 반출을 승인 받고자 하는 자는 세관장에게 별지 제3호서식의 수입신고수리 전 반출승인(신청)서에 신고수리 전 반출신청내용을 기재하여 전송해야 한다.

③ 신고수리 전 반출하려는 자는 납부해야 할 관세 등에 상당하는 담보를 제공해야 한다.

④ 세관장은 신고수리 전 반출기간 중에 관세부과 제척기간이 도래하는 물품이 있는 경우 제척기간 도래 전에 법 제39조제1항제3호에 따라 수입화주나 비축물자 수입자에게 해당 관세를 부과해야 한다.

제39조(의무이행의 요구) ① 세관장이 법 제227조에 따라 신고수리 시 의무이행을 요구하는 경우에는 의무의 내용을 신고필증의 세관기재란에 기재하거나 별도의 문서를 작성하여 교부하고 의무이행요구내용을 통관시스템에 등록해야 한다.

② 세관장은 제1항의 의무이행의 요구를 받은 자가 영 제234조에 따라 의무의 면제를 신청하는 경우에는 이를 심사하여 해당 의무의 면제를 승인할 수 있다. 이때 의무의 면제를 신청하는 자는 별지 제4호서식의 의무면제 신청(승인)서에 다음 각 호의 어느 하나의 서류를 첨부해야 한다.

1. 영 제234조제1호의 경우에는 그 허가, 승인, 추천 기타조건을 구비하였음을 증명하는 서류
2. 영 제234조제2호의 경우에는 관련 개정내용 등을 기재한 사유서
3. 영 제234조제3호의 경우에는 관계부처의 장의 요청서(사본을 포함한다)

제40조(수입신고서 등 이관) ① 수입과장은 제35조에 따라 수입신고를 수리한 사후세액심사 대상물품 중 종이서류로 제출한 첨부서류가 있는 수입신고 건은 신고서(보관용)에 제출받은 자료를 첨부하여 심사과장에게 인계해야 하며, 그 외의 수입신고서는 전산시스템에 의해 심사과장에게 자동으로 인계된다.

② 세관장은 제1항에 따른 신고서 등의 인계인수에 따른 책임한계를 명확하게 하기 위하여 해당 과별 인계인수 담당직원의 지정, 인계인수대장 마련 등 신고서 등의 인계인수절차를 정해야 한다.

③ 수입신고서 등을 이관 받은 해당업무 과장은 심사과정에서 제15조에 따른 첨부서류가 제출되지 않은 때에는 수입담당과장에게 통보하여 첨부서류가 제출되도록 조치해야 한다.

제41조(신고인의 서류보관·관리) ① 신고인은 법 제248조제1항 단서에 따라 신고필증을 교부받은 경우에는 제15조에 따른 서류를 신고인별, 신고번호순으로 보관·관리해야 하며 세관장이 업무상 필요에 의하여 신고서류를 요구할 경우 이를 즉시 제출해야 한다.

② 신고인이 폐업신고를 한 경우에는 보관중인 서류목록을 작성하여 해당 서류와 함께 통관지 세관장 또는 관할지 세관장에게 해당사유가 발생한 날로부터 15일 이내에 제출해야 한다. 다만, 관세사가 사무소 형태변경, 관할지 변경 등 일시적 사유로 폐업신고를 하는 경우에는 포함하지 아니한다.

③ <삭 제>

④ 신고인은 제1항에 따른 신고자료를 마이크로 필름·광디스크·ERP시스템 등 자료전달 및 보관매체에 의하여 보관할 수 있다.

제42조(신고필증의 재교부) ① 신고인이나 화주는 제37조제1항부터 제3항까지의 규정에 따라 교부받은 신고필증을 다시 교부받고자 하는 때에는 별지 제30호서식의 수입신고필증 재교부신청서를 작성하여 세관장에게 제출해야 한다.

② 세관장은 사유가 타당하다고 인정하는 때에는 제37조제1항에 따라 수입신고필증을 재교부할 수 있다.

제43조(전자송달) ① 수입통관분야에서 영 제285조의2제3항에 따라 전자송달할 수 있는 서류는 납부서·납부고지서·환급통지서 및 다음 각 호의 서류로 한다.

1. 수입신고필증
2. 보완요구서
3. 「원산지표시제도 운영에 관한 고시」에 따른 원산지표시 시정요구서
4. 그 밖에 수입통관 관련 서식이 전자송달이 가능하도록 전자화하여 별도 시행하게 된 경우에는 해당 서류

② 제1항에 따른 서류 이외에 영 제285조의2제5항에 따라 전자송달할 수 있는 서류는 다음 각 호와 같다.

1. 법 제327조제1항에 따라 전산처리설비를 이용하여 전자신고 등을 한 서류의 접수·결재·취소·각하·정정·수리·승인·허가 등의 결과나 오류를 통지하는 서류

2. 제12조제3항제2호와 제28조에 따라 검사대상여부를 통지하는 서류
3. 세관장이 전자송달이 필요하다고 인정하여 교부・통지・통고 등을 하는 서류

제5절 신고납부

제44조(징수결정) 신고납부대상물품에 대하여는 통관시스템에 심사결재를 등록하는 때에 징수 결정된 것으로 본다. 다만, 납세의무자가 신고수리 전에 관세 등을 납부한 경우에는 수납은행에서 전송한 영수필통지가 통관시스템에 등록된 때 징수 결정된 것으로 본다.

제45조(관세 등의 납부) ① 수입신고한 물품의 수입화주는 그 물품에 대한 관세 등의 납세의무자가 된다.
② 법 제38조제1항에 따른 납세신고를 한 자는 수입신고가 수리된 날로부터 15일 이내에 관세 등을 국고수납은행이나 우체국에 납부해야 한다. 이때 통관시스템에서 부여한 납부서 번호와 세액을 기재한 별지 제5호서식의 납부서를 함께 제출해야 한다.
③ 납세의무자는 수입신고가 수리되기 전에도 제2항에 규정된 절차에 따라 납부서를 출력하여 세액을 납부할 수 있다.
④ 통관시스템에서 부여하는 납부(고지)서 번호체계는 [별표 4]과 같다.

제46조(징수형태) 신고인은 수입신고 시 다음 각 호의 징수형태 중에서 하나를 선택하여 수입신고를 해야 한다.
1. 과세보류
2. 수리전반출 일괄고지
3. 신고, 수리전납부
4. 신고, 사후납부(개별담보)
5. 신고, 사후납부(포괄담보)
6. 신고, 사후납부(무담보)
7. 신고, 사후납부(특송포괄담보)
8. 부과, 수리전납부
9. 부과, 사후납부(개별담보)
10. 부과, 사후납부(신용담보)
11. 부과, 사후납부(무담보)
12. 사후정산(환특법에 의한 일괄고지)
13. 월별납부 신용담보

제47조(수정신고) ① 신고납부한 날로부터 6개월(이하 "보정기간" 이라 한다)이 지난 후 신고 납부한 세액에 부족이 있어 수정신고를 하려는 자는 수정신고 내용을 기재한 별지 제6호서식의 수입・납세신고정정신청서를 통관시스템에 전송해야 한다.

② 납세의무자는 제1항에 따른 수정신고를 한 날의 다음 날까지 추가 납부할 세액(법 제42조제1항 및 제2항에 따른 가산세를 포함한다)을 납부해야 한다.

③ 세관장은 제2항에 따라 납부한 내용을 통관시스템에서 확인한 후 당초의 수입신고서 등에 수정신고내용 등을 기록 날인한다.

제48조(경정청구 및 경정) ① 납세의무자는 신고납부한 세액이 과다한 것을 안 때에는 최초로 납세신고한 날부터 5년 이내에 신고한 세액의 경정을 세관장에게 청구할 수 있다. 다만, 다음의 경우에는 각 호에서 정하는 바에 따른다.

1. 법 제38조의3제3항(후발적 경정청구)의 경우: 그 사유가 발생한 것을 안 날부터 2개월 이내
2. 법 제38조의4(수입물품의 과세가격 조정에 따른 경정)의 경우: 그 결정·경정 처분이 있음을 안 날(처분의 통지를 받은 경우에는 그 받은 날)부터 3개월 또는 최초로 납세신고를 한 날부터 5년 이내

② 제1항에 따른 경정청구시 경정청구자는 경정청구 내용을 기재한 별지 제6호서식의 수입·납세신고정정신청서를 통관시스템에 전송하고 그 증빙자료를 세관장에게 제출해야 한다.

③ 제1항에 따라 경정의 청구를 받은 세관장은 그 청구를 받은 날부터 2월 이내에 세액을 경정하거나 경정해야 할 이유가 없다는 뜻을 그 청구한자에게 통지해야 한다.

④ 수입과장은 사전세액심사 대상물품의 심사결과 납부세액이나 납세신고한 세액에 과부족이 있는 경우와 신고수리 전에 신고 납부한 물품이 다음 각 호의 어느 하나에 해당하는 경우에는 과세전통지 없이 직권으로 그 세액을 경정할 수 있다.

1. 품목분류, 세율적용, 과세가격의 가산요소 등의 결정선례(유권해석 등을 포함한다)를 근거로 정정하는 경우
2. 물품의 세율, 과세가격의 변경적용에 대하여 납세의무자가 동의와 확인을 한 경우

⑤ 세관장은 제3항과 제4항에 따라 경정하는 때에는 별지 제7호서식의 세액경정통지서와 증액된 세액(법 제42조제1항에 따른 가산세를 포함한다)에 대한 별지 제8호서식의 납부고지서(납부세액의 부족이 있는 경우에 한함)를 납세의무자에게 교부해야 한다.

제49조(세액정정 및 보정) ① 심사자는 제22조제1항에 따른 심사결과 납세신고한 세액의 과부족이 있음을 안 때에는 신고인에게 세액정정에 대한 안내를 할 수 있다.

② 납세의무자는 세액을 납부하기 전에 납세신고한 세액에 과부족이 있는 것을 안 때에는 세액정정신청 내용을 기재한 별지 제6호서식의 수입·납세신고정정승인(신청)서를 통관시스템에 전송하고 세관장에게 그 증빙자료를 제출해야 한다. 다만, 세관장이 수입·납세신고정정신청서만으로 정정내용의 확인이 가능하다고 인정하는 경우에는 증빙자료의 제출을 생략할 수 있다.

③ 제1항에 따라 세액정정 신청을 한 납세의무자는 해당 납세신고와 관련된 서류의 정정할 부분에 "( )"형으로 표시를 한 후 날인하고 그 위에 실제사항을 기재한다.

④ 납세의무자는 정정한 내용대로 세액을 정정하여 납부서를 재발행하되 납부서번호와 납부기한은 변경하지 않는다.

⑤ 세관장은 신고납부한 세액에 부족이 있거나 세액산출의 기초가 되는 과세가격이나 품목분류 등에 오류가 있는 것을 안 때에는 납세의무자에게 해당 보정기간내에 보정을 신청할 수 있도록 통지할 수 있다.

⑥ 납세의무자는 제5항에 따라 세액보정통지를 받거나 세액보정 사유를 안 때(법 제28조제2항에 따라 잠정가격 신고 후 확정가격을 신고하는 경우는 제외한다)에는 세액보정신청내용을 기재한 별지 제6호서식의 수입・납세신고정정승인(신청)서를 통관시스템에 전송해야 한다.

⑦ 납세의무자가 제6항에 따른 신청내용에 따라 부족세액을 납부한 경우에 세관장은 그 내용을 통관시스템에서 확인한 후 당초의 수입신고서 등에 세액보정내역 등을 기록 날인한다.

⑧ 납세의무자가 제6항에 따라 세액의 보정을 신청한 경우에는 해당 세액보정을 한 날의 다음날까지 세액을 납부해야 하며, 납부기한(수리전납부는 납부일) 다음날부터 보정신청을 한 날까지 기간과 영 제56조제2항에 따른 이율을 적용하여 계산된 금액을 가산하여 납부해야 한다.

제50조(수작업에 의한 납세신고 정정) ① 납세의무자는 전산장애 등으로 인하여 제47조부터 제49조까지의 규정에 따른 납세신고정정 내용을 통관시스템에 전송할 수 없는 경우에는 수작업으로 납세신고정정 신청을 해야 한다.

② 제1항에 따라 수작업에 의한 납세신고정정신청을 하려는 자는 별지 제6호의2서식의 수입・납세신고정정승인(신청)서(수작업용)를 세관장에게 제출해야 한다.

③ 세관장은 제2항에 따른 수작업에 의한 납세신고정정신청을 받아 수정, 경정, 보정한 때에는 즉시 해당 내용을 통관시스템에 등록해야 한다.

제51조(담보 미제공 물품에 대한 납부고지) 세관장이 법 제39조와 영 제10조제9항에 따라 납부고지를 하고자 할 때에는 별지 제8호의2서식의 납부고지통보서를 출력 하여 신고인에게 교부해야 한다.

제52조(월별납부) 법 제9조제3항에 따른 월별납부는「월별납부제도 운영에 관한 고시」에서 정하는 바에 따른다.

제6절 부과고지

제53조(부과고지대상물품 및 심사) ① 세관장이 법 제39조제1항에 따라 부과고지하는 물품과 부과고지대상물품의 심사에 관한 사항은 「납세업무 처리에 관한 고시」에서 정하는 바에 따른다.

② 세관장은 제5절의 규정에 불구하고 제1항에 따른 부과고지대상물품에 대하여 관세와 내국세 등 납부해야 할 세액을 확정하여 고지해야 한다.

제54조(부과고지 대상물품의 확인) 세관장은 수입물품이 제53조에 따른 부과고지대상에 해당하는지 여부를 확인해야 하며 부과고지 대상물품에 해당되지 아니할 때에는 제5절에 따라 신고납부를 하도록 조치해야 한다.

제55조(간이세율적용 배제물품) 간이세율 적용 배제물품은 다음 각 호의 어느 하나와 같다.

1. 영 제96조제2항제1호부터 제4호까지 및 제6호의 물품
2. 영 제96조제2항제5호에 해당하는 물품 중 다음 각 목의 물품
   가. 부과고지 대상으로서 1개나 1조의 과세가격이 1,000만원을 초과하는 물품
   나. 상업용으로 인정되는 수량의 물품

다. 법 제49조제3호에 따른 관세를 적용받는 물품 중 기본관세율보다 높은 세율을 적용받는 물품

제56조(납부고지) ① 세관장은 제53조에 따른 부과고지 대상물품에 대하여 관세 등을 징수하고자 할 때에는 해당물품의 세액을 확정하여 별지 제8호서식의 납부고지서를 납세의무자에게 교부해야 한다.

② 제1항에 따른 고지를 받은 자는 그 고지를 받은 날로부터 15일이내에 해당 세액을 국고수납기관이나 우체국에 납부해야 한다.

제57조(준용규정) 부과고지 대상물품의 통관과 관련하여 특별히 정하지 아니한 사항은 제1절부터 제5절까지의 통관절차를 준용한다.

제7절 통합납부

제58조(통합납부) 납세의무자는 납부해야 할 관세 등의 납부기한과 세입징수관서가 동일한 여러 건의 수입신고물품에 대한 납부세액을 합산하여 1건의 납부서에 의하여 납부(이하 "통합납부"라 한다) 할 수 있다.

제59조(통합납부대상물품과 업체) ① 통합납부 할 수 있는 물품은 신고납부대상물품으로서 제46조제5호(징수형태 "13")에 해당하는 물품이어야 한다.

② 통합납부할 수 있는 업체는 통합납부서를 발행하려는 세관에 수입신고하는 건수가 1년간 3,000건 이상(일일평균 약10건 내외)인 업체이어야 한다.

제60조(통합납부업체의 지정) ① 통합납부업체로 지정받고자 하는 자는 별지 제16호서식의 통합납부업체지정 신청서를 통합납부서를 발행받고자 하는 세관장에게 제출해야 한다.

② 전항의 신청서를 접수한 세관장은 통관시스템의 통계정보를 조회하여 제59조제2항의 요건에 해당되는지 여부를 확인할 수 있다.

③ 세관장이 통합납부업체를 지정한 때에는 그 내용을 전산시스템에 등록하고 그 사실을 신청인에게 별지 제17호서식(통합납부업체지정 통지서)으로 통지해야 한다.

제61조(통합납부서 발행 등) ① 통합납부서는 신고수리일자별로 신고수리일 다음 날부터 납부기한만료 전일까지 납세의무자의 요청에 의하여 통합납부업체로 지정한 세관장이 발행한다. 다만, 납부건수가 1건인 경우에는 발행하지 아니한다.

② 세관장이 제18호의2서식의 통합납부서와 별지 제19호서식의 통합납부명세서를 발행하여 교부한 때에는 납세의무자별로 별지 제20호서식의 통합납부발행대장을 출력 하여 갖추어 두고 전산수납여부를 확인 기재해야 한다.

③ 통합납부서를 교부받은 납세의무자가 납부기한 내에 관세 등을 납부하지 아니한 경우에는 통합납부서는 납부기한 만료일 24시에 그 효력이 상실되며 해당 세액은 개별납부서로 가산금과 함께 납부해야 한다.

제62조(통합납부업체의 지정취소) ① 세관장은 통합납부업체로 지정받은 업체가 세액보정 등으로 수납확인이 되지 아니하거나 수입신고건수가 급격히 감소하여 통합납부대상에서 제외할 필요가 있는 때에는 통합납부업체지정을 취소할 수 있다.

② 제1항에 따라 통합납부업체 지정을 취소한 때에는 전산시스템에 취소사실을 등록해야 한다.

제8절 전자통관심사

제63조(전자통관심사) ① 전자통관심사는 「수출입 안전관리 우수업체 공인 및 운영에 관한 고시」에 따라 수출입안전관리우수업체로 공인받은 수입업체가 수입하는 물품과 그 외의 업체가 수입신고하는 물품 중 위험도가 낮은 물품에 대하여 적용하는 것을 원칙으로 한다. 다만, 업체의 신고성실도 등을 고려하여 필요하다고 인정하는 경우에는 관세청장이 따로 적용기준을 정하여 적용할 수 있다.

② 제1항에 따른 전자통관심사 대상물품에는 다음 각 호의 물품은 제외한다. 다만, 전자통관심사 대상 업체의 AEO등급별 제외대상을 차등 운영할 수 있다.

1. 제13조에 따른 서류제출대상물품
2. 법 제226조에 따른 세관장확인대상물품
3. 그 밖에 관세청장이 전자통관심사가 적합하지 않다고 인정하는 물품

제64조(전자통관심사 대상업체 관리) 세관장은 전자통관심사 대상업체가 다음 각 호의 어느 하나에 해당하는 사실이 발생한 때에는 전자통관심사 적용의 중지를 관세청장에게 요청해야 한다.

1. 법, 환특법,「외국환거래법」,「대외무역법」,「상표법」등 수입통관 관련규정을 위반하여 처벌받은 경우. 다만, 세관장은 집행종료 또는 집행유예 기간이 만료한 후 2년이 경과한 경우에는 중지해제를 요청할 수 있다.
2. 관세 등 수입물품과 관련된 제세를 체납한 경우. 다만, 납부기한 경과 후 30일 이내에 체납된 관세 등을 납부한 때에는 제외할 수 있다.
3. 거짓으로 전자통관심사 대상물품이 아닌 물품을 전자통관심사대상으로 신고한 경우

제65조(신고 및 수리시기) ① <삭제>

② 전자통관심사 대상물품에 대한 신고수리는 제35조에 따른다.

제66조(물품검사) 전자통관심사 대상물품에 대한 검사는 무작위선별검사를 원칙으로 하며, 검사비율은 제28조제2항에 따른다.

제3장 간이통관 절차

제1절 소액물품의 자가사용 인정기준 및 합산과세 기준 등

제67조(소액물품의 자가사용 인정기준) 규칙 제45조제2항제1호에 따른 소액물품의 자가사용 인정기준은 [별표 11]과 같다.

제68조(합산과세 기준) 세관장은 규칙 제45조제2항제1호 단서에 따라 다음 각 호의 어느 하나에 해당하는 경우로서 각 물품의 물품가격을 합산한 금액이 제67조의 기준을 초과하는 때에는 관세면제 대상에서 제외하고 합산하여 과세한다.

1. 하나의 선하증권(B/L)이나 항공화물운송장(AWB)으로 반입된 과세대상물품을 면세범위 내로 분할하여 수입통관하는 경우
2. <삭제>
3. 같은 해외공급자로부터 같은 날짜에 구매한 과세대상물품을 면세범위내로 분할 반입하여 수입통관하는 경우

제69조(합산과세시 수입신고서 등의 처리) ① 제68조에 따라 세관장이 합산과세 할 때에는 합산금액에 따라 다음 각 호의 어느 하나와 같이 처리한다.

1. 특송물품으로 반입된 경우 미화 150불 초과의 물품은 목록통관을 배제하고 일반수입신고
2. 우편물로 반입된 경우
   가. 미화 1,000불 이하의 물품은 우편물목록 등에 따라 과세처리
   나. 미화 1,000불 초과의 물품은 일반수입신고

② 제1항제1호에 해당되는 물품은 수입신고서 "세관기재란"에 합산과세의 근거가 되는 B/L번호와 "합산과세"임을 표기하고, 합산과세 대상이 된 B/L을 수입신고서에 첨부해야 한다.

③ 제1항제2호가목에 해당되는 물품은 통관안내서에 합산과세 대상임을 기재하여 수취인에게 통지하고 우편물목록에 대상 우편물번호를 기재한 후 "합산과세"임을 표기해야 하며, 제1항제2호나목에 해당하는 물품은 제2항에 준하여 처리한다.

④ 세관장은 전산자료 등을 사후 분석하여 상용물품으로 인정되거나 과세대상물품을 분할하여 부당하게 면세통관한 것으로 확인된 경우에는 제68조의 기준에 따라 관세 등을 추징하거나 조사의뢰해야 한다.

제2절 수입신고의 생략 및 간이한 신고

제70조(수입신고의 생략) ① 다음 각 호의 어느 하나에 해당하는 물품 중 관세가 면제되거나 무세인 물품은 수입신고를 생략한다.

1. 외교행낭으로 반입되는 면세대상물품(법 제88조, 다만, 관세법 시행규칙 제34조제4항에 따른 양수제한 물품은 제외)
2. 우리나라에 내방하는 외국의 원수와 그 가족 및 수행원에 속하는 면세대상물품(법 제93조제9호)
3. 장례를 위한 유해(유골)와 유체
4. 신문, 뉴스를 취재한 필름·녹음테이프로서 문화체육관광부에 등록된 언론기관의 보도용품
5. 재외공관 등에서 외교부로 발송되는 자료
6. 기록문서와 서류
7. 외국에 주둔하는 국군으로부터 반환되는 공용품 [군함·군용기(전세기를 포함한다)에 적재되어 우리나라에 도착된 경우에 한함]

② 제1항 각 호의 물품은 B/L(제70조제1항제7호의 경우에는 물품목록)만 제시하면 물품보관장소에서 즉시 인도한다. 이때 B/L 원본을 확인하고 물품인수에 관한 권한 있는 자의 신분을 확인하여 인수증을 제출받은 후 인계해야 한다.

③ 제1항 각 호의 물품에 대한 검사는 무작위선별방식에 의하여 선별된 물품만을 검사한다.

④ 제1항제3호의 유해(유골)와 유체의 인도 시에는 유족의 신분 등을 파악하여 안보위해물품이 위장 반입되지 아니하도록 주의해야 한다.

제71조(신고서에 의한 간이신고) ① 제70조제1항 각 호의 물품 중 과세 되는 물품과 다음 각 호의 어느 하나에 해당하는 물품은 첨부서류 없이 신고서에 수입신고사항을 기재하여 신고(이하 "간이신고"라 한다)한다.

1. 국내거주자가 수취하는 자가사용물품으로서 물품가격이 미화 150달러 이하인 면세대상물품
2. 상업용견본품으로서 과세가격이 미화 250불 이하의 면세대상물품
3. 설계도중 수입승인이 면제되는 것
4. 「외국환거래법」에 따라 금융기관이 외환업무를 영위하기 위하여 수입하는 지급수단

② 품명과 규격이 각기 다른 소액물품으로서 물품의 관세 등이 면제되거나 합의세율을 적용하는 경우에는 주요물품명 ○○ 등이라고 표기할 수 있다.

제72조(면세신청서 제출생략) ① 법 제241조제2항에 따라 수입신고가 생략되거나 간이한 신고절차가 적용되는 물품 중 다음 각 호의 어느 하나에 해당하는 경우로서 면세부호를 기재한 신고서와 물품의 확인만으로 면세대상물품임이 확인되는 경우에는 면세신청서를 제출하지 아니하여도 관세를 감면할 수 있다.

1. 외교관 면세대상물품(법 제88조, 다만, 관세법 시행규칙 제34조제4항에 따른 양수제한 물품은 제외)
2. 국제평화 봉사활동 등 용품(법 제91조제3호)
3. 신체장애인용품(법 제91조제4호)
4. 정부용품 등 면세대상물품(법 제92조)
5. 소액물품 등의 면세(법 제94조)
6. 여행자휴대품·이사물품등의 면세(법 제96조)
7. 재수입면세대상물품(법 제99조)

② 제1항의 경우 면세해당 사실확인을 위하여 필요한 경우에는 관계증빙서류의 제출을 요구할 수 있다.

제4장 특정물품의 통관 절차

제1절 고철 및 비금속설

제73조(용어의 정의) ① "고철"(비금속설을 포함한다. 이와 같다)이라 함은 사용 후의 노후화된 폐각품이거나 제품의 제조과정에서 발생한 설로서 국제적인 상관습 상 고철로서 거래된 것으로 금속의 재생용이나 화학품의 제조용에만 적합한 금속의 웨이스트와 스크랩을 말한다.

② 이 절에서 "고철화"란 국제적인 상관습상 고철로서 거래되었으나 고철이외의 타용도에 사용될 수 있는 물품을 압착, 절단, 가공 등의 작업을 함으로써 고철로만 사용하도록 하는 과정을 말한다.

③ 이 절에서 "고철장"이라 함은 고철화 작업을 하기 위한 구역을 말한다. 고철장은 세관장이 고철의 부정유출 방지 및 고철화작업의 감시·감독상 쉬운 장소로서 지정한다. 다만, 주한 미군 잉여재산처리장은 세관장이 지정한다.

제74조(통관기준) ① 세관장은 신고물품이 고철이 명백한 것은 즉시 통관을 허용하고 신고물품이 국제적인 상관습상 고철로서 거래된 것이라도 고철이외의 다른 용도에 사용될 가능성이 있는 것에 대하여는 고철화작업을 완료한 후 통관을 허용한다.

② 고철화작업을 완료한 후 수입화주는 별지 제10호서식의 고철화작업완료계를 세관장에게 제출해야 한다.

③ 세관장은 고철중에 포함되어 있는 물품 중 고철화작업이 부적합한 것에 대하여는 수입화주의 신청에 의하여 원형대로 과세통관을 허용할 수 있다. 다만, 법 제226조에 따라 세관장이 확인하는 수입요건을 갖춘 경우에 한한다.

④ 제1항에 따라 고철화작업을 한 결과 고철과 철강 이외의 설이 구분되는 경우로서 동 물품의 세율이 각각 상이한 경우에는 이를 각각 구분 과세한다. 이 경우 수량 확인은 공인감정기관의 검정서 등으로 대신할 수 있다.

제75조(특례) ① 세관장은 200KW 이상의 전기로, 10M/T 이상의 용해로나 시간당 10M/T 이상의 가열로 시설(공장전체의 시설규모를 말한다)을 갖추고 있는 실수요자가 수입하는 고철에 대하여는 고철화작업을 생략한다.

② 세관장은 제1항에 따른 실수요자이외의 전기로, 용해로나 가열로 시설을 갖추고 있는 관내 수입업자중 세관장이 해당업계의 시설, 성실도 등을 고려하여 실수요자로 지정한 자가 수입하여 소비할 고철(세관장이 지정한 품목에 한함)에 대하여는 고철화작업을 생략할 수 있다.

③ 제1항과 제2항에 따라 고철화 작업을 생략하는 경우 실수요자는 해당물품을 타인에게 양도할 수 없다.

제76조(신고수리조건) 세관장은 고철로서 통관허용시에는 신고필증에 "이 수입신고필증에 표기된 고철을 고철이외의 다른 용도에 사용하는 때에는 관세법에 따라 처벌받게 됨"이라는 표시를 한다.

제77조(해체·절단 등의 작업대상물품) 법 제159조제5항에 따라 보세구역에 장치된 수입물품 중 원형을 변경하거나 해체·절단 등의 작업을 할 수 있는 물품은 다음 각 호의 어느 하나로 한다.

1. 해체용 선박
2. 각종 설중 세관장이 원형변경, 해체, 절단 등의 작업이 필요하다고 인정하는 물품
3. 세관장이 진정화작업이 필요하다고 인정하는 물품

제2절 해체용 선박

제78조(용어의 정의) ① "해체용 선박"이하 함은 사용으로 인하여 노후 되었거나 선박으로서 그 이상 사용할 수 없다고 판단되는 경우에 구성 재료대로 사용할 목적으로 해체하려는 선박을 말한다.

② "분리과세대상물품"이라 함은 선박 건조 당시부터 해체용 선박에 부착되거나 부수되는 물품으로서 수입자가 이를 원형대로 통관하고자 해체용 선박과 별도로 법 제226조에 따른 세관장이 확인하는 수입요건을 갖춘 물품을 말한다.

제79조(입항확인) 입항업무 담당과장은 선용품 및 기타 적재물품과 선박건조 당시부터 부착되거나 부수되는 물품이외의 물품을 확인한 후 물품목록을 수입과장에게 통보해야 한다.

제80조(신고) 해체용 선박의 수입신고는 다음 각 호의 어느 하나와 같이 구분하여 신고함을 원칙으로 한다.

1. 해체용 선박
2. 분리과세대상물품

제81조(신고수리전 해체 및 폐품화 작업) 신고수리 전에 해체작업이나 폐품화 작업을 하려는 자는 법 제159조에 따라 세관장의 허가를 받아야 한다.

제82조(통관허용 범위 및 과세물품) ① 해체용 선박은 분리과세대상물품에 대한 과세처리나 폐품화작업이나 보세구역에의 반입을 완료한 경우 관세율표의 해당세율을 적용하여 관세를 수납한 후 신고수리한다.

② 분리과세대상물품에 대하여 수입신고인이 과세를 원하지 아니하는 경우에는 폐품화작업을 실시하고 해체용 선박으로 일괄 과세처리한다.

제83조(의무이행의 요구) ① 세관장은 총톤수 2,000톤 이상의 해체용 철강선박에 대하여는 해체작업 전에 신고수리할 수 있다.

② 제1항에 따라 신고수리할 경우 세관장은 "분리과세 대상물품을 원형으로 사용하고자 할 때에는 최초 수입신고수리일로부터 60일 이내에 추가 신고하여 수리를 받아야 한다"라는 사항을 신고서에 기재하여 신고수리한다.

제84조(심사) 세관장은 분리과세대상물품에 대하여 해체용 선박과 별도로 법 제226조에 따른 수입요건을 구비해야 하는 물품인지 여부를 심사해야 한다.

제85조(추가신고) ① 총톤수 2,000톤이상의 해체용 철강선박으로서 제80조에 따라 수입신고하지 아니한 분리과세대상물품을 신고수리 후 원형대로 사용하고자 할 때에는 최초 신고수리 후 60일 이내에 추가로 수입신고해야 하며, 신고 시에는 당초의 신고필증의 사본을 첨부하고, 신고서 비고란에는 "신고번호 ○○○○호 해체용 선박의 분리과세 대상물품 추가신고분"이라고 기재해야 한다.

② 세관장은 부득이한 사유가 있다고 인정할 때에는 1월의 범위 내에서 제1항의 기간을 연장할 수 있다.

제86조(작업신고 및 사후관리) 제83조제1항에 따라 신고수리를 받은 해체용 철강선박을 해체작업하려는 자는 세관장에게 신고해야 한다. 그 작업을 종료된 때에도 또한 같다.

제3절 공동어업사업에 의하여 반입되는 수산물

제87조(용어의 정의) 이 절에서 사용하는 용어의 정의는 다음 각 호와 같다.

1. "공동어업사업"이라 함은 「수산업법」제41조에 따라 원양모선식 어업허가를 받은 사업을 말한다.
2. "모선식어업"이라 함은 한국모선(처리가공 시설을 갖춘 공모선)과 외국자선(어로선)의 공동조업을 말한다.
3. "운반선"이라 함은 모선에서 처리 가공한 수산물을 운반하는 선박을 말한다.

제88조(물품의 적재허가) 모선과 운반선에 외국물품을 적재하여 반입하고자 할 때에는 법 제140조제6항에 따라 세관장의 허가를 받아야 한다.

제89조(수입신고) ① 제88조에 따라 외국물품의 적재허가를 받은 선박이 입항하였을 때에는 법 제241조제1항에 따라 수입신고를 해야 한다.

② 제1항에 따라 수입신고를 해야 할 대상은 공동어업사업에 의하여 반입되는 원어를 냉동시킨 물품과 원어상태의 물품을 처리 가공하여 얻어진 물품에 한한다.

제90조(신고시 제출서류) 공동어업사업에 의하여 반입되는 수산물의 수입신고 시에는 신고서에 다음 각 호의 서류를 첨부해야 한다.

1. 선하증권(자사선인 경우에는 제외한다)
2. 별지 제11호서식의 반입물품 명세서
3. 수입승인(허가)서

제91조(통관심사) ① 수입신고를 받은 세관장은 해당물품이 신고수리 전에 법 제226조에 따라 허가, 승인 기타조건의 구비가 필요한 경우에는 동 수입요건을 확인해야 한다.

② 수입요건을 확인받은 물품이 처리가공을 거치지 아니한 원어상태의 수산물이라 하더라도 수입신고 된 물품이 원어상태의 수산물을 처리 가공하여 얻어진 물품인 경우에는 수입요건을 구비한 물품으로 본다.

제92조(과세물건의 확정) ① 공동어업사업에 의하여 반입되는 수산물에 대한 관세는 수입신고를 할 때의 물품의 성질과 그 수량에 의하여 부과한다.(예 : 공동어업사업에 의하여 구입한 물품은 명태라 하더라도 처리 가공하여 실제 반입되는 물품이 명란, 필레트, 연육, 어유 등인 경우에는 각각 명란, 필레트, 연육, 어유가 과세물건임)

② 제1항에 따른 수량은 수입자가 신고하는 수량을 인정 처리할 수 있다.

제93조(사후관리) 세관장은 법 제266조에 따라 연 1회 이상 관계장부 등을 조사하거나 제출하게 하여 수입신고 된 물품의 수량이나 가격의 정확성 여부를 확인할 수 있다.

제4절 국제무역선에서 수거된 폐유

제94조(적용대상) 이 절은「해양환경관리법」제37조에 따라 국제무역선에서 수거한 폐유 중 우리나라로 수입하려는 폐유에 대하여 적용한다.

제95조(용어의 정의) 이 절에서 사용하는 용어의 정의는 다음과 같다.

1. "폐유"라 함은 국제무역선에서 발생한 다음 각 목의 물품을 말한다.
   가. 연료유・윤활유가 새어나와 모인 것에 바닷물 등이 섞여서 생긴 유성혼합물(선저폐수 : Bilge)
   나. 연료유・윤활유를 청정할 때 생기거나 기관에서 기름의 누출 등에 의하여 생기는 유성잔류물로서 연료유・윤활유로 재사용할 수 없는 것(슬러지 : Sludge)
   다. 기관의 윤활유를 교환할 때 수거하는 폐윤활유(폐 윤활유 ; Lubricating Waste Oil)
   라. 탱크내의 찌꺼기를 제거하거나 수리를 할 때 본선 펌프로 이송이 불가능한 소량의 남은 기름(유창 청소 폐유 ; Cleansing Waste Oil)

마. 위 가목부터 라목까지를 제외한 국제무역선에서 발생한 그 밖의 폐유

2. "유창청소업자"라 함은 「해양환경관리법」제70조에 따라 선박의 유창청소와 폐유수거 사업을 하고자 해양경찰청장에게 등록한 자를 말한다.

3. "폐기물처리업자"라 함은 「폐기물관리법」 제25조에 따라 폐기물의 수집・운반이나 처리를 업으로 하고자 시・도지사 또는 환경부장관으로부터 허가받은 자를 말한다.

제96조(신고인) 폐유에 대한 수입신고는 다음 각 호의 어느 하나에 해당하는 자의 명의로 해야 한다.

1. 관세사
2. 유창청소업자
3. 폐기물처리업자(육상에 위치한 해양시설과 조선소에서 건조중인 선박에서 발생하는 폐유에 한한다)
4. 그 밖에 적법한 폐유처리자격이 있는 자로서 폐유를 수입하려는 자

제97조(신고) ① 세관장은 이 절에 따라 수입신고 하는 경우 장치장소를 본선이나 바지선으로 하여 통관을 허용할 수 있다.

② 폐유를 수입하려는 자는 수입신고서(보관용, 수입신고필증)와 다음 각 호에 해당하는 서류를 제출해야 하며 B/L, 송품장, 포장명세서 등은 제출하지 않는다.

1. 「해양환경관리법 시행규칙」 제39조에 따른 오염물질수거확인증이나 「폐기물관리법 시행규칙」 제20조에 따른 폐기물인계서
2. 견적서(판매물품의 경우), 지급증빙서류(실제지급가격의 경우)나 공인감정기관의 감정서

③ 신고품명은 "폐유"로 기재하고, 규격은 "선저폐유, 슬러지, 폐윤활유, 유창청소 폐유, 그 밖의 폐유"로 제95조 제1호 각 목의 용어를 구분하여 기재한다.

④ 신고수량은 본선에서 수입신고하는 경우 하선 전 수거예정수량으로 신고한 후 수거수량이 확정되면 확정수량을 재신고하며, 바지선에서 수입신고하는 경우에는 하선 후 수거확정수량으로 수입신고한다. 최초 하선을 바지선이 아닌 육지로 한 경우에도 같다.

⑤ 신고가격은 법 제30조 내지 제35조에 따른 과세가격 결정방법에 따른다.

제5절 < 삭제, 관세청 고시 제2014-86호(2014. 7. 7) >

제98조 < 삭제, 관세청 고시 제2014-86호(2014. 7. 7) >

제99조 < 삭제, 관세청 고시 제2014-86호(2014. 7. 7) >

제100조 < 삭제, 관세청 고시 제2014-86호(2014. 7. 7) >

제101조 < 삭제, 관세청 고시 제2014-86호(2014. 7. 7) >

제102조 < 삭제, 관세청 고시 제2014-86호(2014. 7. 7) >

제5절 그 밖의 특정물품

제103조(선박·항공기) ① 이 조에서 사용하는 용어의 정의는 다음과 같다.

1. "국적취득조건부 임차선박·항공기"라 함은 임차기간 만료 시 소유권을 이전받는 조건으로 임차 수입하는 선박이나 항공기를 말한다.
2. "편의치적(便宜置籍) 선박"이라 함은 소유권을 이전받아「선박법」제2조에 따른 한국선박이 된 수입선박 중 우리나라 국적이 아닌 외국 국적을 취득한 선박을 말한다.
3. "경락선박·항공기"라 함은 국내법원의 경매를 통해 낙찰받아 수입하려는 외국 선박이나 항공기 말한다.

② 선박·항공기(제1항제1호와 제2호의 선박·항공기를 포함한다)를 외국으로부터 수입하려는 자는 해당 선박·항공기가 우리나라에 최초 입항한 때 수입신고를 하고 세관장으로부터 신고수리를 받아야 한다. 다만, 국적취득조건부 이외의 임차선박·항공기가 법 제2조제6호와 제7호에 따른 국제무역선(기)에 해당되는 경우(원양어선을 포함한다)는 제외한다.

③ 경락선박·항공기(경락 후 편의치적된 경우를 포함한다)를 경락받은 자는 해당 선박·항공기를 경락받은 때 수입신고를 하고 세관장으로부터 신고수리를 받아야 한다. 다만 외국으로 수출하려는 경우에는 수출신고를 하고 세관장으로부터 신고수리를 받아야 한다.

제103조의2 < 삭제, 관세청 고시 제2015-12호(2015. 3. 12) >

제103조의3(컨테이너 및 항공기용 탑재용기) ① 소유권이 이전되는 컨테이너 등을 수입하려는 자는 해당 컨테이너 등이 지정장치장 또는 보세창고에 최초로 반입되거나 보세구역이 아닌 장소에 최초로 장치되는 때에 세관장에게 수입신고를 해야 한다.

② 제1항에서 "컨테이너 등"이란 화물을 운송하기 위하여 반복하여 사용할 수 있도록 제작된 운송용기로써「컨테이너 관리에 관한 고시」제2조제1호의 것과 항공기용 탑재용기를 말한다.

제104조(액체화물) ① 이 조에서 "액체화물"이라 함은 보세구역의 탱크시설에 장치할 액체화물(원유, 당밀, 동물류, 식물류, 광물류, 유무기액체제로 액체상의 물품)을 말한다.

② 액체화물은 B/L별 통관을 원칙으로 한다. 다만 다음 각 호의 경우에는 제16조에 따라 B/L분할통관을 할 수 있다.

1. 수출화물 제조에 사용될 원료 수입의 경우
2. 협회, 조합 등에서 일괄 수입한 물품으로서 실수요자별로 수입신고하려는 경우
3. 저장탱크별로 통관하여도 과세수량 확정과 화물관리에 지장이 없는 경우

③ 하나의 탱크시설에 원산지가 다른 액체화물이 혼합 보관된 경우 해당물품의 원산지는 원산지증명서에 의하며, 수량은 B/L상의 수량에 의하되 검정보고서(Survey Report)상의 검정수량과 일치하지 않는 경우에는 검정수량을 우선 적용한다.

제104조의2(액화천연가스 관련 용어의 정의) ① 이 절에서 "액화천연가스(LNG)"라 함은 천연가스를 정제해서 얻은 메탄을 주성분으로 하는 가스를 냉각시켜 액화한 가스로서 관세율표 제2711.11-0000호에 분류되는 가스를 말한다.

② 이 절에서 "천연가스(NG)"라 함은 천연가스를 정제해서 얻은 메탄을 주성분으로 하는 가스로서 섭씨 15도의 온도와 수은주 1,013밀리바(101.3kPa)의 압력 하에서 가스 상태에서 관세율표 제2711.21-0000호에 분류되는 가스를 말한다.

③ 이 절에서 "리턴가스"라 함은 액화천연가스(LNG) 수송선 탱크와 저장탱크 사이의 일정한 압력유지를 위한 국제적 표준 프로세스(Vapor Return Process)에서 NG암(arm)를 통해 저장탱크와 액화천연가스(LNG) 수송선 탱크 사이에서 이동하는 천연가스를 말한다.

④ 이 절에서 "순반입량"이라 함은 액화천연가스(LNG) 하역완료 후 공인감정기관이 발행한 검정보고서(survey report)에 기재된 리턴가스 물량을 제외한 실제 하역물량을 말한다.

제104조의3(액화천연가스의 수입신고 물량) ① 액화천연가스(LNG)를 수입신고하고자 하는 자는 우리나라에 실제 반입되는 물량에 따라 신고해야 한다. 이 경우 공인감정기관이 발행한 검정보고서(survey report)에 기재되어 있는 실제 순반입량을 기준으로 수입신고해야 한다.

② 입항전 수입신고의 경우에는 선적지에서 제3자가 국제표준에 따라 객관적으로 발행한 검정보고서 등에 따른 적재물량으로 수입신고할 수 있다. 이 경우 액화천연가스(LNG) 하역완료 후 공인감정기관이 발행한 검정보고서(survey report)에 기재된 순반입량으로 수입신고 물량을 정정해야 한다.

제105조(연속공급물품) ① "연속공급물품"이라 함은 외국과 연결된 전선로, 배관 등의 고정시설을 통해 수입하는 물품으로서 영 제246조제7항 각 호에 해당하는 전기, 가스, 유류・용수 등 액체류를 말한다.

② 연속공급물품을 최초로 수입하려는 자는 사전에 해당물품의 검량장소를 관할하는 세관장에게 다음 각 호의 사항을 기재한 서류를 작성하여 신고해야 한다.

1. 업체상호・주소와 대표자 성명
2. 해외거래처 상호와 주소
3. 수입하려는 물품의 품명・규격
4. 월단위 수입 예정수량
5. 검량방법과 검량장소
6. 수입 개시일자
7. 업체 담당자 성명과 연락처

③ 세관장은 신고한 검량방법이 적정하지 않다고 판단되는 경우 연속공급물품 수입업체와 협의를 통해 적정한 검량방법을 정할 수 있다.

④ 연속공급물품은 1개월 단위의 수입수량에 대하여 다음 달 10일까지 검량장소를 관할하는 세관장에게 수입신고를 해야 하며, 기한을 초과하여 수입신고를 하는 경우 법 제241조제4항을 준용하여 가산세를 징수한다.

⑤ 연속공급물품 수입화주는 매월 말까지 다음 달 수입예정수량에 대해 법 제248조제2항에 따라 관세에 상당하는 담보를 세관장에게 제공해야 한다.

제6절 통관지세관 제한

제106조(특정물품의 통관지세관 제한) ① [별표 5]에 열거된 물품(이하 "특정물품"이라 한다)은 동 별표 상에 열거된 세관(이하 "특정세관"이라 한다)에서 수입통관을 해야 한다. 다만, 통관지세관장의 사전승인을 받은 경우와 보세공장에서 반출입하는 물품의 경우에는 그러하지 아니하다. ('07.12.28 조 번호 변경)

② 제1항 단서에 따라 특정물품을 특정세관 이외의 세관에서 통관하려는 자는 다음 각 호의 사항을 기재한 신청서를 통관지세관장에게 제출해야 한다.

1. 물품의 품명, 규격, 수량과 가격
2. 입항(예정)일자, 선명, 선하증권번호
3. 수입신고 예정일자와 세관명
4. 사유
5. 기타 참고사항

제5장 수입신고수리후 확인

제1절 의무불이행물품등에 대한 관리

제107조(보세구역 반입명령대상) ① 관세청장이나 세관장("반입명령인"이라 한다. 이 절에서는 같다)은 수입신고수리물품이 다음 각 호의 어느 하나에 해당하는 경우에는 법 제238조에 따라 화주 또는 수출입신고인에게 해당물품을 보세구역으로 반입할 것을 명령할 수 있다. 다만, 해당물품이 수입신고수리를 받은 후 3월이 경과하였거나 관련법령에 의하여 관계행정기관의 장의 시정조치가 있는 경우에는 그러하지 아니하다.

1. 법 제227조에 따른 의무를 이행하지 아니한 경우
2. 법 제230조에 따른 원산지표시가 적법하게 표시되지 아니하였거나 수입신고수리 당시와 다르게 표시되어 있는 경우
3. 지식재산권을 침해한 경우
4. 법 제230조의2에 따른 품질등의 표시(표지의 부착을 포함한다)가 적법하게 표시되지 아니하였거나 수출입신고 수리 당시와 다르게 표시되어 있는 경우

② 반입명령인이 제1항에 따른 반입명령을 하는 경우에는 별지 제12호서식의 반입명령서를 해당물품의 화주 또는 수출입신고인(이하 "반입의무자"라 한다)에게 송달해야 한다.

③ 반입명령인은 반입의무자의 주소나 거소가 분명하지 아니한 때에는 관세청이나 세관의 게시판과 기타의 적당한 장소에 반입명령사항을 공시할 수 있다. 이 경우 공시한 날로부터 2주일이 지난 때에는 반입의무자에게 반입명령서가 송달된 것으로 본다.

④ 제1항에도 불구하고 반입명령인은 법 위반사항이 경미하거나 감시・단속에 지장이 없다고 인정되는 경우에는 반입의무자에게 해당 물품을 보세구역으로 반입하지 아니하고 필요한 조치를 하도록 명할 수 있다.

제108조(반입명령인) ① 제107조제1항에 따른 보세구역 반입명령은 관세청장, 수입신고수리세관장, 제107조제1항 각 호의 사항을 조사한 세관장, 반입명령대상물품의 소재지를 관할하는 세관장이 할 수 있다.

② 관세청장은 반입대상물품과 반입명령사유 등을 지정하여 세관장에게 보세구역 반입명령을 발하도록 지시할 수 있다.

제109조(반입할 보세구역) ① 제107조에 따른 반입보세구역은 반입명령인이나 반입대상물품의 소재지 지정보세구역으로 한다. 다만, 해당세관 관할 내에 지정보세구역이 없거나 기타 부득이한 사유가 있는 경우에는 특허보세구역으로 한다.

② 제1항에 따른 해당세관 관할 내 보세구역이 없는 경우에는 해당세관과 인접한 세관의 관할내 보세구역에 반입하게 할 수 있다.

제110조(반입기한) ① 반입명령인은 반입대상물품의 성질, 수량 및 물품소재지와 반입보세구역간의 거리등을 고려하여 반입기한을 지정해야 한다.

② 반입의무자가 제1항에 따른 반입기한 내 반입이 곤란한 사유가 있는 때에는 그 사유와 증빙서류를 첨부하여 별지 제13호서식에 따라 반입명령인에게 반입기한 연장을 신청해야 한다.

③ 제2항에 따른 연장신청을 받은 반입명령인은 그 연장신청사유가 타당하다고 인정되는 때에는 제1항에서 정한 반입기한을 초과하지 않는 범위내의 기한을 정하여 연장승인 할 수 있다.

제111조(반입의무자의 의무) ① 반입의무자는 보세구역 반입명령을 이행하면서 발생되는 운송료, 보관료 및 기타 비용을 부담해야 한다.

② 반입의무자는 반입명령을 받은 해당물품에 대하여 관련법령에 의하여 이미 관계 행정기관의 장의 시정조치가 있는 경우에는 그 사실을 증명하는 서류를 반입명령인에게 제출해야 한다.

제112조(반입명령 대상물품의 확인) ① 반입명령인이 신고수리세관장으로서 해당세관의 관할구역내로 반입명령을 한 경우 반입명령인은 물품반입보세구역의 화물관리인이나 운영인에게 반입명령사실을 통보하고 물품이 반입되는 즉시 반입사유 확인을 위한 물품검사 등을 실시한다.

② 반입명령인이 신고수리세관장으로서 해당세관이외의 관할구역으로 반입명령을 한 경우 반입명령인은 반입의무자에게 반입명령을 함과 동시에 반입명령사실을 물품반입지 관할세관장에게 통보해야 한다.

③ 제2항에 따라 반입명령사실을 통보받은 물품반입지 관할세관장은 물품 반입보세구역의 화물관리인이나 운영인에게 반입명령사실을 통보하고 물품이 반입되는 즉시 물품의 반입사실과 반입사유 확인을 위한 물품검사 등을 실시하고 확인 결과 등을 반입명령인에게 통보해야 한다.

④ 반입명령인이 신고수리세관장이 아닌 경우로서 해당세관의 관할구역으로 반입명령을 한 경우, 반입명령인은 반입의무자에게 반입명령을 함과 동시에 반입명령사실을 신고수리세관장에게 통보해야 하며, 물품반입보세구역의 화물관리인이나 운영인에게 반입명령사실을 통보하고 물품이 반입되는 즉시 반입사유 확인을 위한 물품검사 등을 실시한다.

제113조(반입명령대상물품의 조치등) ① 반입명령인은 보세구역 반입물품의 물품검사 결과에 따라 반입의무자에게 다음 각 호의 어느 하나에 해당하는 조치를 명한다.

1. 위반사항 등을 보완 또는 정정한 이후 국내로 반입
2. 국외로 반출 또는 폐기

② 반입명령인이 반출이나 폐기할 것을 명한 경우 반출이나 폐기에 드는 비용은 반입의무자가 부담한다.

③ 반입명령인이 신고수리세관장으로서 해당세관이외의 관할구역으로 반입명령을 한 경우 반입명령인은 제1항의 조치내용을 물품반입지 관할세관장에게 통보해야 하며, 물품반입지 관할세관장은 반입의무자의 조치여부를 확인하고 그 이행결과를 반입명령인에게 통보한다.

④ 반입명령인이 수입신고수리세관장이 아닌 경우로서 해당세관의 관할구역으로 반입명령을 한 경우 반입명령인은 제1항의 조치내용과 반입의무자의 조치 이행결과를 신고수리세관장에게 통보해야 하며 신고필증도 함께 송부한다.

제114조(신고필증의 관리) ① 반입의무자는 반입명령대상물품을 보세구역에 반입함과 동시에 해당물품의 수입신고필증을 반입명령인에게 제출해야 한다.

② 반입명령인은 반입의무자가 위반사항 등을 보완 또는 정정한 이후 국내로 반입하는 경우에는 보완 또는 정정된 내용에 따라 수입신고필증을 정정하여 교부한다.

③ 반입명령인은 반입물품이 국외로 반출 또는 폐기되었을 때 당초의 수출입 신고 수리를 취소한 후 신고를 각하한다. 이 경우 해당 물품을 수입할 때 납부한 관세 등은 과오납환급한다.

제115조(반입명령의 집행요령) 세관공무원이 제107조제1항에 따른 반입명령대상물품을 발견한 경우 다음 각 호에서 정하는 요령에 따라 처리한다.

1. 반입의무자에게 세관공무원임을 증명할 수 있는 증표(공무원증)를 제시하고 반입명령 사유를 설명해야 한다.
2. 세관공무원은 반입명령 대상물품에 반입명령 대상임을 알리는 [별표 6]의 표지를 부착해야 한다.
3. 제2호의 표지를 부착한 세관공무원은 즉시 과장에게 보고하고 이 절에 따른 반입명령절차를 밟아야 한다.

제2절 수입외국물품 통관표지

제116조(통관표지 첨부대상) ① 법 제228조(통관표지)와 영 제235조(통관 표지의 첨부)에 따라 통관표지를 첨부해야 할 물품은 수입신고수리물품과 법에 의하여 매각된 물품으로서 [별표 7]에 열거된 물품으로 한다.

② 제1항에도 불구하고 다음 각 호의 어느 하나에 해당하는 물품은 통관표지의 첨부를 생략한다.

1. 수입신고수리후 자가사용으로 인정되는 휴대품, 우편물, 탁송품이나 별송품
2. 재수출조건부 면세대상 물품 등 일시수입물품
3. 우리나라에서 수출된 후 재수입되는 물품
4. 외교관 면세대상물품
5. 수출조건으로 공매낙찰된 물품

제117조(통관표지의 종류) ① 통관표지의 종류는 초록색, 붉은색 2종으로 하고 초록색은 일반수입물품에 붉은색은 매각된 물품에 첨부한다.

② 통관표지의 규격과 모양은 [별표 8]과 같다.

제118조(통관표지의 첨부방법) ① 통관표지는 통관표지 첨부대상물품의 현품(개당) 에 1장씩 첨부한다.

② 통관표지는 세관공무원의 관리감독하에 수입화주나 매입자의 비용과 책임으로 첨부해야 하며, 입회한 세관공무원은 첨부 후 재사용이 불가능하도록 완전히 부착되었는지 여부를 확인해야 한다.

③ 통관표지 첨부 시 입회한 세관공무원은 통관표지 첨부결과를 별지 제14호서식의 복명서로 보고해야 한다.

제119조(통관표지의 관리) ① 통관표지는 관세청장이 일괄 인쇄하여 각 세관장에게 배부한다.

② 통관표지는 각 세관 화물관리담당과에서 관리 운용하되 통관표지가 필요한 그 밖에 해당과에도 적정량을 교부한다.

③ 화물관리담당과와 기타 통관표지를 교부받은 해당과는 별지 제15호서식의 통관표지의 관리대장을 갖추어 두고 통관표지의 반출입수량, 반출입일시, 제작일련번호 및 재고현황 등을 정확히 기록 유지한다.

④ 각 세관 화물관리 담당과장과 그 밖에 통관표지를 교부받은 해당과장은 제3항의 관리 및 기록사항을 매월 말 확인해야 한다.

⑤ 통관표지를 관리하는 담당자의 보직변경 시에는 철저히 수량확인(인수・인계)하여 통관표지 관리대장에 인수・인계사항 등 기록을 유지해야 한다.

제120조(신고서등에의 기재) ① 통관표지 첨부대상 물품의 신고서나 매각된 물품의 품명, 규격란에는 제조번호 등을 가능한 한 상세히 표기하여 부정외래품을 쉽게 알아볼 수 있도록 해야 한다.

② 세관장이 통관표지 첨부대상 수입물품에 대하여 수입신고수리를 하고자 할 때에는 통관표지의 종류와 소요되는 수량을 세관 기재란에 표기해야 한다.

제6장 수입신고전 물품반출절차

제1절 총칙

제121조(목적) 이 장은 법 제253조와 영 제257조에 따른 수입신고전물품반출제도(이하 "즉시반출제도"라 한다)의 효율적 운영을 위한 업무처리 절차를 규정함을 목적으로 한다.

제122조(용어의 정의) 이 장에서 사용하는 용어의 정의는 다음과 같다.

1. "반출신고"라 함은 법 제253조에 따라 수입신고 전에 물품의 반출을 신고하는 것을 말한다.
2. "즉시반출업체"라 함은 영 제257조제2항에 따라 세관장으로부터 즉시반출제도 적용대상으로 지정받은 업체나 기관을 말한다.
3. "즉시반출물품"이라 함은 영 제257조제2항에 따라 세관장으로부터 즉시반출제도 적용대상으로 지정받은 물품을 말한다.

4. <삭제>
5. "포괄담보업체"라 함은 법 제24조제4항과「관세 등에 대한 담보제도 운영에 관한 고시」에 따라 세관장에게 포괄담보를 제공한 자를 말한다.
6. "잉여물품" 이라 함은 보세작업으로 인하여 발생하는 부산물과 불량품, 제품 생산 중단 등의 사유로 사용하지 않은 원재료와 제품 등을 말한다(보세공장 반입물품 또는 보세공장에서 제조·가공한 물품에 전용되는 포장·운반용품을 포함한다).
7. "잔존유"라 함은 법 제144조 및 영 제167조에 따라 국제무역기를 내항기로 전환하는 경우 국제무역기에 적재되어 있는 과세대상 연료유의 잔량을 말한다.

제2절 즉시반출업체 및 물품의 지정

제123조(즉시반출업체 및 물품의 지정기준) ① 즉시반출업체로 지정 받을 수 있는 자는 다음 각 호와 같다.
1. 영 제257조제2항제1호에 따른 제조업체나「외국인투자 촉진법」제21조에 따른 외국인투자기업에 해당하는 경우로서 다음 각 목의 요건을 갖춘 자
   가. 포괄담보업체. 다만, 즉시반출업체 지정신청 시 개별담보를 제공하려는 경우에는 포괄담보를 제공하지 아니하게 할 수 있다.
   나. 최근 2년간 관세 등 제세의 체납이 없는 업체. 다만, 체납발생사유가 제128조제1항제3호 단서에 해당하는 때는 제외한다.
   다. 최근 2년간 법 제269조부터 제271조까지, 제274조, 제275조의2 또는 제275조의3을 위반하거나 환특법 제23조 위반으로 처벌받은 사실이 없는 업체. 다만, 세관장이 재범의 우려가 없다고 인정하는 경우를 제외한다.
   라. 최근 3년간 수출입실적 있는 업체
2. 다음 각 목의 어느 하나에 해당하는 자
   가.「관세 등에 대한 담보제도 운영에 관한 고시」제5조 "제1호부터 제3호까지의" 정부기관 등
   나.「관세 등에 대한 담보제도 운영에 관한 고시」제6조에 따라 사전에 담보제공 생략을 확인 받은 자

② 즉시반출물품으로 지정받을 수 있는 물품은 제1항제1호 해당하는 자가 신청하는 시설재와 원부자재,「관세 등에 대한 담보제도 운영에 관한 고시」제3조 및 제6조에 따라 사전에 담보제공 생략을 확인 받은 자나 같은 고시 제5조제1항제1호부터 제3호까지의 정부기관 등에서 신청한 물품 또는 제1항에 해당하는 자가 신청한 잉여물품으로서 다음 각 호에 해당하지 아니하는 물품으로 한다.
1. 법 제226조에 따른 세관장확인대상물품
2. 법 제49조제3호의 관세율을 적용받는 물품
3. 제24조에 따른 사전세액심사 대상물품
4. 법 제234조에 따른 수출입금지물품
5. 법 제235조제1항에 따른 상표권 침해물품에 해당되어 수입이 금지되는 물품

6. 그 밖에 통관여건상 즉시반출물품으로 적합하지 않다고 세관장이 인정하는 물품

제124조(즉시반출업체 및 물품의 지정신청) ① 즉시반출제도를 적용받고자 하는 자는 별지 제22호서식의 즉시반출업체(물품) 지정 신청(결과통보)서 2부를 별지 제22호의2서식의 작성요령에 따라 기재하여 다음 각 호의 첨부서류와 함께 세관장에게 제출해야 한다. 다만, 정부기관과 지방자치단체의 경우에는 첨부서류의 제출을 생략할 수 있다.

1. 민원인 제출서류

가. 「외국인투자 촉진법」제21조에 따른 외국인투자기업등록증(외국인투자기업에 한한다)

나. 「공공기관의 운영에 관한 법률」제2조에 따른 정부투자기관임을 증명하는 서류(정부투자기관에 한한다)

다. 「공공기관의 운영에 관한 법률」제5조와「지방공기업법」제49조에 따른 공공기관이거나 지방공기업임을 증명하는 서류

라. 그 밖에 세관장이 필요하다고 인정하는 서류

2. 담당공무원 확인사항

가. 사업자등록증

② 제1항에 따른 신청은 다음 각 호의 어느 하나에 해당하는 세관(이하 "관할지세관"이라 한다)에 해야 한다.

1. <삭제>
2. 신청자가 포괄담보업체인 경우에는 포괄담보를 제공한 세관
3. 그 밖의 경우에는 주사업장, 본사, 주통관지를 관할하는 세관

③ 즉시반출업체가 추가로 즉시반출물품을 지정받고자 하는 경우에는 별지 제23호서식의 즉시반출물품 추가 지정신청(결과통보)서 2부를 작성하여 관할지세관장에게 제출해야 한다.

제125조(즉시반출업체 및 물품 지정) ① 제124조에 따른 지정신청을 받은 관할지세관장은 신청자에 대하여 다음 각 호의 사항을 심사한다.

1. 신청업체가 제123조제1항제1호에 해당하는 자인 경우

가. 포괄담보업체인지 여부. 다만, 즉시반출업체 지정신청시 개별담보를 제공한 경우에는 제외한다.

나. 최근 2년간 관세 등 제세의 체납사실 여부

다. 법 제269조부터 제271조까지, 제274조, 제275조의2 또는 제275조의3과 환특법 제23조의 위반여부

라. 최근 3년간 수출입실적이 있는지 여부

마. 제조업체이거나「외국인투자 촉진법」제21조에 따른 외국인투자기업에 해당 하는지 여부

2. 신청자가 제123조제1항제2호에 해당하는 자인 경우

가. 정부기관등·담보제공 생략을 확인받거나 담보제공특례자로 지정된 자인지 여부

② 제124조에 따른 신청을 받은 관할지세관장은 신청물품에 대하여 다음과 각 호의 사항을 심사한다.

1. 제123조제1항제1호에 해당하는 자인 경우 시설재와 원부자재에 해당하는지 여부
2. 제123조제2항 각 호에 해당하는 물품인지 여부

③ 관할지세관장은 제1항과 제2항에 따른 심사결과 신청업체 및 물품이 제123조에 따른 지정기준에 적합한 경우 즉시반출업체와 물품으로 지정한다.

④ 관할지세관장은 즉시반출업체와 물품의 지정여부를 결정한 때에는 별지 제22호서식의 즉시반출업체(물품) 지정신청(결과통보)서나 별지 제23호서식의 즉시반출물품 추가 지정신청(결과통보)서에 그 결과를 기재하여 신청자에게 1부를 통지하고, 지정내용을 즉시 전산등록해야 한다.

제126조(즉시반출업체 지정기간 및 갱신) ① 즉시반출업체의 지정기간은 3년으로 한다. 갱신하는 경우에도 또한 같다.

② 제1항 후단에 따라 즉시반출업체의 지정기간을 갱신하려는 자는 지정기간 만료 1개월 전까지 별지 제25호서식의 즉시반출업체 지정기간 갱신신청(결과통보)서 2부를 작성하여 관할지세관장에게 제출해야 한다.

③ 제2항에 따른 신청을 받은 관할지세관장은 즉시반출업체가 제123조제1항의 기준에 적합한 경우 지정기간 갱신신청을 승인한다.

④ 제3항에 따라 지정기간의 갱신을 승인한 경우에는 승인내용을 통관시스템에 등록하고 별지 제25호서식의 즉시반출업체 지정기간 갱신신청(결과통보)서에 갱신기간을 지정하여 신청인에게 교부해야 한다.

제127조(즉시반출업체 및 물품의 변경사항 신고) ① 즉시반출업체는 제124조에 따라 지정받은 업체와 물품사항에 대하여 다음 각 호의 변경이 있는 경우 별지 제24호서식의 즉시반출업체(물품) 지정사항 변경신고(통지)서 2부를 작성하여 관할지세관장에게 신고해야 한다. 다만, 제1호의 사항을 변경하려는 경우 세관장은 행정정보공동이용 절차에 의하여 사업자등록 내용을 조회・심사해야 한다.

1. 업체지정사항
   가. 상호・통관고유부호의 변경
   나. 대표자명・주소・사업자등록번호의 변경
2. 물품지정사항
   가. 사정변경 등으로 제123조제2항 각 호에 해당하게 된 물품의 지정취소
   나. 품명・규격 사항 변경

② 제1항에 따른 변경신고를 받은 관할지세관장은 신고내용이 타당한 경우 다음 각 호의 어느 하나에 해당하는 조치를 해야 한다.

1. 제1항제1호가목에 해당하는 경우 변경 전에 지정받은 업체와 물품사항을 등록해제하고 변경 후 상호로 재등록
2. 제1항제1호나목과 제1항제2호나목에 해당하는 경우 변경신고 내용으로 수정등록
3. 제1항제2호 가목에 해당하는 경우 물품지정 취소

③ 관할지세관장은 제2항에 따라 즉시반출업체와 물품 지정사항을 변경한 경우 이를 통관시스템에 등록한 후 별지 제24호서식의 즉시반출업체(물품) 지정사항 변경신고(통지)서에 담당자의 도장(별표 8)을 찍어서 1부를 신고인에게 교부해야 한다.

제128조(즉시반출업체 및 물품의 지정취소) ① 관할지세관장은 즉시반출업체가 다음 각 호의 어느 하나에 해당하는 경우 즉시반출업체의 지정을 취소한다.

1. 반출신고일로부터 10일 이내에 수입신고를 하지 아니한 업체. 다만, 업무착오인 경우로서 제138조제1항제1호에 따른 수입신고한 경우를 제외한다.
2. 법 제269조부터 제271조까지, 제274조, 제275조의2 또는 제275조의3과 환특법 제23조를 위반한 업체. 다만, 세관장이 재범의 우려가 없다고 인정하는 경우를 제외한다.
3. 관세 등 제세를 체납한 업체. 다만, 체납의 사유가 일시적인 자금사정이거나 업무착오인 경우로서 납부기한 경과 7일 이내에 제세를 자진납부한 경우를 제외한다.
4. 신용담보업체의 지정이 취소된 업체
5. 포괄담보업체인 경우 포괄담보가 전부 해제된 업체
6. 담보제공 생략이 일시정지 되거나 중지된 업체

② 관할지세관장은 즉시반출물품이 제123조제2항 각 호에 해당하게 된 경우 즉시반출물품의 지정을 취소한다.

③ 즉시반출업체가 제1항 각 호에 해당하거나 즉시반출업체가 지정받은 즉시반출물품이 제123조제2항 각 호에 해당하게 된 사실을 안 통관지세관장 등은 그 사실을 즉시 관할지세관장에게 통보해야 한다.

④ 관할지세관장은 제1항 및 제2항에 따라 즉시반출업체나 즉시반출물품의 지정을 취소한 경우 통관시스템에 등록하고 즉시 그 사실을 해당업체에 통지해야 한다.

제3절 반출신고

제129조(반출신고의 요건) 반출신고를 하기 위한 요건은 다음 각 호와 같다.

1. 반출을 하려는 자와 물품이 제125조에 따라 즉시반출업체와 즉시반출물품으로 지정받아야 한다.
2. 「관세 등에 대한 담보제도 운영에 관한 고시」에 따른 담보면제한도액이나 담보사용한도액의 잔액(개별담보제공금액을 포함한다)이 납부해야 할 관세 등 제세액에 상당하는 금액이상이어야 한다.
3. 해당물품에 대한 적재화물목록정보가 선사(항공사)로부터 화물시스템에 제출되어 있어야 한다. 다만, 보세공장 등에서 발생한 잉여물품과 국제무역기에 적재되어 있는 잔존유는 제외한다.

제130조(반출신고의 시기) ① 반출신고는 해당 수입물품이 법 제135조제2항에 따라 적재화물목록이 제출된 후부터 법 제140조에 따라 하역신고하기 전이나 보세구역에 장치된 후에 할 수 있다.

② 제1항에도 불구하고 적재화물목록이 없는 잉여물품과 잔존유의 반출신고는 다음 각 호와 같다.

1. 보세공장 등에서 발생한 잉여물품의 경우: 운영인이 잉여물품관리대장에 잉여물품 발생사유 등을 기재한 후 반출신고
2. 국제무역기에 적재되어 있는 잔존유의 경우: 항공사가 내항기로의 전환을 신청한 이후 승인 전까지 반출신고

제131조(반출신고) ① 반출신고를 하려는 자는 별지 제26호서식의 수입신고전물품반출신고서(이하 "반출신고서"라 한다)에 다음 각 호의 서류를 첨부하여 세관장에게 제출해야 한다.

1. 선하증권(B/L)사본이나 항공화물운송장(AWB) 사본
2. 송품장(INVOICE) 사본

② 반출신고는 B/L 1건에 대하여 반출신고서 1건으로 한다. 다만, 즉시반출대상물품으로 지정된 물품과 지정되지 아니한 물품이 한건의 B/L로 되어 있거나 제16조제1항 각 호의 어느 하나에 해당되는 경우에는 B/L을 분할하여 반출신고할 수 있다.

③ 보세공장에서 발생한 잉여물품에 대하여 반출신고를 하려는 자는 별지 제26호의3서식의 잉여물품 수입신고 전 반출신고서를 세관장에게 제출해야 한다.

④ 국제무역기에 적재되어 있는 잔존유에 대하여 반출신고를 하려는 자는 별지 제26호의4서식의 잔존유 수입신고 전 반출신고서를 세관장에게 제출해야 한다.

제132조(반출신고의 정정 및 신고취하) ① 반출신고 사항의 정정이나 신고취하를 하려는 자는 다음 각 호의 어느 하나에 따라 반출지세관장에게 신청해야 한다.

1. 반출신고의 정정을 하려는 자는 별지 제27호의2서식의 수입신고전물품반출신고 정정(취하) 승인(신청)서에 정정신청 내용을 기재하여 세관장에게 제출해야 한다.
2. 반출신고사항의 신고취하를 하려는 자는 별지 제27호의2서식의 수입신고전물품반출신고 정정(취하) 승인(신청)서 2부를 작성하여 제131조의 반출신고서와 제출서류를 첨부하여 세관장에게 제출해야 한다.

② 반출신고사항에 대한 정정신청은 수입신고수리 전까지, 신고취하신청은 보세구역으로부터 해당물품을 반출하기 전까지 해야 한다.

③ 세관장은 제1항에 따른 반출신고의 정정이나 신고취하사유가 다음 각 호의 어느 하나에 해당하는 경우에는 이를 승인한다.

1. 물품의 분석, 서류보완 등이 요구되는 경우로서 이의 처리에 상당한 시일이 소요되어 수입화주에게 관세 등 제세 납부기한의 불이익이 우려되는 경우
2. 정당한 이유가 있는 경우

④ 세관장은 제3항에 따른 승인내용을 전산등록하고, 제1항의 신청서에 담당자의 도장을 찍어서 1부를 신청인에게 교부한다.

제133조(반출신고심사) 심사자는 반출신고서에 대하여 다음 각 호의 사항을 심사한다.

1. 제131조에 따른 첨부서류 구비여부와 신고내용이 첨부서류의 내용과 일치하는지 여부
2. <삭제>
3. 반출신고 업체와 물품이 제125조에 따라 즉시반출제도 적용대상으로 지정된 업체와 물품에 해당되는지 여부
4. 신고내용과 적재화물목록정보와의 일치여부
5. 검사대상인 경우에는 물품이 신고내용과 일치하는지 여부
6. 관리대상화물의 경우에는 관리대상화물의 검사결과 이상이 없는지 여부

제134조(반출신고수리) ① 세관장은 반출신고 내용의 심사결과 이상이 없는 경우 반출신고를 수리한다.

② 제1항에 따라 반출신고를 수리한 경우에는 신고필증에 [별표 2]의 반출신고수리인과 [별표 3]의 처리담당자의 도장을 찍어서 신고인에게 교부한다.

제135조(물품반출) ① 보세구역운영인은 즉시반출업체가 반출신고수리물품을 반출하려는 때에는 반출신고의 수리여부를 확인한 후 물품을 반출시켜야 한다.

② 즉시반출업체는 입항 전 반출신고하여 수리된 경우에는 해당물품이 부두에서 반출이 가능하도록 하선신고서의 하선물품구분부호를 'FD(수입신고전물품반출)'로 기재하도록 선사나 항공사에 통보해야 한다.

③ 항공사는 국제무역기에 적재된 잔존유를 반출하려는 때에는 잔존유 반출신고 수리여부를 확인한 후 물품을 반출시켜야 한다.

제4절 수입신고

제136조(수입신고) ① 즉시반출업체는 반출신고 수리물품에 대하여 반출신고일로부터 10일 이내(이하 "수입신고기한"이라 한다)에 별지 제1호서식의 수입신고서에 다음 각 호의 서류를 첨부하여 물품반출지 세관장에게 수입신고해야 한다.

1. 반출신고서
2. 제15조에 따른 서류

② 제1항에 따른 수입신고서의 신고번호는 해당물품의 반출신고번호와 동일하게 기재해야 한다. 다만, 부득이한 사유로 반출신고를 하지 아니한 자가 수입신고하게 되는 때에는 그렇지 않다.

③ 수입과장은 제2항 단서에 따른 수입신고를 받은 경우에는 해당물품의 반출신고번호와 동일한 수입신고번호로 수입신고사항을 통관시스템에 등록하고, 제출된 수입신고서의 수입신고번호를 반출신고번호와 동일하게 정정한다.

④ 수입신고하고자 하는 물품이 잉여물품인 경우에는 수입신고기한내에 수입신고서에 다음 각 호의 서류를 첨부하여 세관장에게 수입신고해야 한다.

1. 잉여물품 수입신고 전 반출신고수리서
2. 송품장 및 포장명세서
3. 매매계약서 또는 양수도계약서(필요한 경우에 한한다)

⑤ 수입신고하려는 물품이 잔존유인 경우에는 수입신고 기한 내에 수입신고서에 다음 각 호의 서류를 첨부하여 세관장에게 수입신고해야 한다.

1. 잔존유 수입신고 전 반출신고수리서
2. 항공기 전환 승인서

⑥ 제4항 및 제5항에 따라 수입신고를 하려는 자는 법 제18조에 따른 과세환율 적용 기간이 동일한 반출 물품에 대해 일괄하여 수입신고 할 수 있다. 이 경우 모델·규격 란에 반출신고번호별로 각각 구분하여 반출신고번호와 함께 신고해야 하며, 품목번호·품명이 다르면 각각 란을 달리하여 신고해야 한다.

제137조(수입신고사항 심사) ① 심사자는 제22조제1항의 심사사항 및 반출신고 수리사항과 수입신고사항의 일치여부를 심사한다.

② 세관장은 수입신고를 수리하는 경우 수리내용의 보세창고 통보절차를 생략한다.

제138조(제세 및 가산세 부과고지) ① 세관장은 즉시반출업체가 반출 신고하여 반출한 물품에 대하여 수입신고 기한 내에 수입신고하지 아니한 경우에는 다음 각 호의 어느 하나에 따라 관세 등 제세와 가산세를 부과고지 해야 한다.

1. 수입신고기한 경과 5일 이내인 경우에는 즉시반출업체로부터 수입신고를 받아 부과고지
2. 제1호이외의 경우에는 세관장이 부과고지

② 세관장은 제1항에 따라 관세 등 제세와 가산세를 징수하려는 때에는 해당물품의 세액을 결정하여 세액계산명세서와 별지 제8호서식의 납부고지서를 납세의무자에게 교부해야 한다.

제5절 수입신고 이행관리

제139조(수입신고 이행 사전안내) ① 세관장은 납세의무자가 수입신고기한을 경과하여 가산세를 부담하는 불이익을 사전에 예방하기 위하여 수입신고기한 도래 2일 전에 반출신고 수리물품의 수입신고기한 만료예정일을 신고인에게 전산통보한다.

② 양수도가 발생하는 경우 즉시반출업체는 제1항에 따른 사전안내를 양수자에게 팩스 또는 유선 등으로 즉시 전달해야 한다.

제140조(수입신고 미이행 관리) ① 세관장은 즉시반출업체가 수입신고 기한 내에 수입신고를 이행하지 아니한 사실이 있는지 여부를 확인해야 한다.

② 세관장은 제1항에 따른 수입신고 미이행 사실을 확인한 경우에는 수입신고 미이행 사실과 제138조제1항의 사항을 신고인이나 즉시반출업체에게 통지(전화 또는 팩스)해야 한다.

③ 제2항에 따른 통지를 받은 즉시반출업체는 통지내용이 사실과 다른 경우 즉시 이를 입증할 수 있는 자료(수입신고서 등)를 세관장에게 제출해야 한다.

제141조(수입신고 미이행관리의 종결) ① 수입신고 미이행 관리는 다음 각 호의 사실이 있는 때 종결한다.

1. 수입신고가 수리된 때
2. 제138조제1항제2호에 따라 납부고지를 한 때
3. 그 밖에 세관장이 종결의 필요가 있다고 인정한 때

② 세관장은 제1항제2호와 제3호에 따라 수입신고 미이행 관리를 종결하는 경우에는 통관시스템에 종결사유를 등록해야 한다.

제142조(준용규정) 이 장에서 따로 규정하지 아니한 사항은 제2장 일반통관절차를 준용한다.

제7장 보칙

제143조(자체조사 및 조사의뢰) ① 세관장은 수입물품에 대한 심사 및 검사결과 신고사항이 다음 각 호의 어느 하나에 해당하는 경우에는 법 위반 혐의에 대하여 조사해야 한다. ('00.12.30 개정, '10.2.10 개정)

1. 수입신고에 있어 품명, 규격, 수량, 가격, 원산지 등 주요사항을 정당한 사유 없이 허위로 신고하였을 때
2. 신고물품이외의 물품이 수입되었을 때 (다만, 범칙혐의가 있는 경우에 한함)
3. 수입승인서, 송품장, 포장명세서, 원산지증명서 등 서류를 위조하거나 변조한 것으로 인정하였을 때
4. 법에 따른 수입금지 품목이나 타법령에서 수입을 제한하고 있는 품목이 불법수입되었을 때. 다만, 범칙혐의가 있는 경우에 한한다.
5. 출항전 수입신고나 입항전 수입신고를 하고 정당한 사유 없이 신고취하 신청을 한 경우
6. 제41조제1항에 따른 서류의 보관과 제출을 이행하지 아니한 때
7. 해체용 선박 중 분리과세대상물품으로 신고하지 아니한 물품을 제85조에 따른 추가신고 없이 원형대로 유출하거나 사용한 때
8. 보세구역 반입명령을 이행하지 아니한 경우
9. 그 밖에 세관장이 범칙혐의가 있다고 인정한 때

② 제1항에 따른 조사는 위반사항을 인지한 부서에서 수행하며, 조사결과 범죄의 확증을 얻은 때에는 통고처분을 해야 한다.

③ 제2항에도 불구하고 위반사항이「세관공무원의 범칙조사에 관한 훈령」제14조제1항 각 호의 어느 하나에 해당하는 경우 즉시 조사전담부서로 조사의뢰를 해야 한다.

제144조(수작업에 의한 신고서의 처리) ① 세관장은 세관, 관세사, 은행 및 수출입요건확인기관 등의 전산 시스템의 장애발생으로 전산처리절차에 의하여 신고서를 처리할 수 없는 경우에는 수작업에 의하여 신고서를 처리한다.

② 제1항에 따른 신고서의 처리는 전산시스템의 장애가 1시간을 경과하여 계속되는 경우에 적용한다. 다만, 신속한 통관이 필요한 경우에는 1시간이내인 경우라도 수작업처리 할 수 있다.

③ 세관장은 세관근무시간이내에 접수된 신고서를 제1항에 따른 전산시스템의 장애발생으로 세관 근무시간 내에 처리할 수 없는 경우에는 임시개청 신청 없이 연장근무자를 지정하여 신고서를 처리해야 한다.

④ 제1항에 따른 전산시스템 장애 시 신고서 처리방법과 절차는 관세청장이 따로 정하는 바에 따른다.

제145조(세관내규의 운영) ① 수입물품의 통관절차는 원칙적으로 이 고시의 규정에 따른다.

② 세관장은 제1항에도 불구하고 통관의 신속과 원활을 기하기 위하여 세관의 업무량, 수입물품의 성상, 수입물품의 빈도 등을 고려하여 각 세관 실정에 적합한 내규를 마련하여 운용할 수 있다.

제146조(권한의 위임) 관세청장은 이 고시의 효율적 운영을 위하여 다음 각 호의 업무를 관세국경위험관리센터장에게 위임한다.

1. 제13조제2항부터 제8항까지에 따른 서류제출 대상의 선별에 관한 사항
2. 제63조에 따른 전자통관심사 기준 등록 및 운영에 관한 사항

3. 제64조에 따른 전자통관심사 적용의 중지에 관한 사항

제147조(재검토기한) 관세청장은 「훈령 · 예규 등의 발령 및 관리에 관한 규정」에 따라 이 고시에 대하여 2025년 1월 1일을 기준으로 매 3년이 되는 시점(매 3년째의 12월 31일까지를 말한다)마다 그 타당성을 검토하여 개선 등의 조치를 해야 한다.

제148조(규제의 재검토) 관세청장은 「행정규제기본법」에 따라 이 고시「수입통관 사무처리에 관한 고시」에 대하여 2022년 1월 1일 기준으로 매 3년이 되는 시점(매 3년째의 12월 31일 까지를 말한다)마다 그 타당성을 검토하여 개선 등의 조치를 하여야 한다.

부칙 <제2024-43호,2024.9.10.>

제1조(시행일) 이 고시는 2024년 9월 10일부터 시행한다.

제2조(적용례) 별지 제1호의2서식(수입신고서 작성요령) 수입신고서 항목 ⑫납세의무자 작성요령 개정사항은 2025년 1월 1일 이후 수입신고하는 분부터 적용한다.

제3조(경과조치) 이 고시 시행 당시 종전의 규정에 따라 시행중인 사항은 종전의 규정에 따른다.

해외수입, 이렇게 쉽다고? 왕초보도 쉬운 수입무역

제1판1쇄발행 • 2021년 10월 27일
제2판1쇄발행 • 2025년 11월 03일
저 자 • 김 진 욱
발 행 인 • 정 성 열
발 행 처 • 도서출판 ONE
주 소 • 서울특별시 영등포구 선유로3길 10
등 록 • 제 312-2003-000037호
전 화 • 02-323-8536
팩 스 • 02-323-8531

저자와의 협의하에 인지생략

ISBN 978-89-6481-498-7

정가 20,000원

- http://one-book.co.kr